Pokémon™

Schwert und Schild

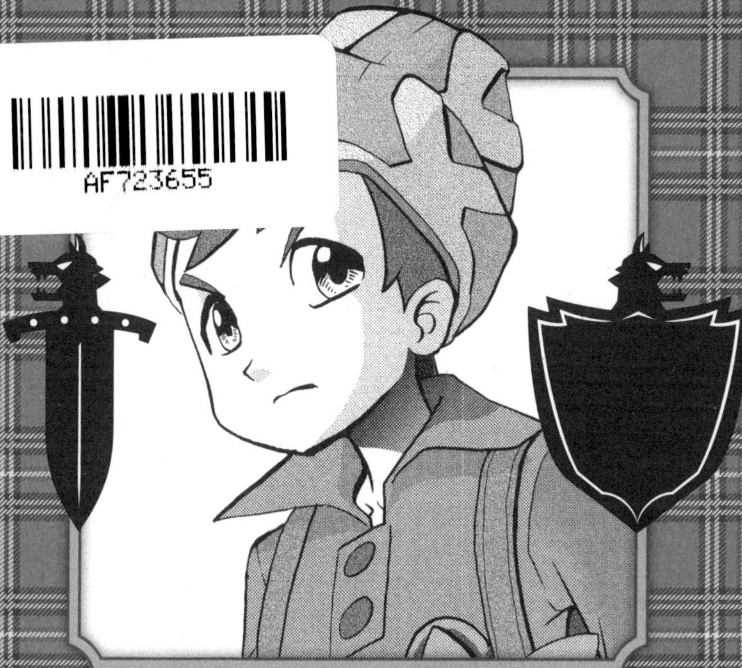

1

Story
Hidenori Kusaka

Zeichner
Satoshi Yamamoto

SORO SCHWERT

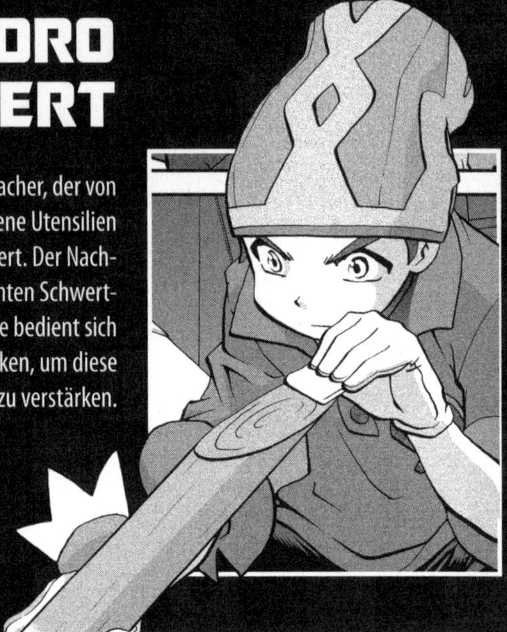

Ein Werkzeugmacher, der von Pokémon getragene Utensilien pflegt und repariert. Der Nachkomme einer berühmten Schwertschmiedefamilie bedient sich überlieferter Techniken, um diese Gegenstände zu verstärken.

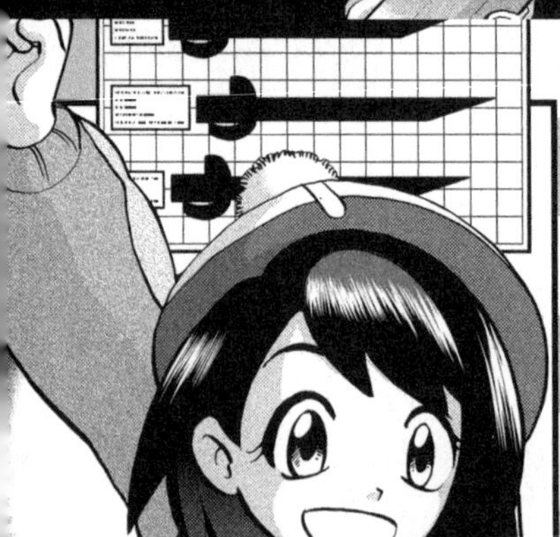

SKELDA SCHILD

Eine geniale Computertechnikerin, die in der Lage ist, auf alle erdenklichen Daten zuzugreifen. Dank dieses Talents wurde sie von Professor Magnolica als Assistentin engagiert. In der Reisegruppe ist sie für Analysen und Auswertungen von Informationen zuständig.

CHARAKTERE

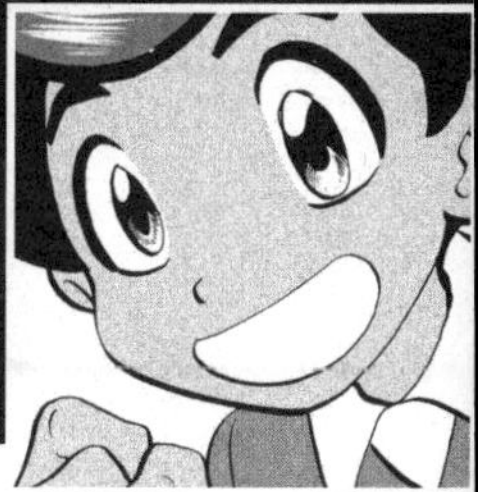

MARVIN

Ein aus einer anderen Region zugezogener junger und unerfahrener Pokémon-Trainer. Er schließt sich der Reisegruppe an, und indem er Soro bei dessen Tätigkeiten zusieht, eignet er sich mehr Wissen über die Welt der Pokémon an.

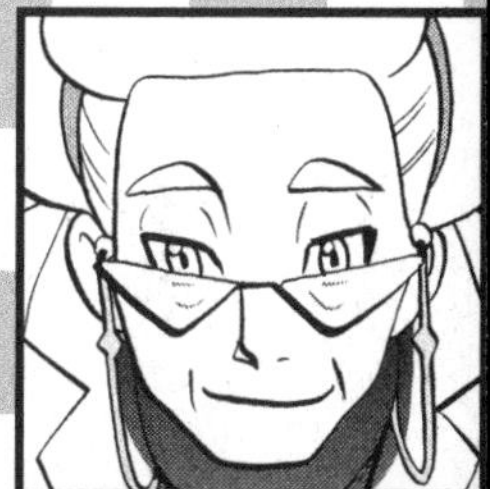

PROFESSOR MAGNOLICA

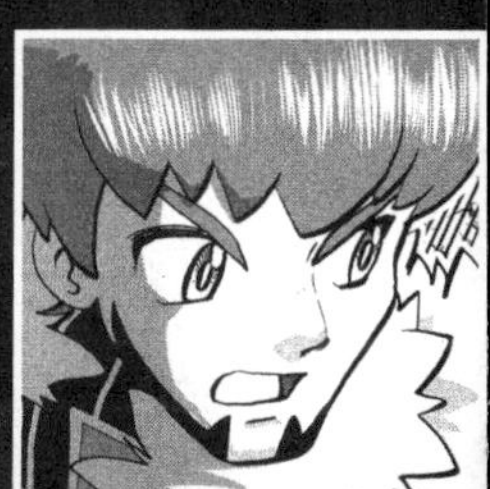

DELION, DER UNSCHLAGBARE

Der mit unglaublichem Talent ausgestattete aktuelle Champ, der über alle Pokémon-Trainer der gesamten Galar-Region thront. Seit seinem Debüt ist er ungeschlagen geblieben.

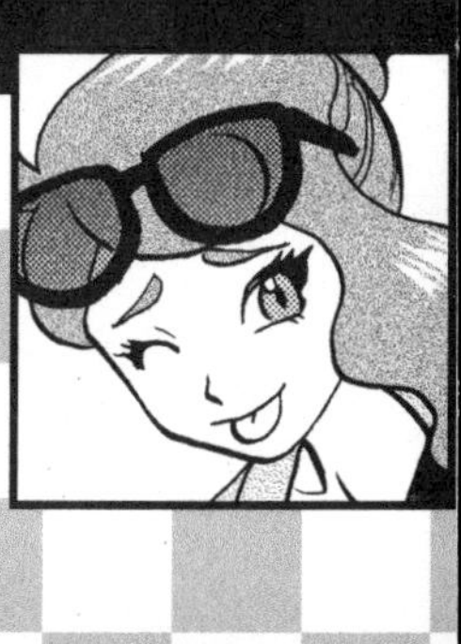

SANIA

Die Enkelin von Professor Magnolica, die schon seit Kindesalter mit Delion befreundet ist. Von ihrer Großmutter inspiriert, hat sie sich aufgemacht, das Geheimnis der Legende der Galar-Region zu lüften.

INHALT

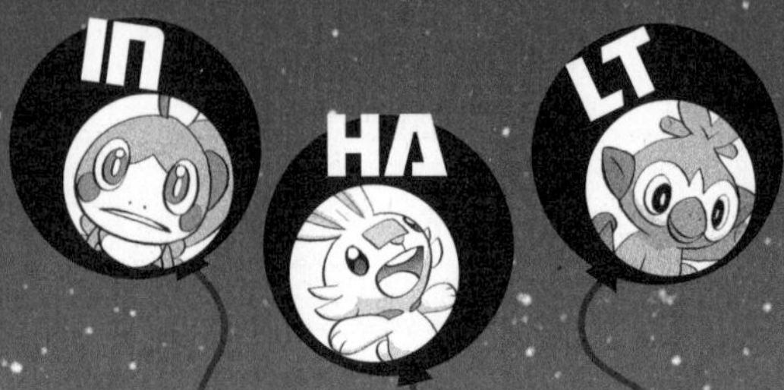

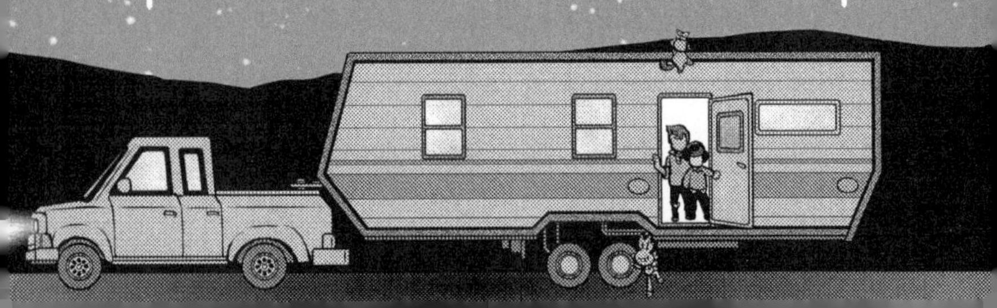

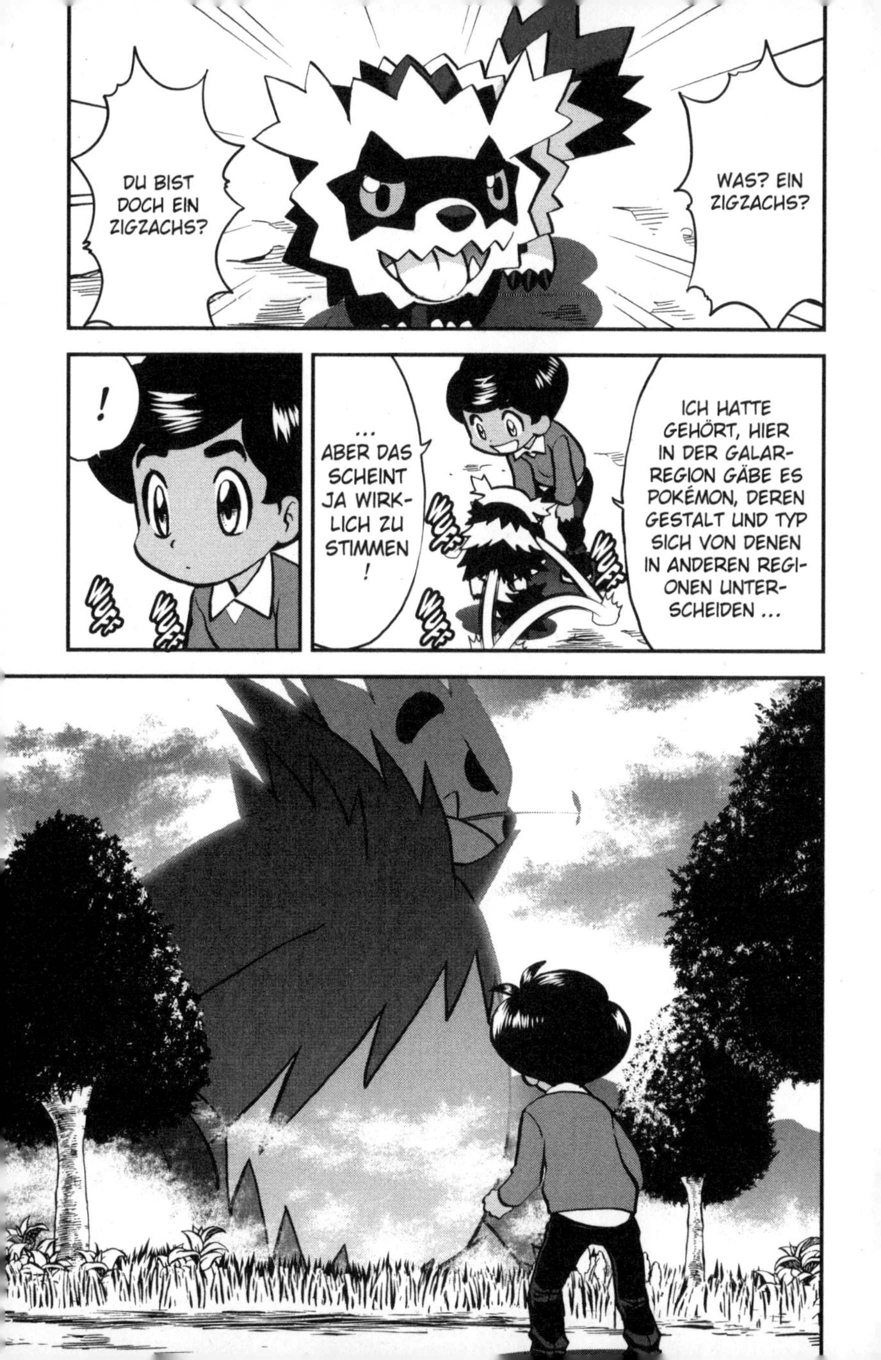

WAS? EIN ZIGZACHS?
DU BIST DOCH EIN ZIGZACHS?
ICH HATTE GEHÖRT, HIER IN DER GALAR-REGION GÄBE ES POKÉMON, DEREN GESTALT UND TYP SICH VON DENEN IN ANDEREN REGIONEN UNTERSCHEIDEN …
… ABER DAS SCHEINT JA WIRKLICH ZU STIMMEN!
WUFF
WUFF
!
WUFF
WUFF

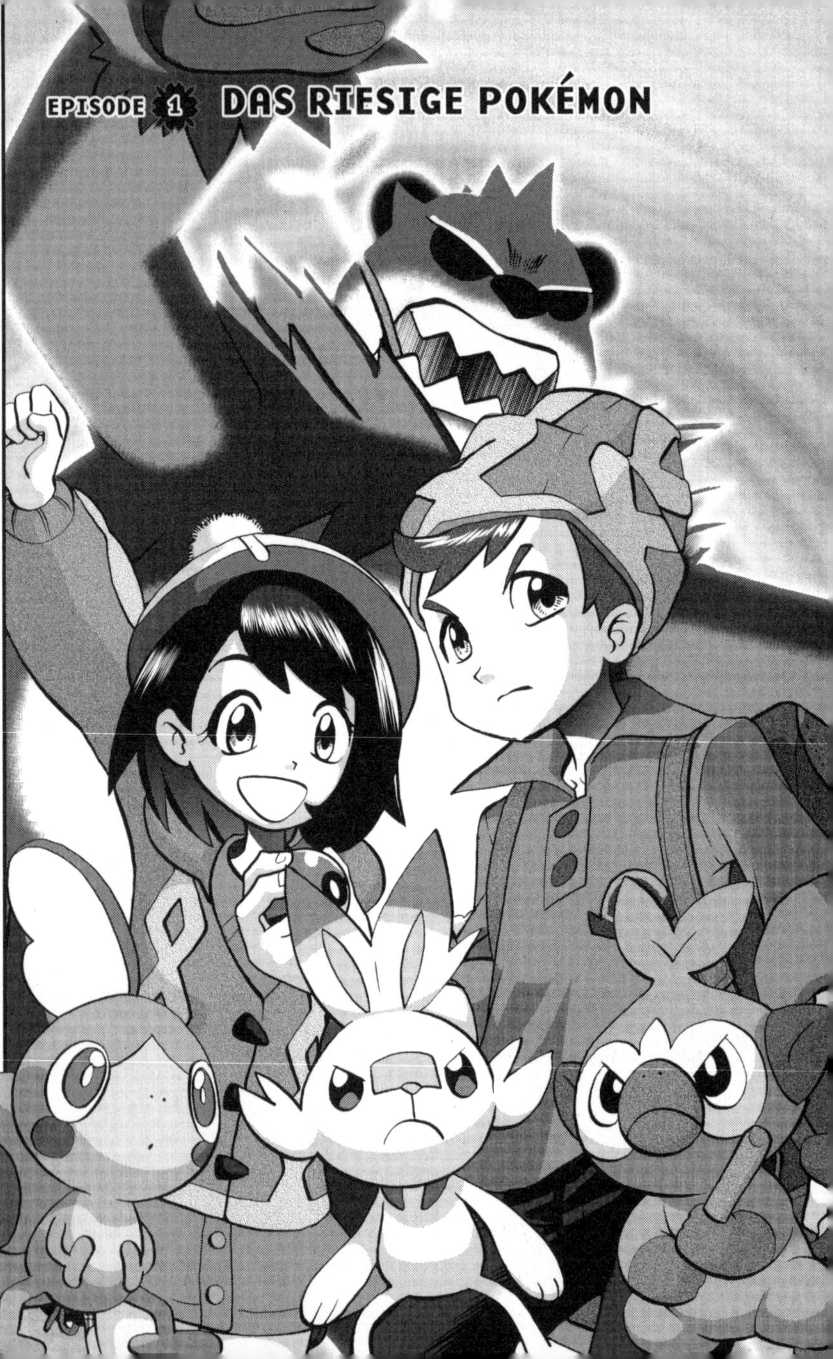
EPISODE 1 DAS RIESIGE POKÉMON

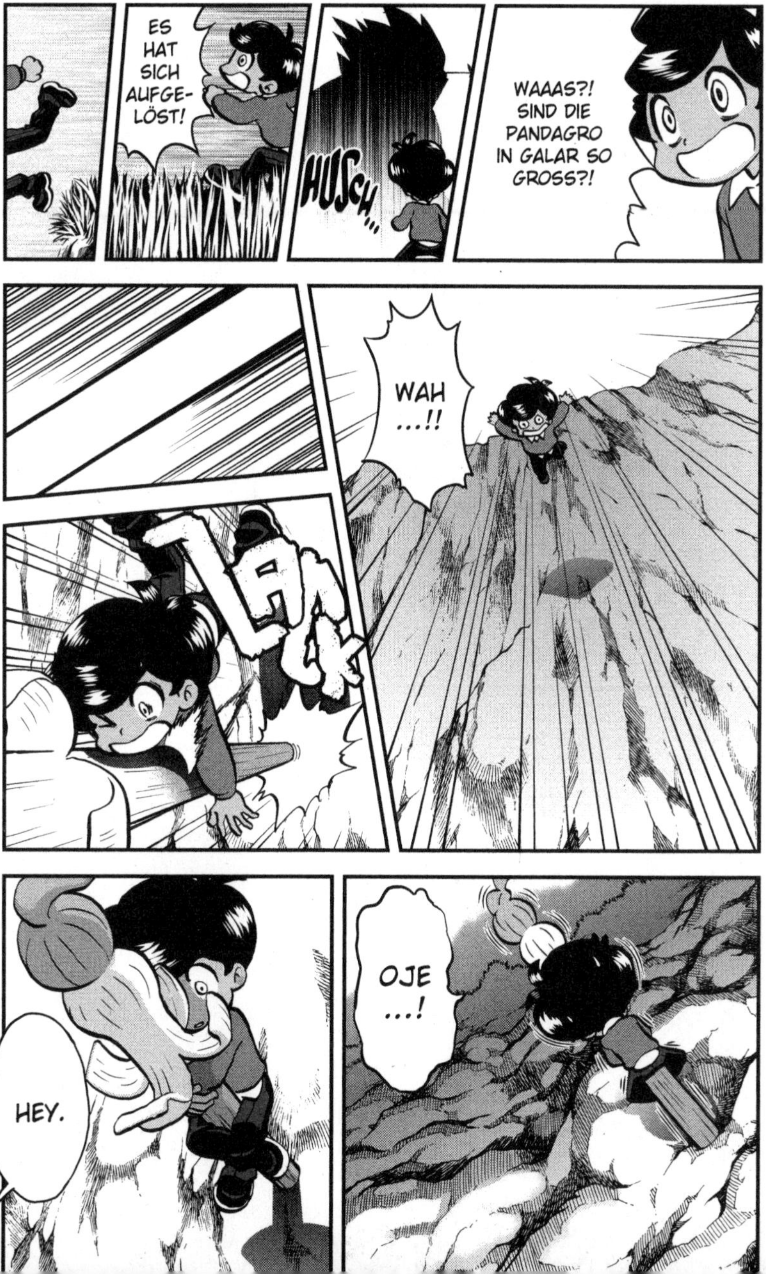
ES HAT SICH AUFGE-LÖST!
HUSCH...
WAAAS?! SIND DIE PANDAGRO IN GALAR SO GROSS?!
WAH ...!!
HEY.
OJE ...!

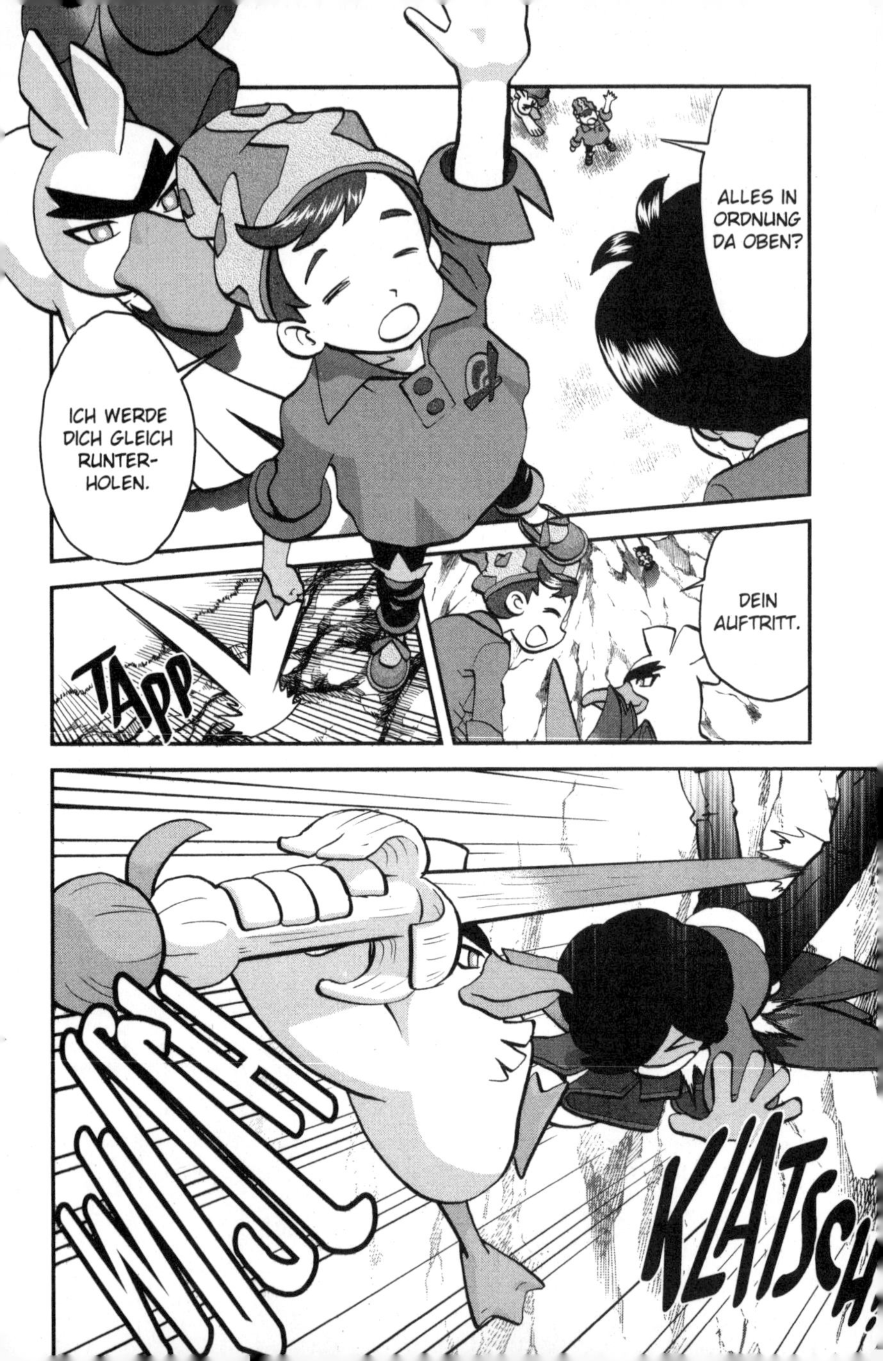

ALLES IN ORDNUNG DA OBEN?
ICH WERDE DICH GLEICH RUNTER-HOLEN.
DEIN AUFTRITT.
TAPP
KLATSCH!

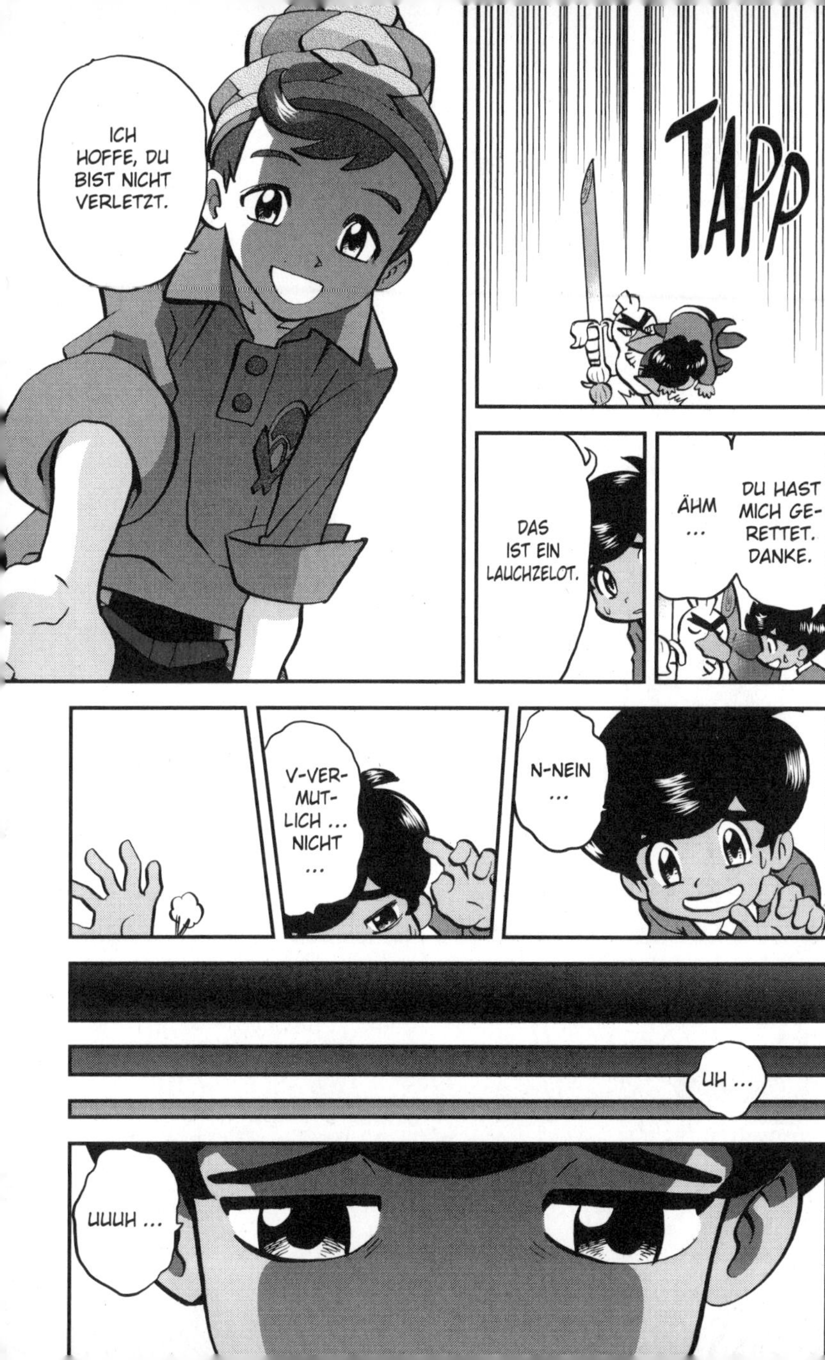
TAPP
ICH HOFFE, DU BIST NICHT VERLETZT.
ÄHM …
DU HAST MICH GERETTET. DANKE.
DAS IST EIN LAUCHZELOT.
N-NEIN …
V-VERMUTLICH … NICHT …
UH …
UUUH …

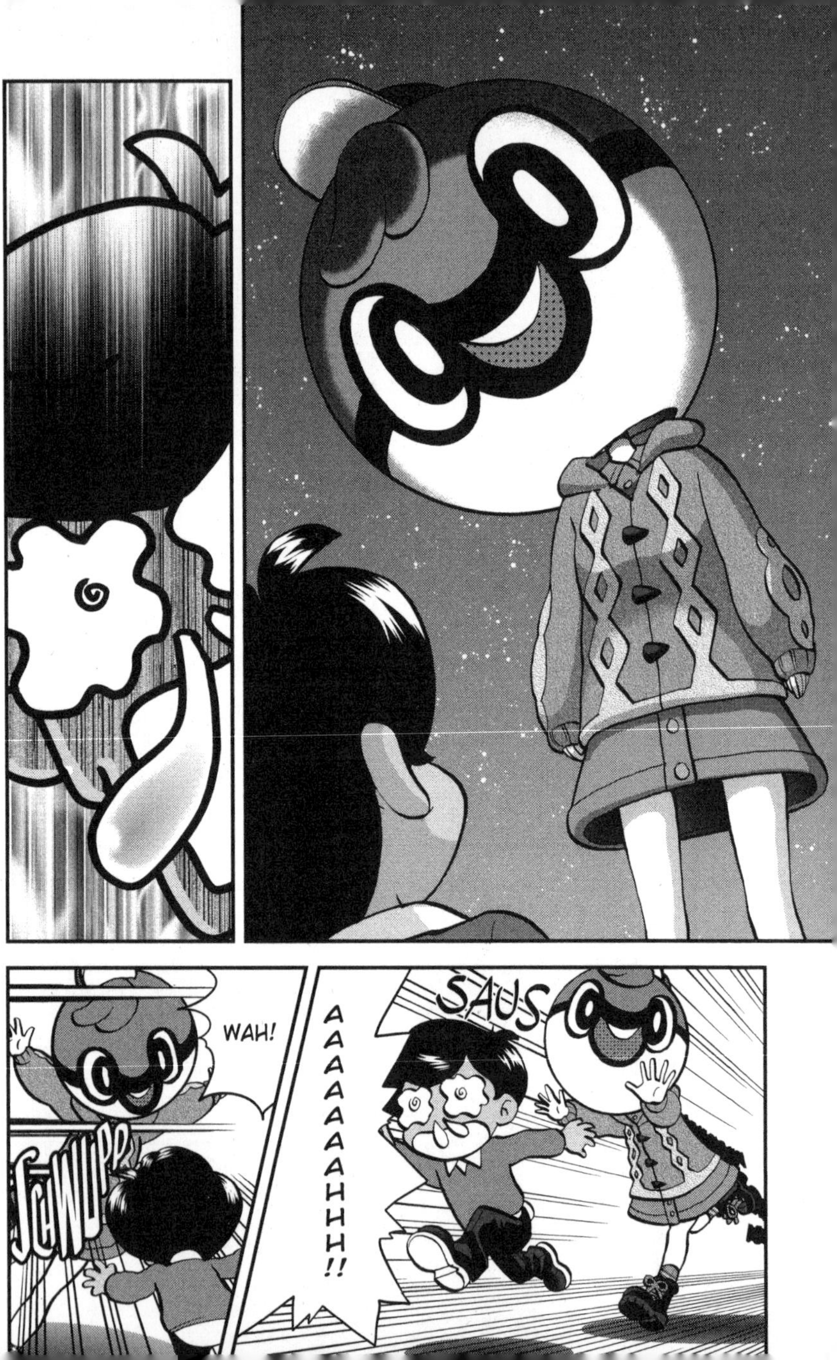

WAH!
SCHWUPP
AAAAAAAAAAHHHH!!
SAUS

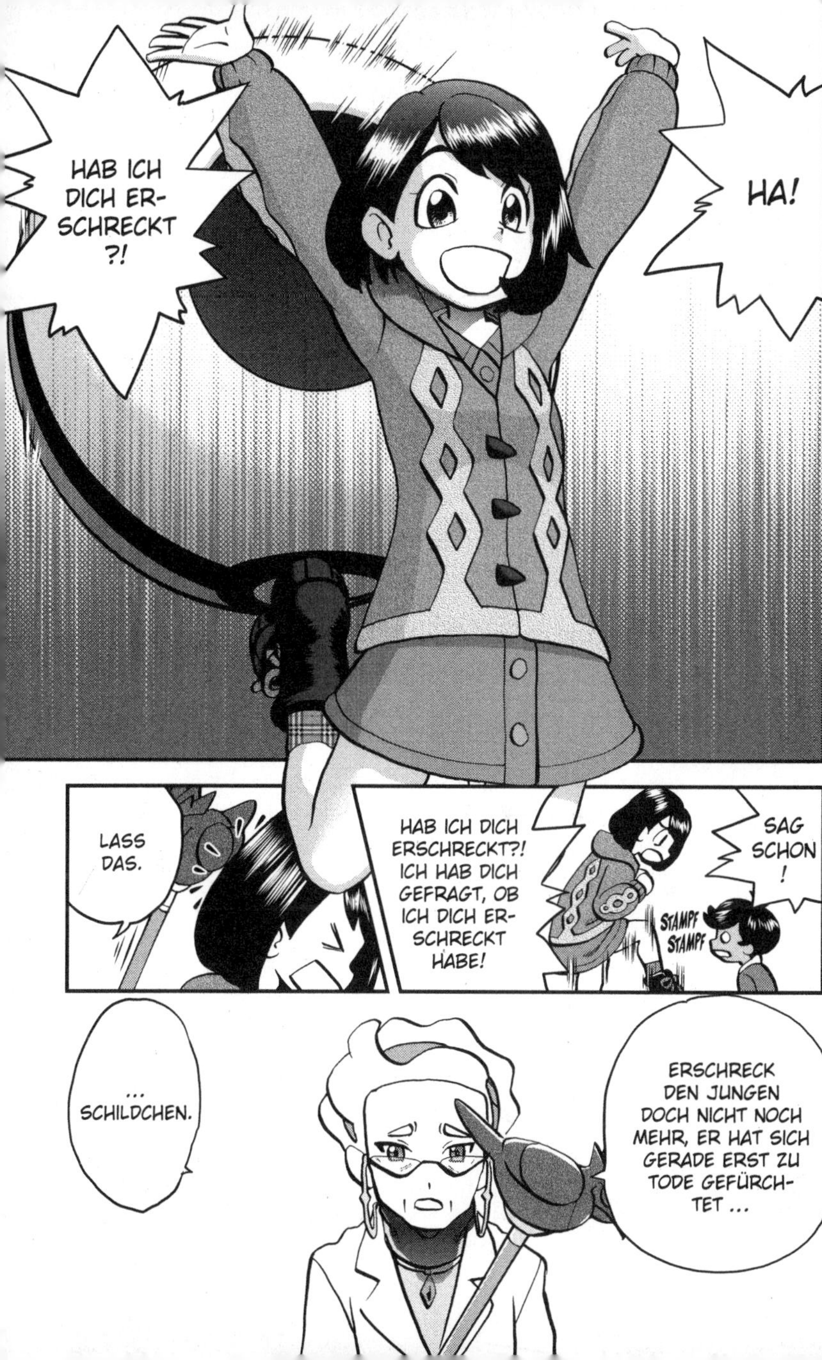
HA!
HAB ICH DICH ERSCHRECKT?!
SAG SCHON!
HAB ICH DICH ERSCHRECKT?! ICH HAB DICH GEFRAGT, OB ICH DICH ERSCHRECKT HABE!
STAMPF STAMPF
LASS DAS.
ERSCHRECK DEN JUNGEN DOCH NICHT NOCH MEHR, ER HAT SICH GERADE ERST ZU TODE GEFÜRCHTET …
… SCHILDCHEN.

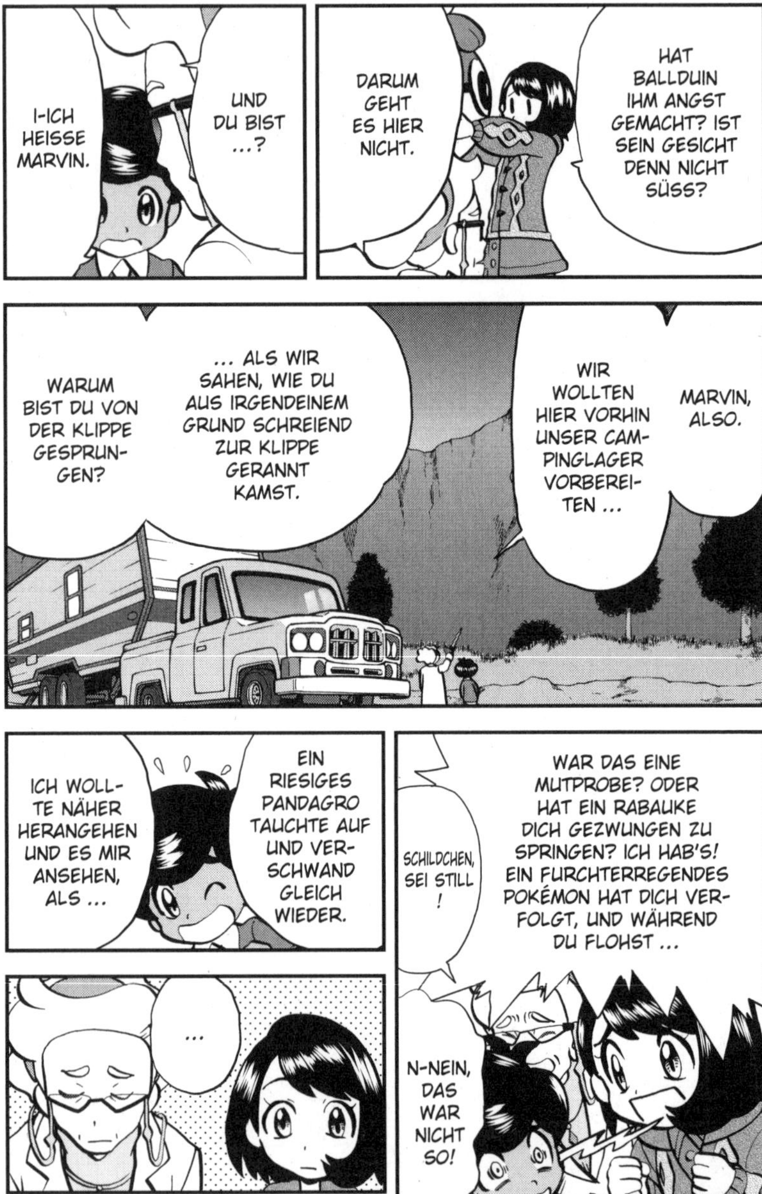
HAT BALLDUIN IHM ANGST GEMACHT? IST SEIN GESICHT DENN NICHT SÜSS?
DARUM GEHT ES HIER NICHT.
UND DU BIST …?
I-ICH HEISSE MARVIN.
MARVIN, ALSO.
WIR WOLLTEN HIER VORHIN UNSER CAMPINGLAGER VORBEREITEN …
… ALS WIR SAHEN, WIE DU AUS IRGENDEINEM GRUND SCHREIEND ZUR KLIPPE GERANNT KAMST.
WARUM BIST DU VON DER KLIPPE GESPRUNGEN?
WAR DAS EINE MUTPROBE? ODER HAT EIN RABAUKE DICH GEZWUNGEN ZU SPRINGEN? ICH HAB'S! EIN FURCHTERREGENDES POKÉMON HAT DICH VERFOLGT, UND WÄHREND DU FLOHST …
SCHILDCHEN, SEI STILL!
N-NEIN, DAS WAR NICHT SO!
EIN RIESIGES PANDAGRO TAUCHTE AUF UND VERSCHWAND GLEICH WIEDER.
ICH WOLLTE NÄHER HERANGEHEN UND ES MIR ANSEHEN, ALS …
…

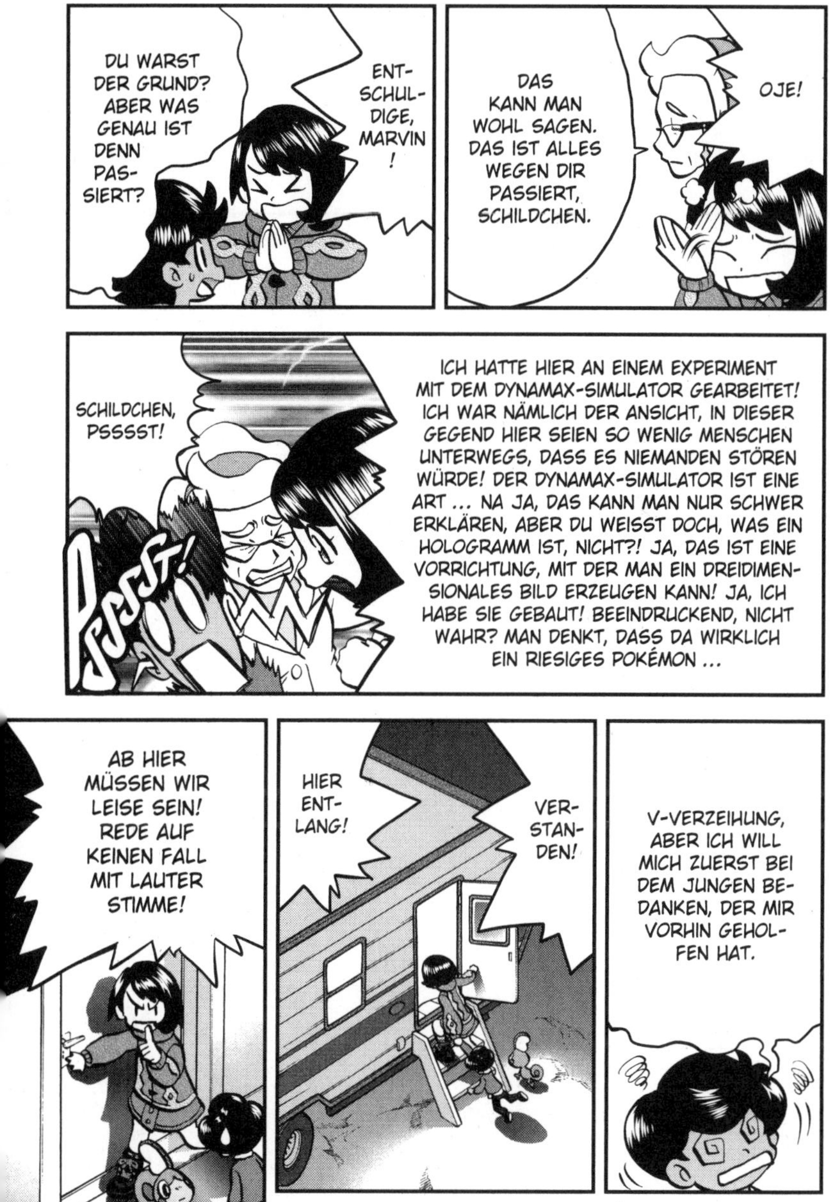

ENT-SCHULDIGE, MARVIN!
DU WARST DER GRUND? ABER WAS GENAU IST DENN PASSIERT?
OJE!
DAS KANN MAN WOHL SAGEN. DAS IST ALLES WEGEN DIR PASSIERT, SCHILDCHEN.
ICH HATTE HIER AN EINEM EXPERIMENT MIT DEM DYNAMAX-SIMULATOR GEARBEITET! ICH WAR NÄMLICH DER ANSICHT, IN DIESER GEGEND HIER SEIEN SO WENIG MENSCHEN UNTERWEGS, DASS ES NIEMANDEN STÖREN WÜRDE! DER DYNAMAX-SIMULATOR IST EINE ART … NA JA, DAS KANN MAN NUR SCHWER ERKLÄREN, ABER DU WEISST DOCH, WAS EIN HOLOGRAMM IST, NICHT?! JA, DAS IST EINE VORRICHTUNG, MIT DER MAN EIN DREIDIMEN-SIONALES BILD ERZEUGEN KANN! JA, ICH HABE SIE GEBAUT! BEEINDRUCKEND, NICHT WAHR? MAN DENKT, DASS DA WIRKLICH EIN RIESIGES POKÉMON …
SCHILDCHEN, PSSSST!
PSSST!
V-VERZEIHUNG, ABER ICH WILL MICH ZUERST BEI DEM JUNGEN BE-DANKEN, DER MIR VORHIN GEHOL-FEN HAT.
HIER ENT-LANG!
VER-STAN-DEN!
AB HIER MÜSSEN WIR LEISE SEIN! REDE AUF KEINEN FALL MIT LAUTER STIMME!

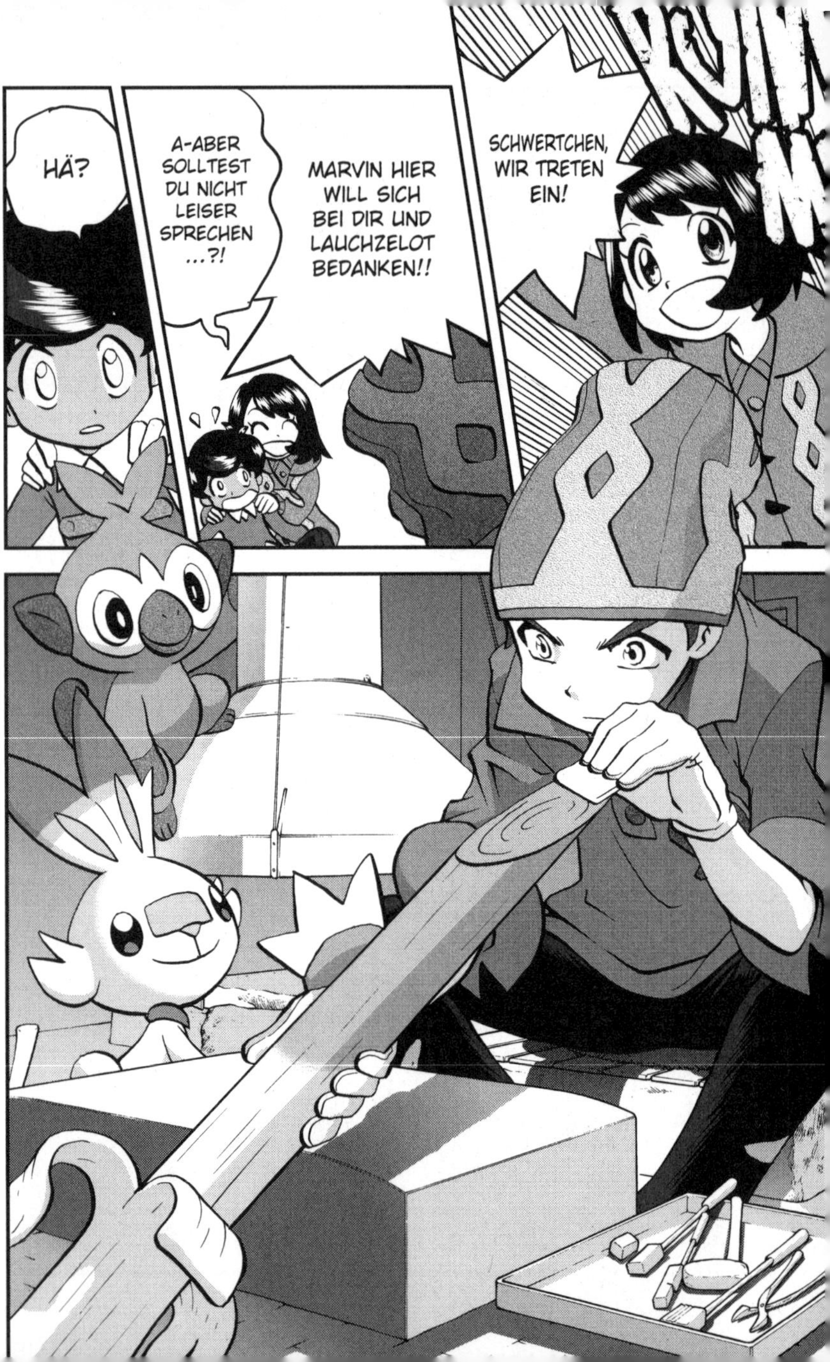
SCHWERTCHEN, WIR TRETEN EIN!
MARVIN HIER WILL SICH BEI DIR UND LAUCHZELOT BEDANKEN!!
A-ABER SOLLTEST DU NICHT LEISER SPRECHEN ...?!
HÄ?

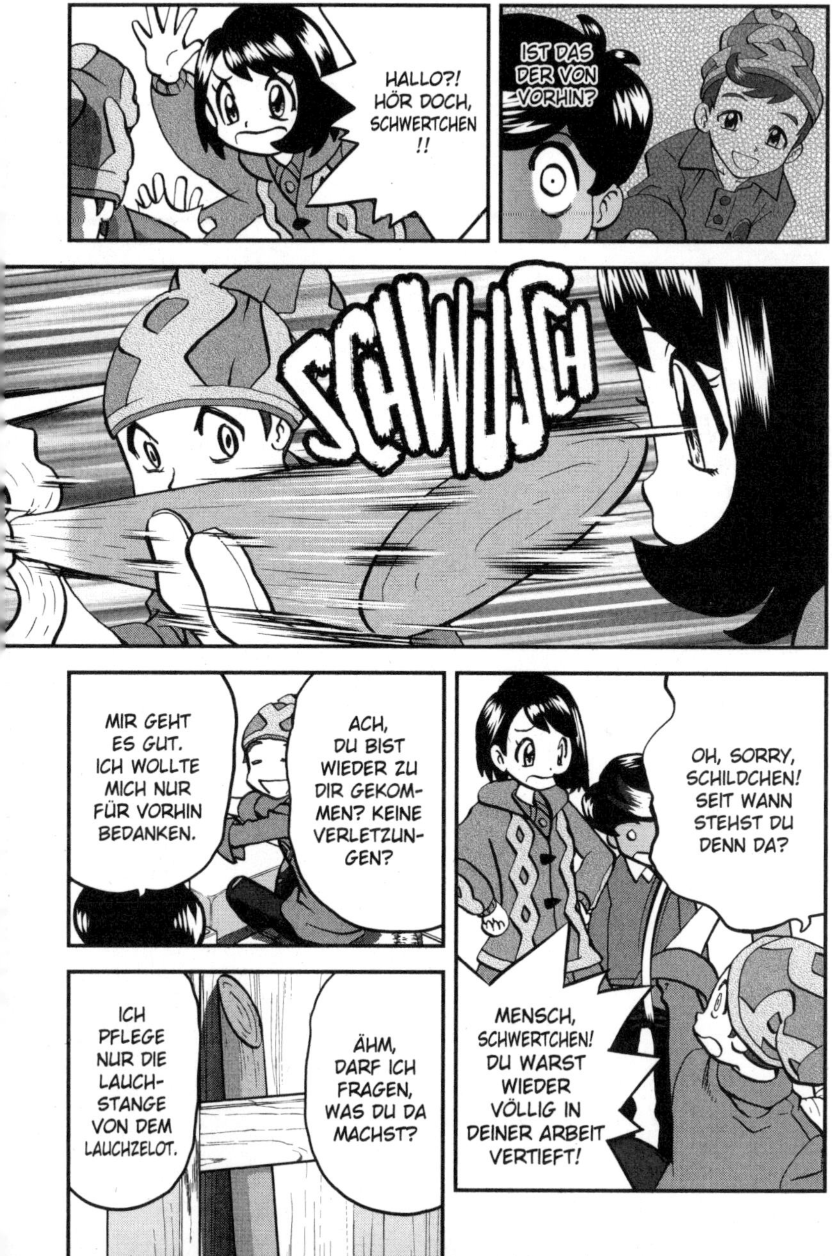
HALLO?! HÖR DOCH, SCHWERTCHEN !!
IST DAS DER VON VORHIN?
SCHWUSCH
MIR GEHT ES GUT. ICH WOLLTE MICH NUR FÜR VORHIN BEDANKEN.
ACH, DU BIST WIEDER ZU DIR GEKOMMEN? KEINE VERLETZUNGEN?
OH, SORRY, SCHILDCHEN! SEIT WANN STEHST DU DENN DA?
ICH PFLEGE NUR DIE LAUCHSTANGE VON DEM LAUCHZELOT.
ÄHM, DARF ICH FRAGEN, WAS DU DA MACHST?
MENSCH, SCHWERTCHEN! DU WARST WIEDER VÖLLIG IN DEINER ARBEIT VERTIEFT!

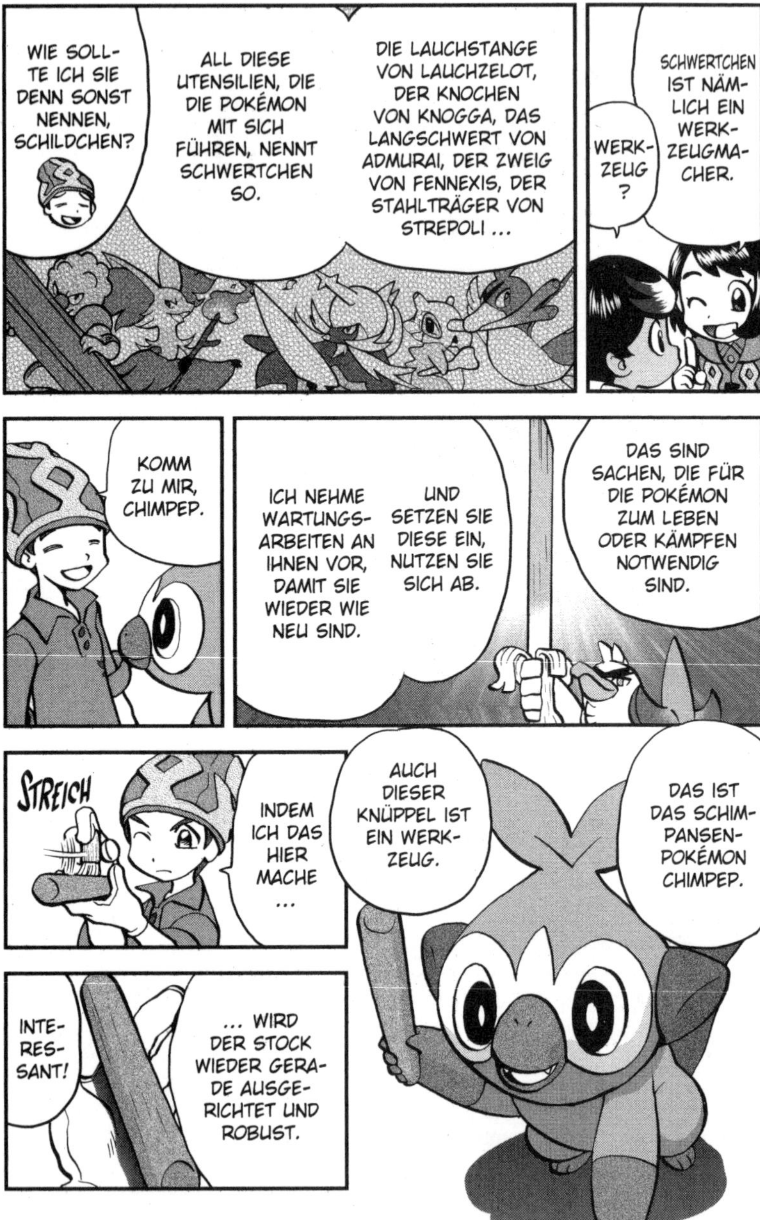
WIE SOLL-TE ICH SIE DENN SONST NENNEN, SCHILDCHEN?
ALL DIESE UTENSILIEN, DIE DIE POKÉMON MIT SICH FÜHREN, NENNT SCHWERTCHEN SO.
DIE LAUCHSTANGE VON LAUCHZELOT, DER KNOCHEN VON KNOGGA, DAS LANGSCHWERT VON ADMURAI, DER ZWEIG VON FENNEXIS, DER STAHLTRÄGER VON STREPOLI ...
SCHWERTCHEN IST NÄMLICH EIN WERKZEUGMACHER.
WERKZEUG?
KOMM ZU MIR, CHIMPEP.
ICH NEHME WARTUNGSARBEITEN AN IHNEN VOR, DAMIT SIE WIEDER WIE NEU SIND.
UND SETZEN SIE DIESE EIN, NUTZEN SIE SICH AB.
DAS SIND SACHEN, DIE FÜR DIE POKÉMON ZUM LEBEN ODER KÄMPFEN NOTWENDIG SIND.
STREICH
INDEM ICH DAS HIER MACHE ...
AUCH DIESER KNÜPPEL IST EIN WERKZEUG.
DAS IST DAS SCHIMPANSEN-POKÉMON CHIMPEP.
INTERESSANT!
... WIRD DER STOCK WIEDER GERADE AUSGERICHTET UND ROBUST.

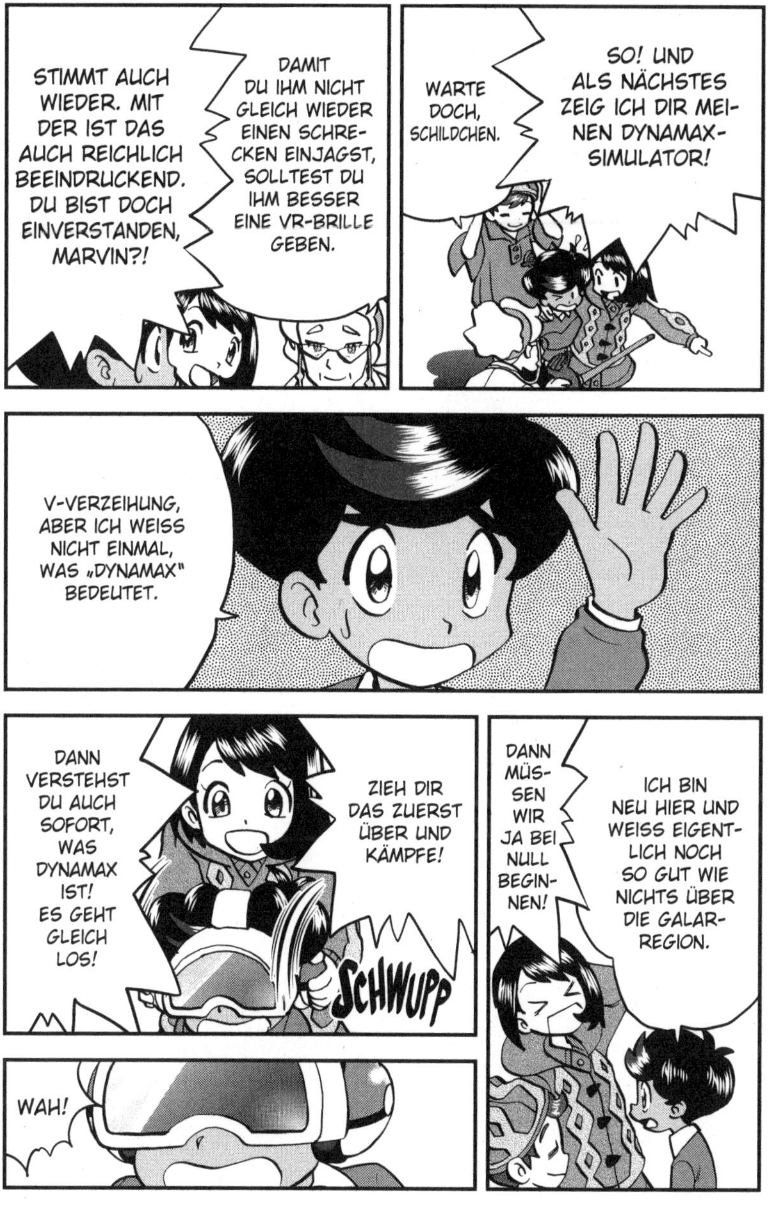

STIMMT AUCH WIEDER. MIT DER IST DAS AUCH REICHLICH BEEINDRUCKEND. DU BIST DOCH EINVERSTANDEN, MARVIN?!
DAMIT DU IHM NICHT GLEICH WIEDER EINEN SCHRE-CKEN EINJAGST, SOLLTEST DU IHM BESSER EINE VR-BRILLE GEBEN.
WARTE DOCH, SCHILDCHEN.
SO! UND ALS NÄCHSTES ZEIG ICH DIR MEI-NEN DYNAMAX-SIMULATOR!
V-VERZEIHUNG, ABER ICH WEISS NICHT EINMAL, WAS „DYNAMAX" BEDEUTET.
DANN VERSTEHST DU AUCH SOFORT, WAS DYNAMAX IST! ES GEHT GLEICH LOS!
ZIEH DIR DAS ZUERST ÜBER UND KÄMPFE!
SCHWUPP
ICH BIN NEU HIER UND WEISS EIGENT-LICH NOCH SO GUT WIE NICHTS ÜBER DIE GALAR-REGION.
DANN MÜS-SEN WIR JA BEI NULL BEGIN-NEN!
WAH!

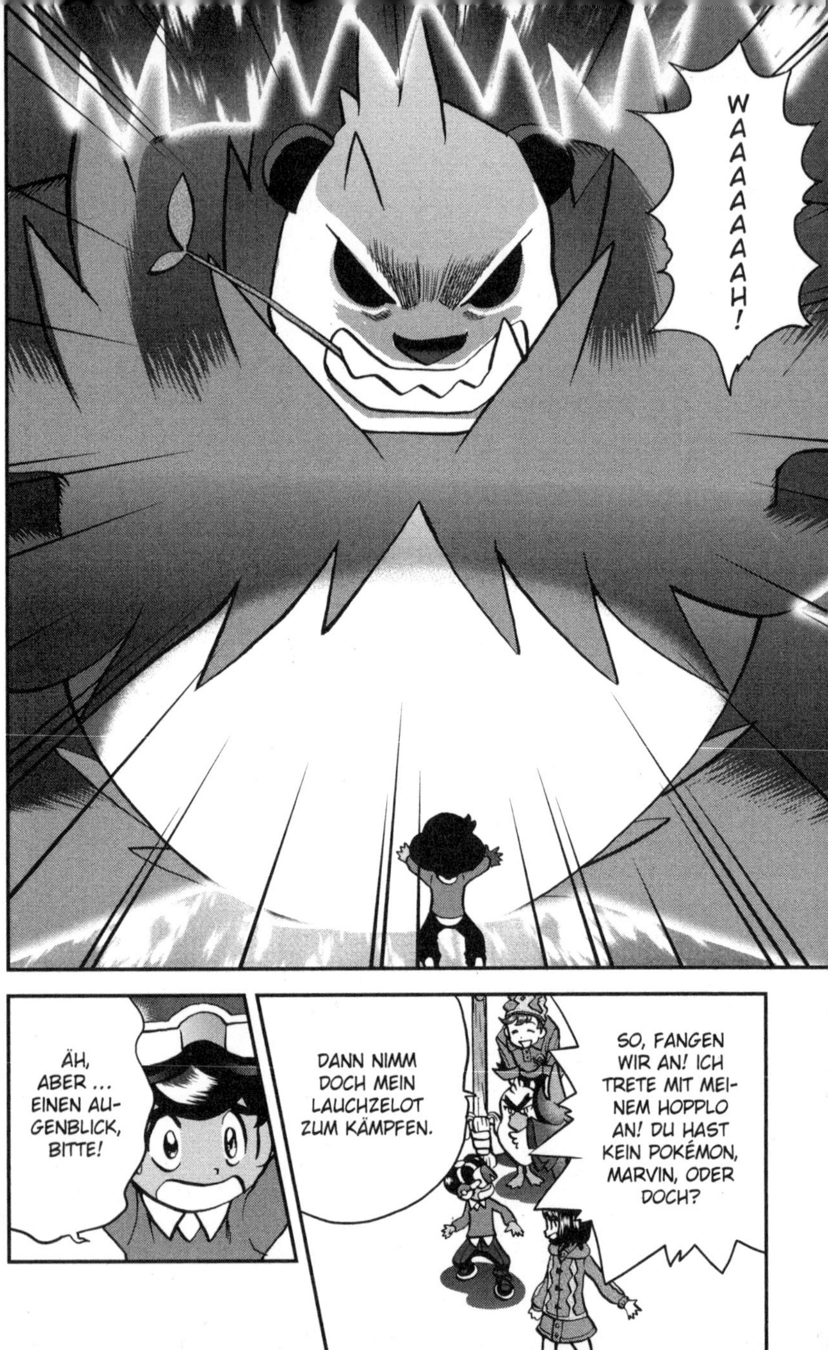
WAAAAAAAAAH!
SO, FANGEN WIR AN! ICH TRETE MIT MEINEM HOPPLO AN! DU HAST KEIN POKÉMON, MARVIN, ODER DOCH?
DANN NIMM DOCH MEIN LAUCHZELOT ZUM KÄMPFEN.
ÄH, ABER … EINEN AUGENBLICK, BITTE!

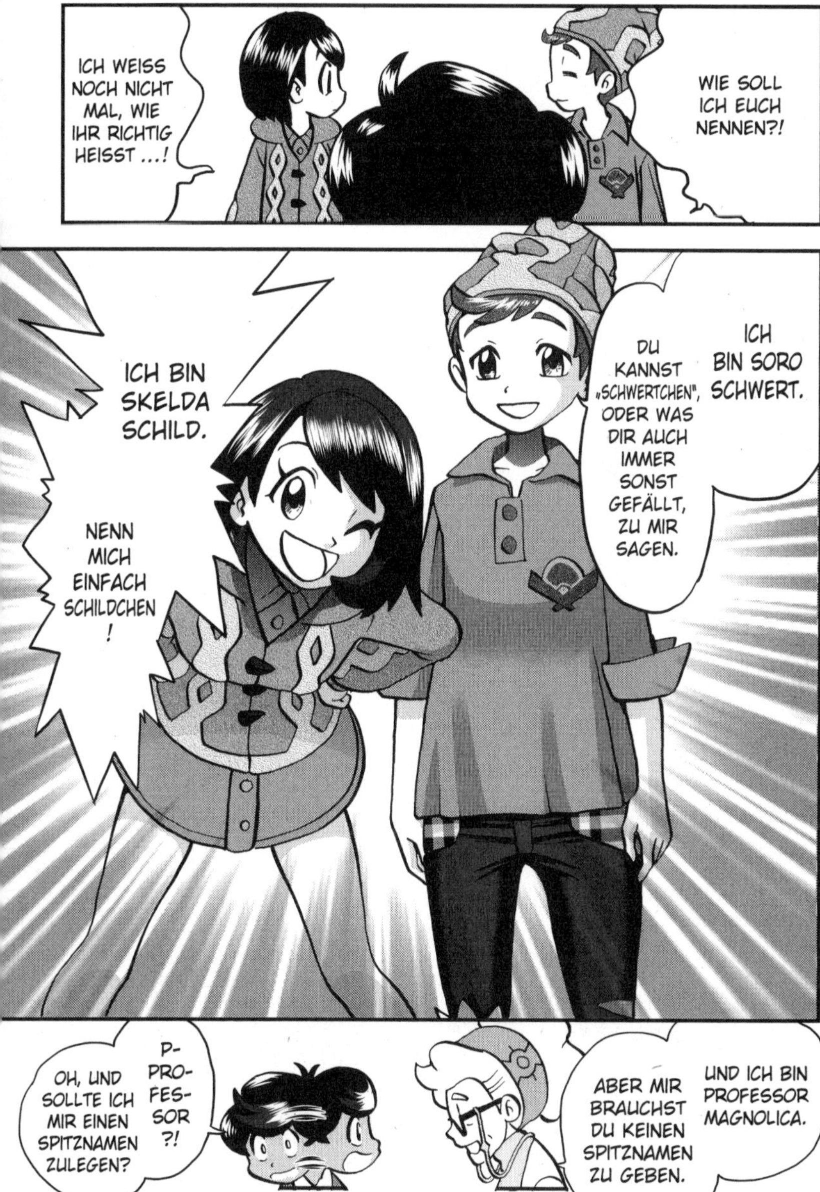
ICH WEISS NOCH NICHT MAL, WIE IHR RICHTIG HEISST ...!
WIE SOLL ICH EUCH NENNEN?!
ICH BIN SKELDA SCHILD.
NENN MICH EINFACH SCHILDCHEN!
ICH BIN SORO SCHWERT.
DU KANNST „SCHWERTCHEN", ODER WAS DIR AUCH IMMER SONST GEFÄLLT, ZU MIR SAGEN.
UND ICH BIN PROFESSOR MAGNOLICA.
ABER MIR BRAUCHST DU KEINEN SPITZNAMEN ZU GEBEN.
OH, UND SOLLTE ICH MIR EINEN SPITZNAMEN ZULEGEN?
P-PROFES-SOR?!

DYNAMAX-GEHEIMNIS 1

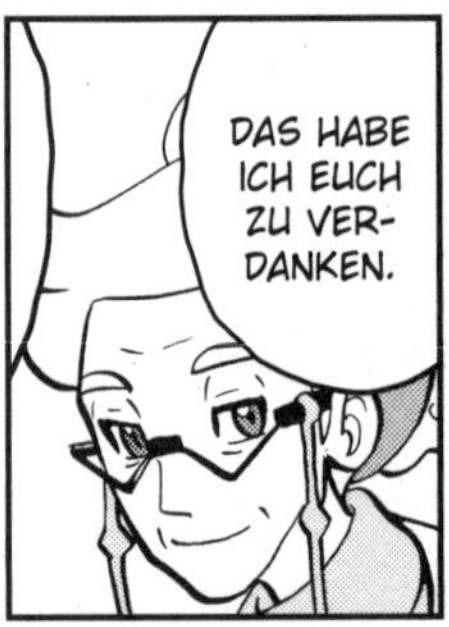

▲ ENTDECKT WURDE DAS PHÄNOMEN BEREITS VOR ÜBER EINEM JAHRZEHNT. AUCH HEUTE WIRD WEITER AN DIESEM THEMA GEFORSCHT.

PROFESSOR MAGNOLICA

ALS DYNAMAX WIRD DAS IN DER GALAR-REGION ZU BEOBACHTENDE PHÄNOMEN BEZEICHNET, BEI DER POKÉMON EINE RIESENHAFTE GESTALT ANNEHMEN. DIE FORSCHERIN, DIE DEN MECHANISMUS DIESES PHÄNOMENS ENTDECKT HAT, IST PROFESSOR MAGNOLICA. ALS SIE IHRE ERKENNTNISSE BEKANNT GAB, SOLL SIE DAMIT DIE GESAMTE REGION IN AUFRUHR VERSETZT HABEN.

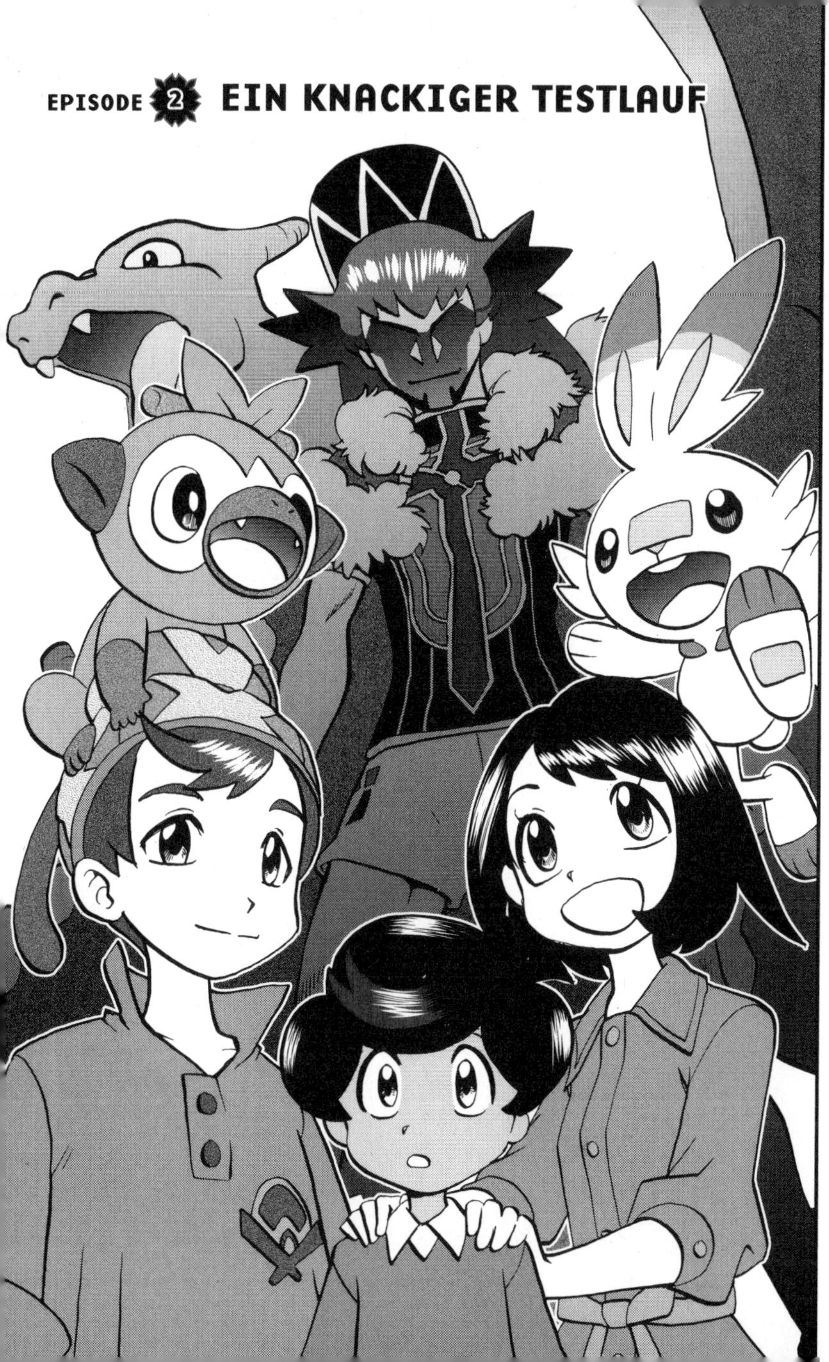

EPISODE 2 EIN KNACKIGER TESTLAUF

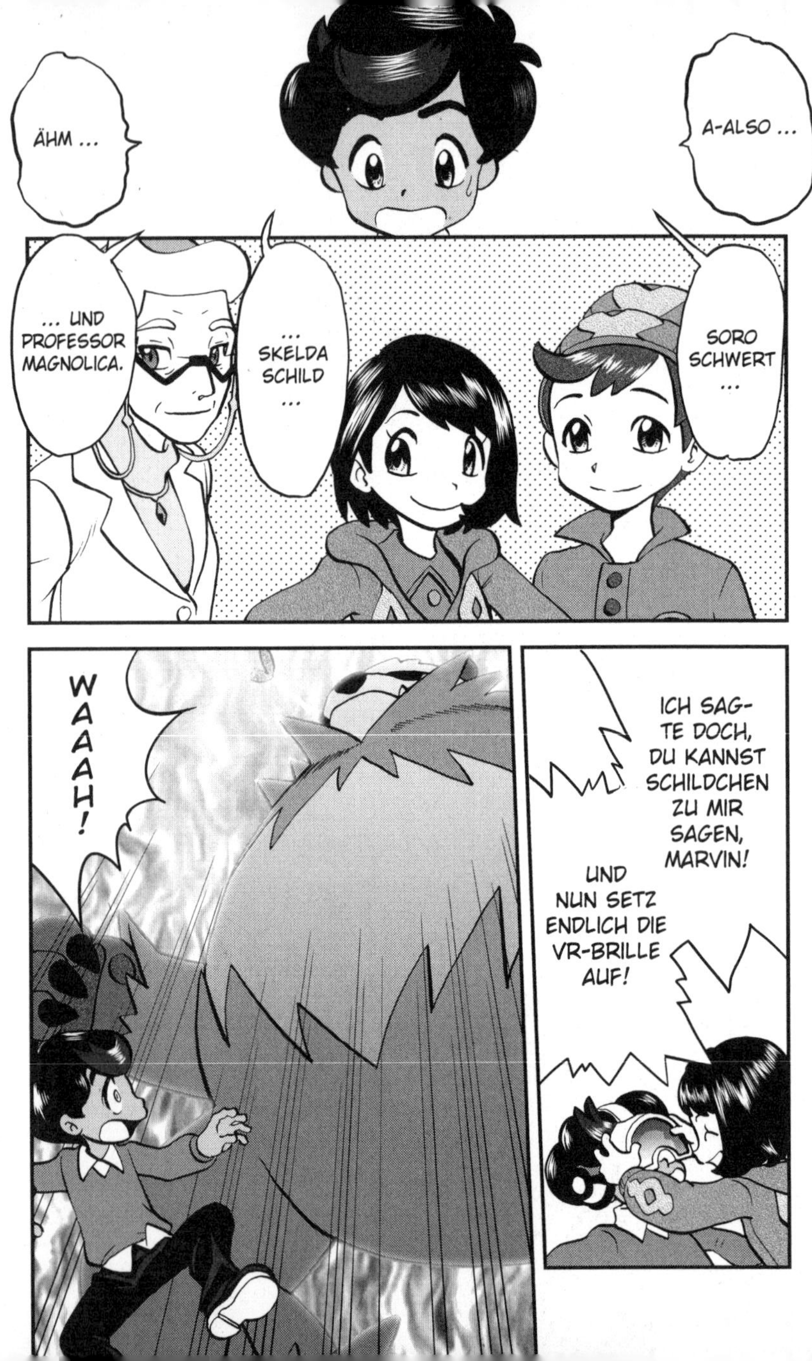
A-ALSO …
ÄHM …
SORO SCHWERT …
… SKELDA SCHILD …
… UND PROFESSOR MAGNOLICA.
ICH SAG-TE DOCH, DU KANNST SCHILDCHEN ZU MIR SAGEN, MARVIN!
UND NUN SETZ ENDLICH DIE VR-BRILLE AUF!
WAAAAH!

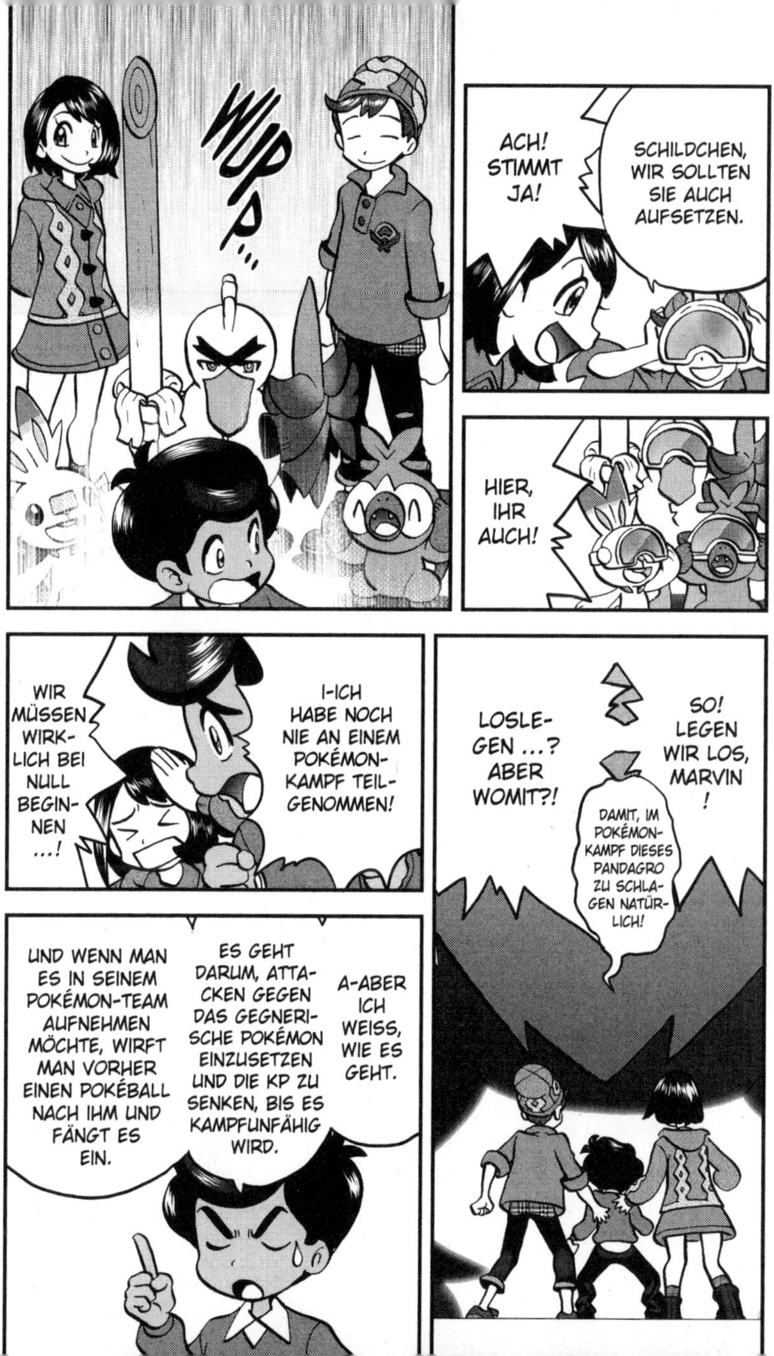
SCHILDCHEN, WIR SOLLTEN SIE AUCH AUFSETZEN.
ACH! STIMMT JA!
HIER, IHR AUCH!
WUP ...
SO! LEGEN WIR LOS, MARVIN!
LOSLEGEN ...? ABER WOMIT?!
DAMIT, IM POKÉMON-KAMPF DIESES PANDAGRO ZU SCHLAGEN NATÜRLICH!
I-ICH HABE NOCH NIE AN EINEM POKÉMON-KAMPF TEILGENOMMEN!
WIR MÜSSEN WIRKLICH BEI NULL BEGINNEN ...!
A-ABER ICH WEISS, WIE ES GEHT.
ES GEHT DARUM, ATTACKEN GEGEN DAS GEGNERISCHE POKÉMON EINZUSETZEN UND DIE KP ZU SENKEN, BIS ES KAMPFUNFÄHIG WIRD.
UND WENN MAN ES IN SEINEM POKÉMON-TEAM AUFNEHMEN MÖCHTE, WIRFT MAN VORHER EINEN POKÉBALL NACH IHM UND FÄNGT ES EIN.

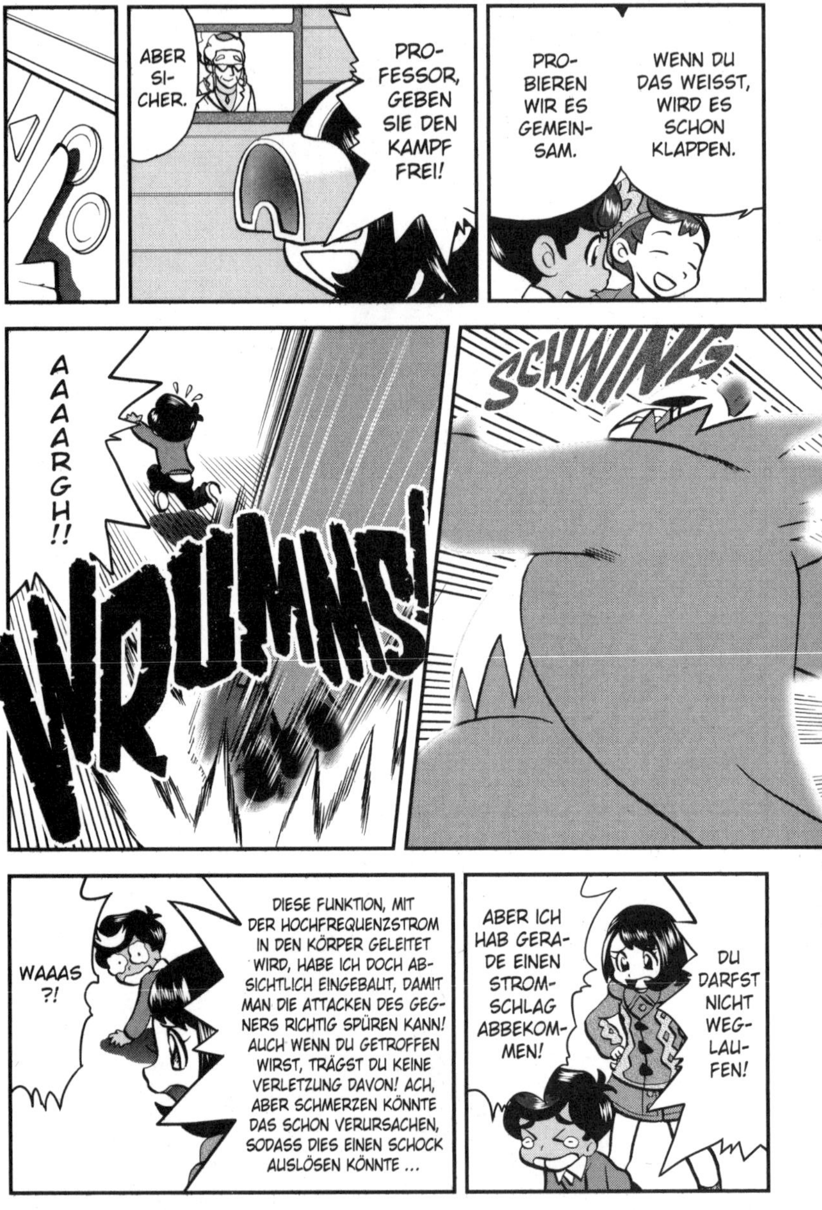
WENN DU DAS WEISST, WIRD ES SCHON KLAPPEN.
PROBIEREN WIR ES GEMEINSAM.
PROFESSOR, GEBEN SIE DEN KAMPF FREI!
ABER SICHER.
SCHWING
AAAAARGH!!
WRUMMS!
DU DARFST NICHT WEGLAUFEN!
ABER ICH HAB GERADE EINEN STROMSCHLAG ABBEKOMMEN!
DIESE FUNKTION, MIT DER HOCHFREQUENZSTROM IN DEN KÖRPER GELEITET WIRD, HABE ICH DOCH ABSICHTLICH EINGEBAUT, DAMIT MAN DIE ATTACKEN DES GEGNERS RICHTIG SPÜREN KANN! AUCH WENN DU GETROFFEN WIRST, TRÄGST DU KEINE VERLETZUNG DAVON! ACH, ABER SCHMERZEN KÖNNTE DAS SCHON VERURSACHEN, SODASS DIES EINEN SCHOCK AUSLÖSEN KÖNNTE …
WAAAS?!

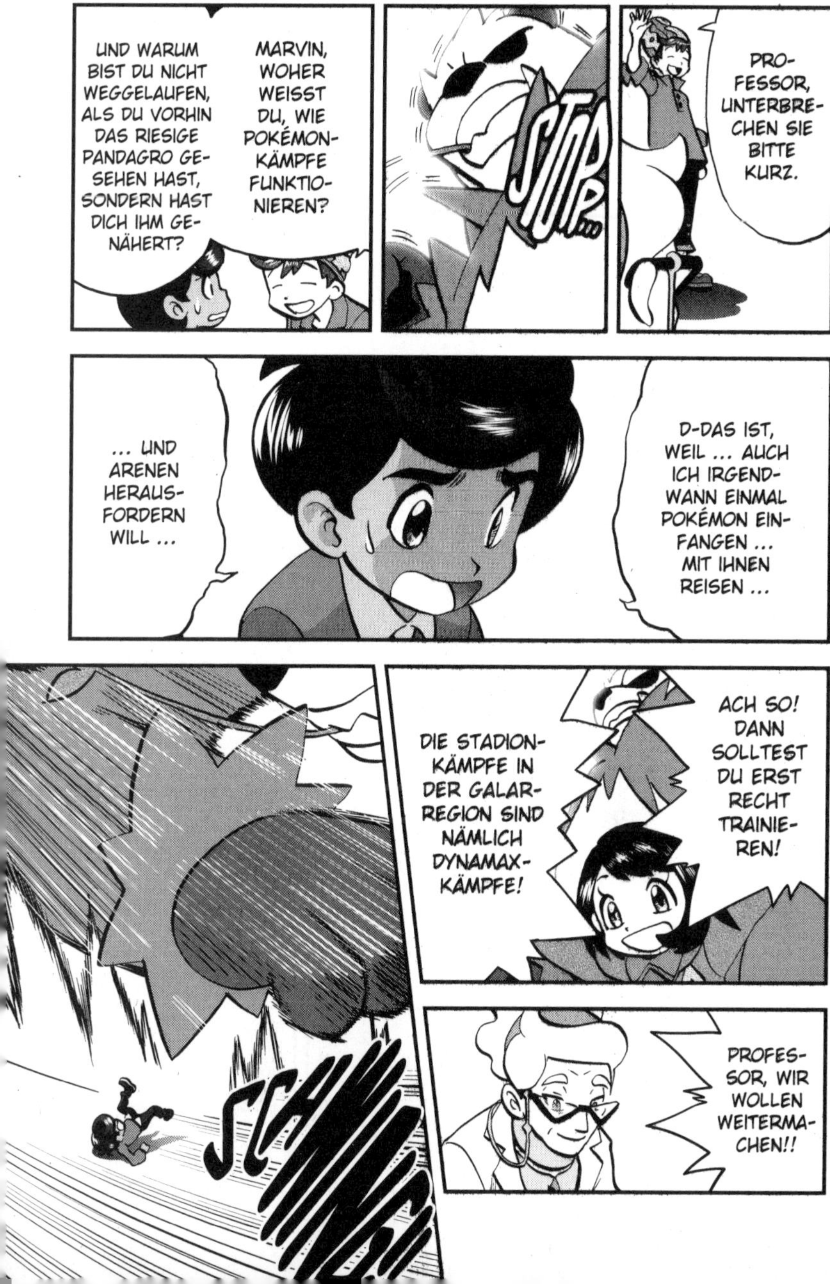

MARVIN, WOHER WEISST DU, WIE POKÉMON-KÄMPFE FUNKTIONIEREN?
UND WARUM BIST DU NICHT WEGGELAUFEN, ALS DU VORHIN DAS RIESIGE PANDAGRO GESEHEN HAST, SONDERN HAST DICH IHM GENÄHERT?
STOP...
PROFESSOR, UNTERBRECHEN SIE BITTE KURZ.
D-DAS IST, WEIL ... AUCH ICH IRGENDWANN EINMAL POKÉMON EINFANGEN ... MIT IHNEN REISEN ...
... UND ARENEN HERAUSFORDERN WILL ...
ACH SO! DANN SOLLTEST DU ERST RECHT TRAINIEREN!
DIE STADIONKÄMPFE IN DER GALAR-REGION SIND NÄMLICH DYNAMAXKÄMPFE!
PROFESSOR, WIR WOLLEN WEITERMACHEN!!
SCHWUNG

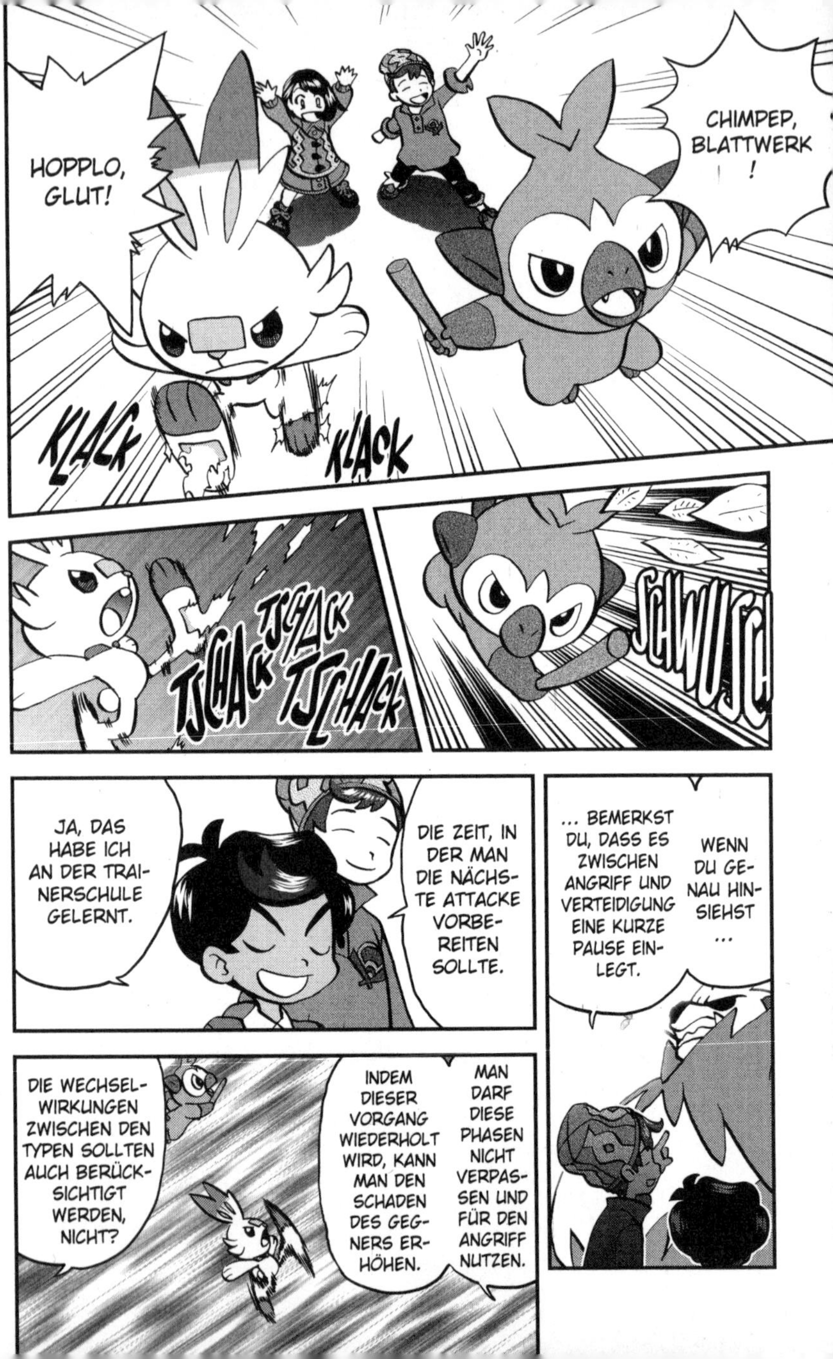
CHIMPEP, BLATTWERK!
HOPPLO, GLUT!
KLACK
KLACK
SCHWUSCH
TSCHACK
TSCHACK
TSCHACK
WENN DU GENAU HINSIEHST …
… BEMERKST DU, DASS ES ZWISCHEN ANGRIFF UND VERTEIDIGUNG EINE KURZE PAUSE EINLEGT.
DIE ZEIT, IN DER MAN DIE NÄCHSTE ATTACKE VORBEREITEN SOLLTE.
JA, DAS HABE ICH AN DER TRAINERSCHULE GELERNT.
MAN DARF DIESE PHASEN NICHT VERPASSEN UND FÜR DEN ANGRIFF NUTZEN.
INDEM DIESER VORGANG WIEDERHOLT WIRD, KANN MAN DEN SCHADEN DES GEGNERS ERHÖHEN.
DIE WECHSELWIRKUNGEN ZWISCHEN DEN TYPEN SOLLTEN AUCH BERÜCKSICHTIGT WERDEN, NICHT?

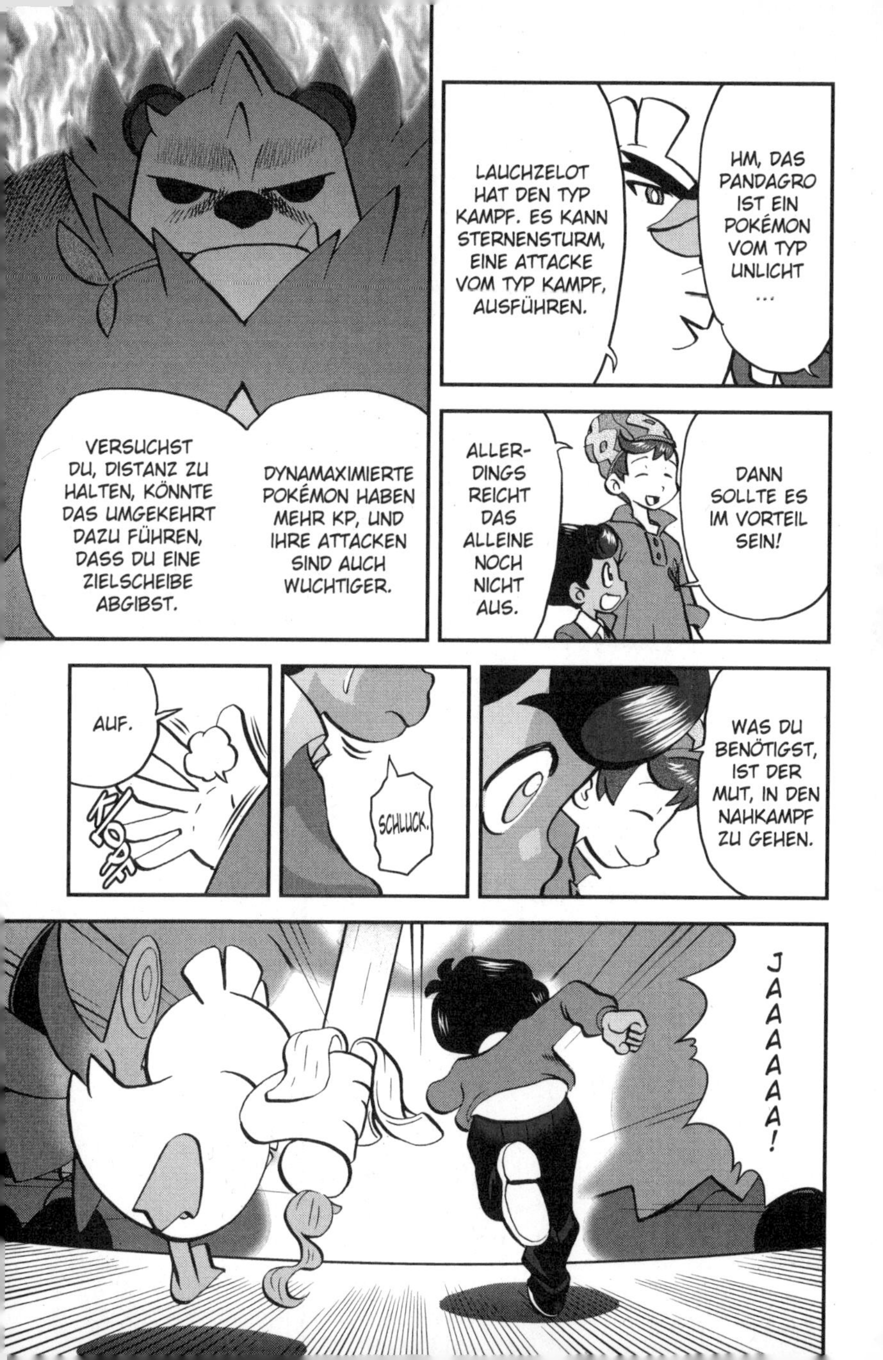

HM, DAS PANDAGRO IST EIN POKÉMON VOM TYP UNLICHT ...
LAUCHZELOT HAT DEN TYP KAMPF. ES KANN STERNENSTURM, EINE ATTACKE VOM TYP KAMPF, AUSFÜHREN.
DANN SOLLTE ES IM VORTEIL SEIN!
ALLER-DINGS REICHT DAS ALLEINE NOCH NICHT AUS.
DYNAMAXIMIERTE POKÉMON HABEN MEHR KP, UND IHRE ATTACKEN SIND AUCH WUCHTIGER.
VERSUCHST DU, DISTANZ ZU HALTEN, KÖNNTE DAS UMGEKEHRT DAZU FÜHREN, DASS DU EINE ZIELSCHEIBE ABGIBST.
WAS DU BENÖTIGST, IST DER MUT, IN DEN NAHKAMPF ZU GEHEN.
SCHLUCK.
AUF.
KLOPF
JAAAAAAA!

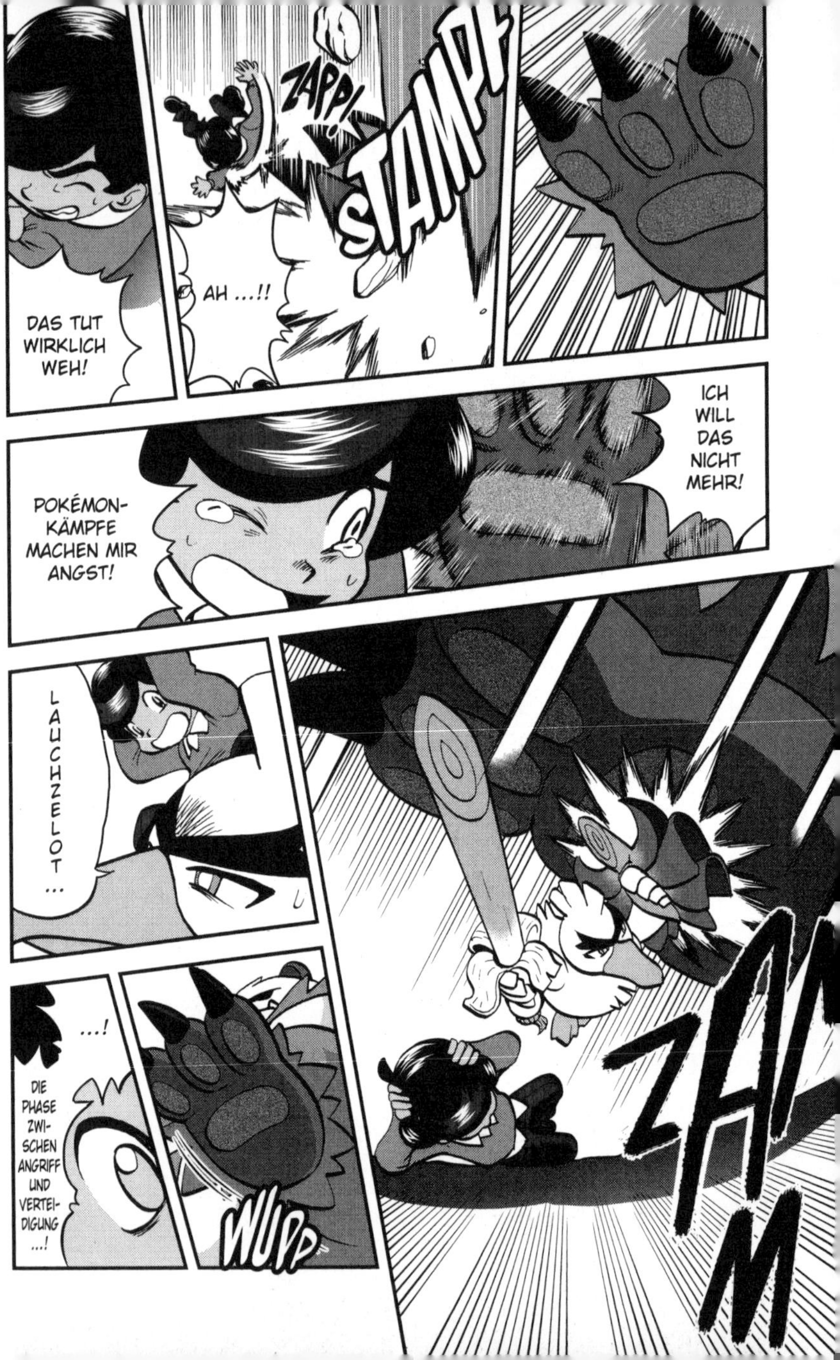
ZAPP!
STAMP
AH ...!!
DAS TUT WIRKLICH WEH!
ICH WILL DAS NICHT MEHR!
POKÉMON-KÄMPFE MACHEN MIR ANGST!
ZAM
LAUCHZELOT ...
WUPP
...!
DIE PHASE ZWI-SCHEN ANGRIFF UND VERTEI-DIGUNG ...!

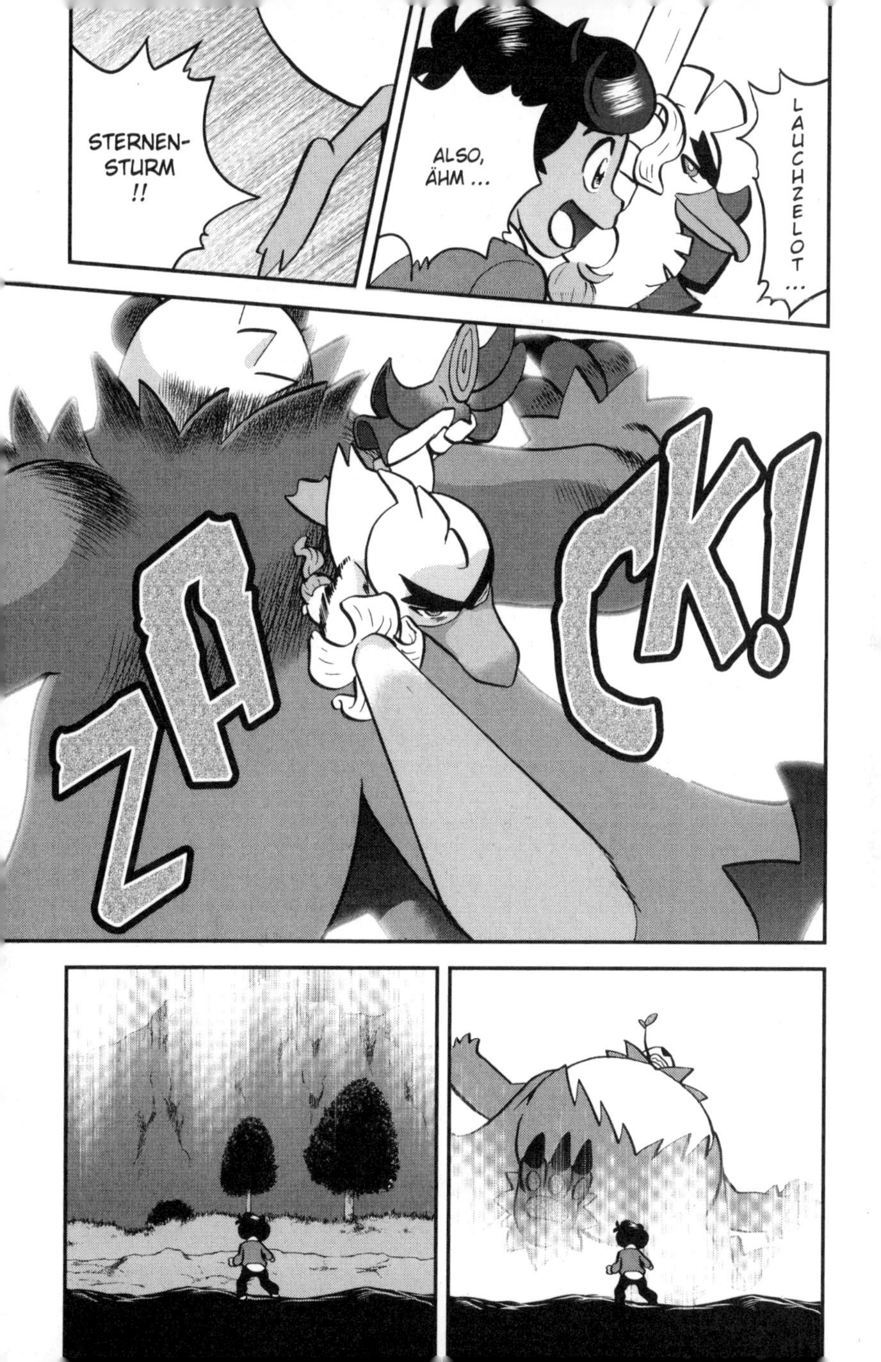
LAUCHZELOT ...
ALSO, ÄHM ...
STERNEN-STURM !!
ZACK!

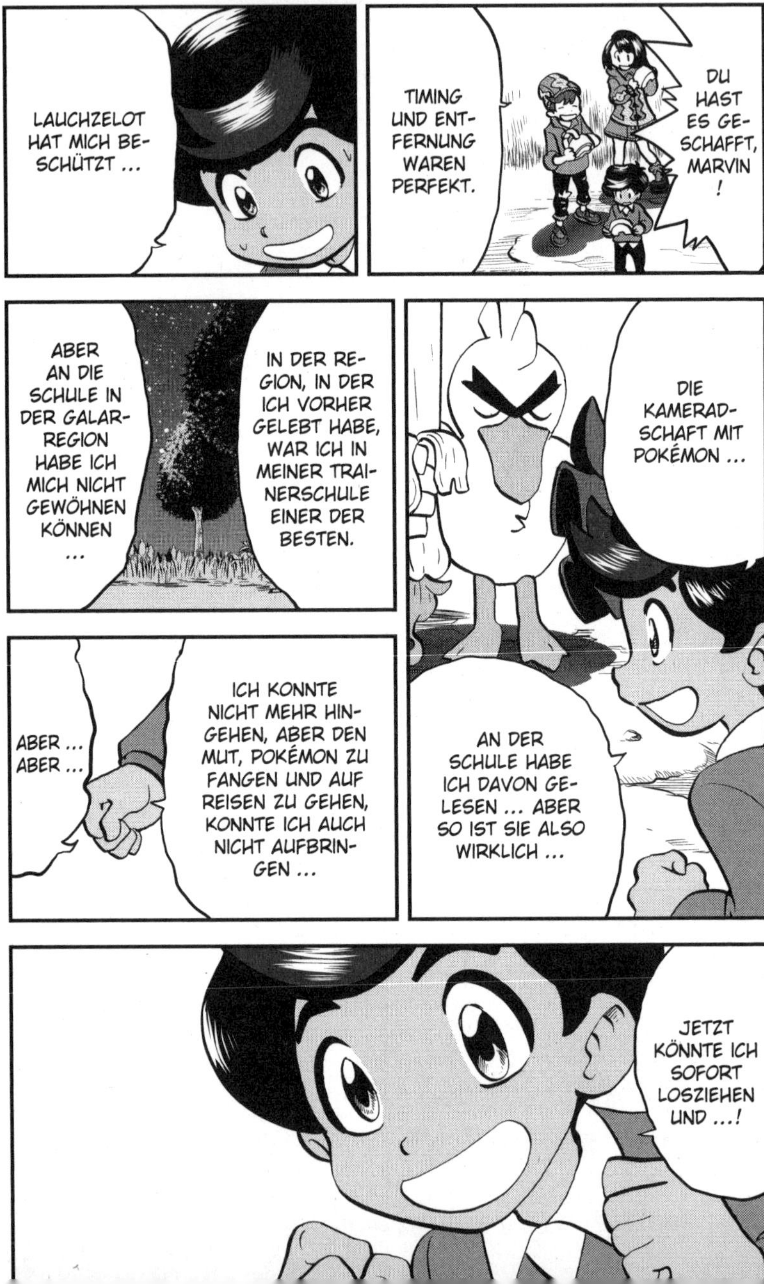
DU HAST ES GESCHAFFT, MARVIN!
TIMING UND ENTFERNUNG WAREN PERFEKT.
LAUCHZELOT HAT MICH BESCHÜTZT ...
DIE KAMERADSCHAFT MIT POKÉMON ...
AN DER SCHULE HABE ICH DAVON GELESEN ... ABER SO IST SIE ALSO WIRKLICH ...
IN DER REGION, IN DER ICH VORHER GELEBT HABE, WAR ICH IN MEINER TRAINERSCHULE EINER DER BESTEN.
ABER AN DIE SCHULE IN DER GALAR-REGION HABE ICH MICH NICHT GEWÖHNEN KÖNNEN ...
ICH KONNTE NICHT MEHR HINGEHEN, ABER DEN MUT, POKÉMON ZU FANGEN UND AUF REISEN ZU GEHEN, KONNTE ICH AUCH NICHT AUFBRINGEN ...
ABER ... ABER ...
JETZT KÖNNTE ICH SOFORT LOSZIEHEN UND ...!

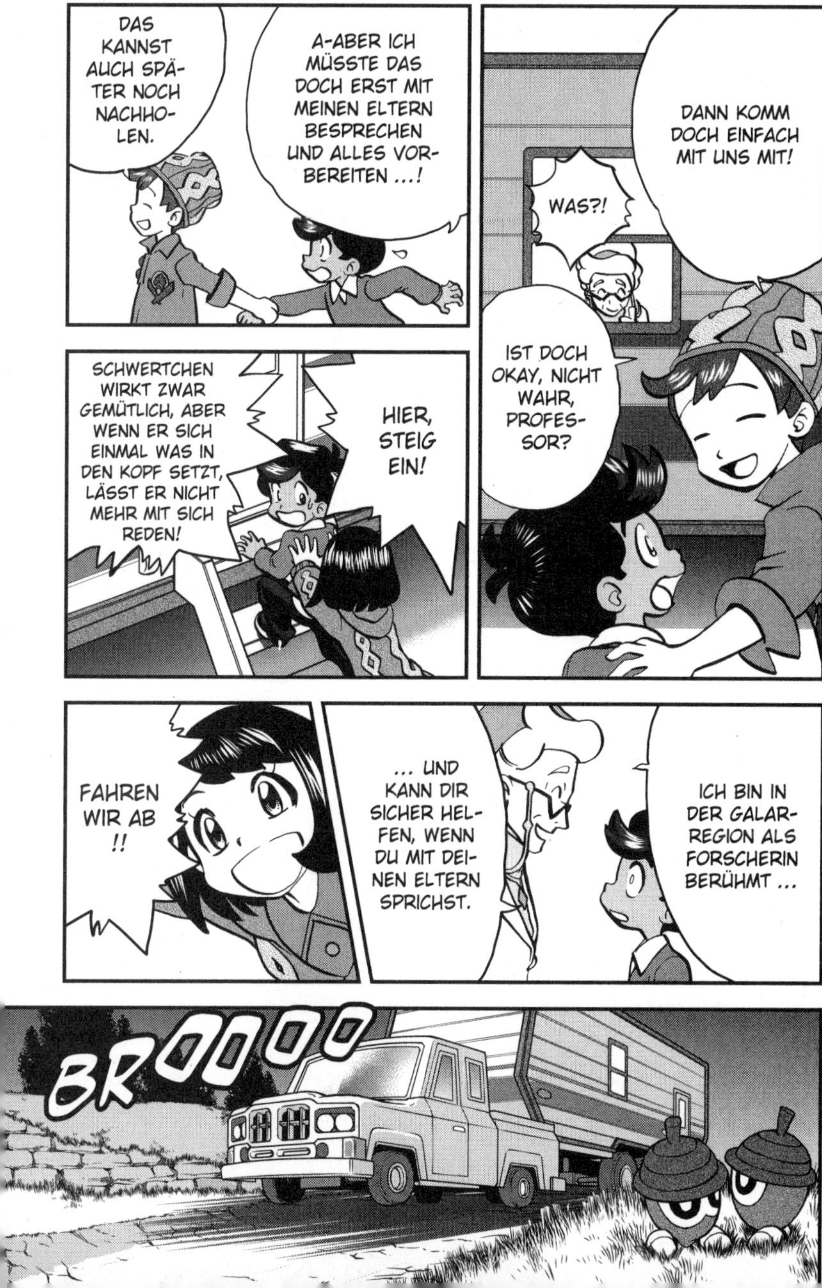
DANN KOMM DOCH EINFACH MIT UNS MIT!
WAS?!
IST DOCH OKAY, NICHT WAHR, PROFES-SOR?
A-ABER ICH MÜSSTE DAS DOCH ERST MIT MEINEN ELTERN BESPRECHEN UND ALLES VOR-BEREITEN ...!
DAS KANNST AUCH SPÄ-TER NOCH NACHHO-LEN.
HIER, STEIG EIN!
SCHWERTCHEN WIRKT ZWAR GEMÜTLICH, ABER WENN ER SICH EINMAL WAS IN DEN KOPF SETZT, LÄSST ER NICHT MEHR MIT SICH REDEN!
ICH BIN IN DER GALAR-REGION ALS FORSCHERIN BERÜHMT ...
... UND KANN DIR SICHER HEL-FEN, WENN DU MIT DEI-NEN ELTERN SPRICHST.
FAHREN WIR AB !!
BROOOOO

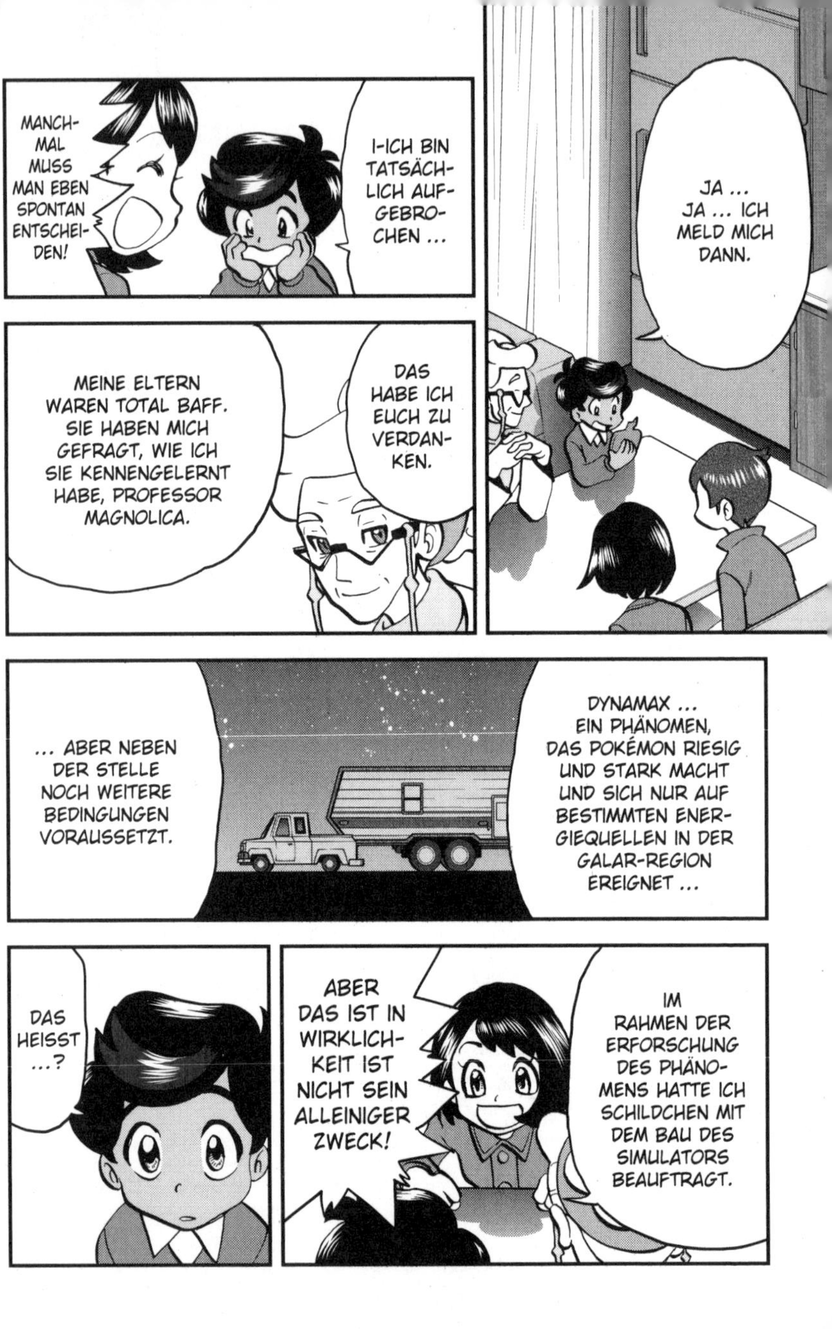

JA ... JA ... ICH MELD MICH DANN.
I-ICH BIN TATSÄCHLICH AUFGEBROCHEN ...
MANCHMAL MUSS MAN EBEN SPONTAN ENTSCHEIDEN!
DAS HABE ICH EUCH ZU VERDANKEN.
MEINE ELTERN WAREN TOTAL BAFF. SIE HABEN MICH GEFRAGT, WIE ICH SIE KENNENGELERNT HABE, PROFESSOR MAGNOLICA.
DYNAMAX ... EIN PHÄNOMEN, DAS POKÉMON RIESIG UND STARK MACHT UND SICH NUR AUF BESTIMMTEN ENERGIEQUELLEN IN DER GALAR-REGION EREIGNET ...
... ABER NEBEN DER STELLE NOCH WEITERE BEDINGUNGEN VORAUSSETZT.
IM RAHMEN DER ERFORSCHUNG DES PHÄNOMENS HATTE ICH SCHILDCHEN MIT DEM BAU DES SIMULATORS BEAUFTRAGT.
ABER DAS IST IN WIRKLICHKEIT IST NICHT SEIN ALLEINIGER ZWECK!
DAS HEISST ...?

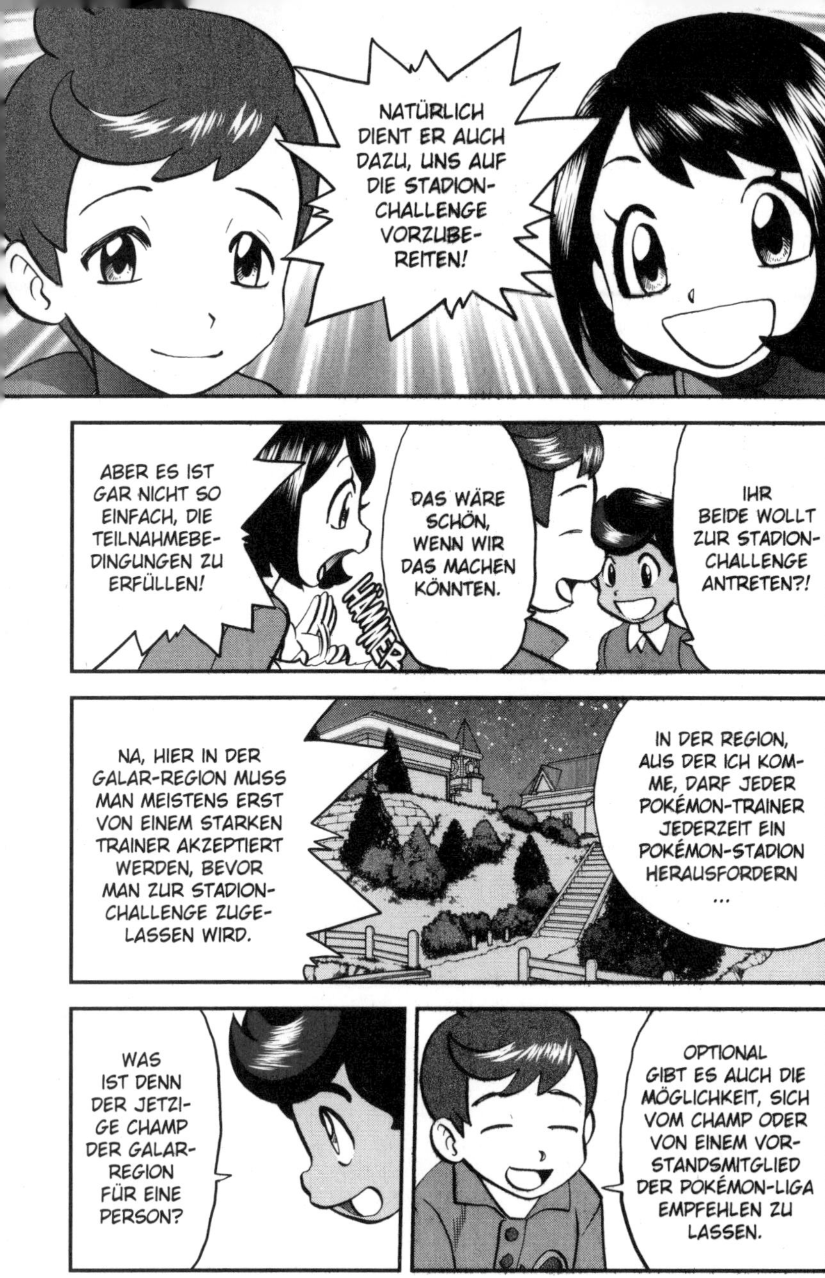

NATÜRLICH DIENT ER AUCH DAZU, UNS AUF DIE STADION-CHALLENGE VORZUBEREITEN!
IHR BEIDE WOLLT ZUR STADION-CHALLENGE ANTRETEN?!
DAS WÄRE SCHÖN, WENN WIR DAS MACHEN KÖNNTEN.
ABER ES IST GAR NICHT SO EINFACH, DIE TEILNAHMEBEDINGUNGEN ZU ERFÜLLEN!
IN DER REGION, AUS DER ICH KOMME, DARF JEDER POKÉMON-TRAINER JEDERZEIT EIN POKÉMON-STADION HERAUSFORDERN ...
NA, HIER IN DER GALAR-REGION MUSS MAN MEISTENS ERST VON EINEM STARKEN TRAINER AKZEPTIERT WERDEN, BEVOR MAN ZUR STADION-CHALLENGE ZUGELASSEN WIRD.
OPTIONAL GIBT ES AUCH DIE MÖGLICHKEIT, SICH VOM CHAMP ODER VON EINEM VORSTANDSMITGLIED DER POKÉMON-LIGA EMPFEHLEN ZU LASSEN.
WAS IST DENN DER JETZIGE CHAMP DER GALAR-REGION FÜR EINE PERSON?

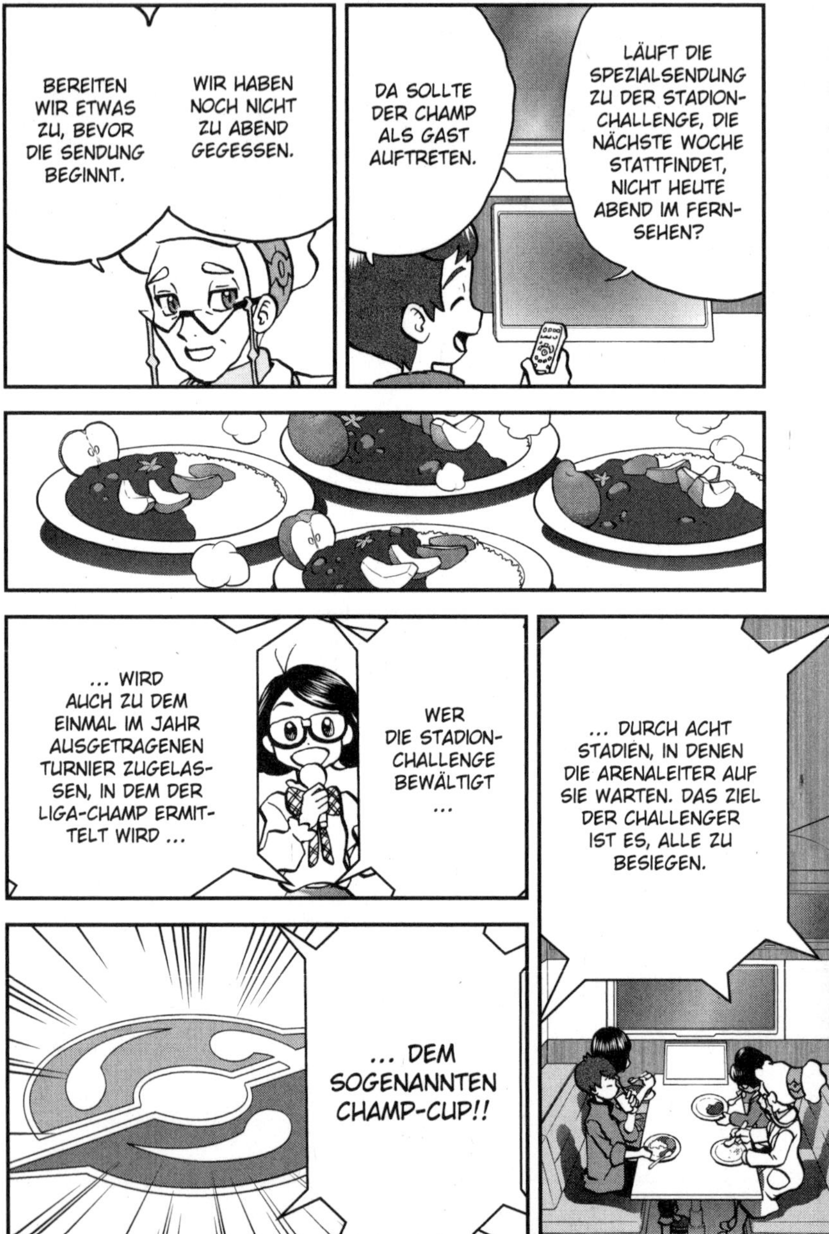
LÄUFT DIE SPEZIALSENDUNG ZU DER STADION-CHALLENGE, DIE NÄCHSTE WOCHE STATTFINDET, NICHT HEUTE ABEND IM FERN-SEHEN?
DA SOLLTE DER CHAMP ALS GAST AUFTRETEN.
WIR HABEN NOCH NICHT ZU ABEND GEGESSEN.
BEREITEN WIR ETWAS ZU, BEVOR DIE SENDUNG BEGINNT.
... DURCH ACHT STADIEN, IN DENEN DIE ARENALEITER AUF SIE WARTEN. DAS ZIEL DER CHALLENGER IST ES, ALLE ZU BESIEGEN.
WER DIE STADION-CHALLENGE BEWÄLTIGT ...
... WIRD AUCH ZU DEM EINMAL IM JAHR AUSGETRAGENEN TURNIER ZUGELAS-SEN, IN DEM DER LIGA-CHAMP ERMIT-TELT WIRD ...
... DEM SOGENANNTEN CHAMP-CUP!!

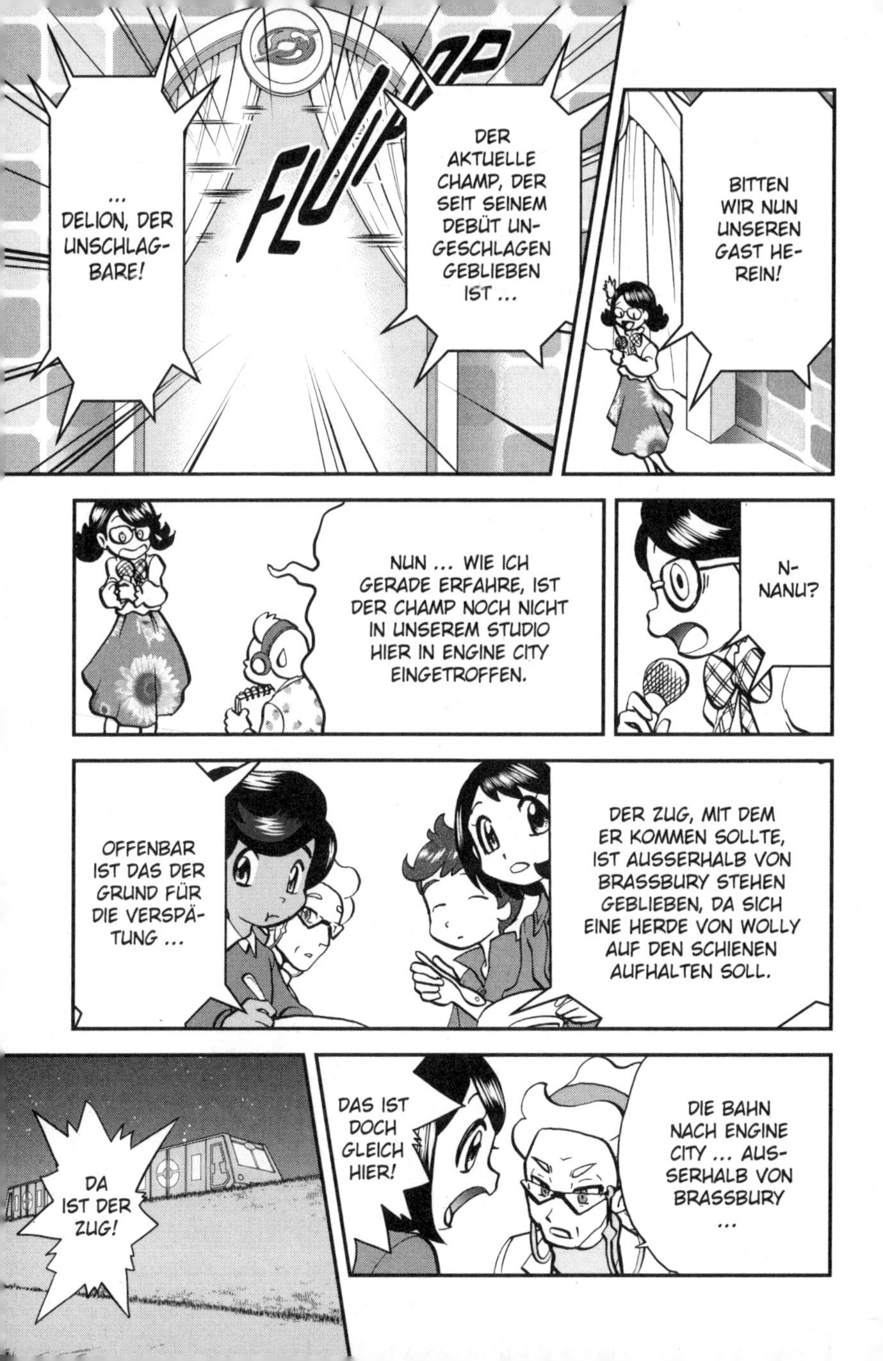
BITTEN WIR NUN UNSEREN GAST HEREIN!
DER AKTUELLE CHAMP, DER SEIT SEINEM DEBÜT UNGESCHLAGEN GEBLIEBEN IST …
FLUPP
… DELION, DER UNSCHLAGBARE!
NUN … WIE ICH GERADE ERFAHRE, IST DER CHAMP NOCH NICHT IN UNSEREM STUDIO HIER IN ENGINE CITY EINGETROFFEN.
N-NANU?
DER ZUG, MIT DEM ER KOMMEN SOLLTE, IST AUSSERHALB VON BRASSBURY STEHEN GEBLIEBEN, DA SICH EINE HERDE VON WOLLY AUF DEN SCHIENEN AUFHALTEN SOLL.
OFFENBAR IST DAS DER GRUND FÜR DIE VERSPÄTUNG …
DIE BAHN NACH ENGINE CITY … AUSSERHALB VON BRASSBURY …
DAS IST DOCH GLEICH HIER!
DA IST DER ZUG!

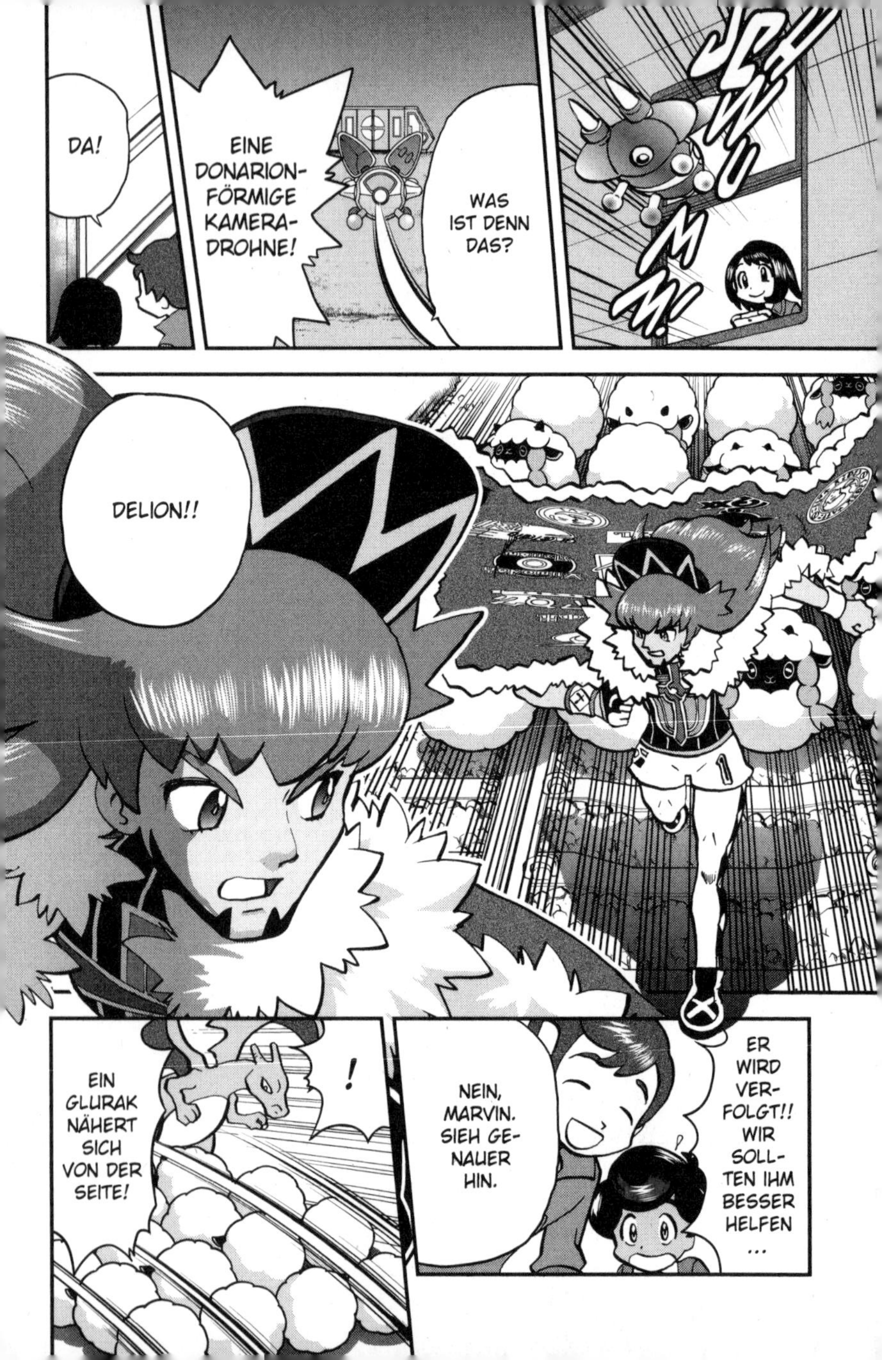

JSCHWUMM!
WAS IST DENN DAS?
EINE DONARION-FÖRMIGE KAMERA-DROHNE!
DA!
DELION!!
ER WIRD VER-FOLGT!! WIR SOLL-TEN IHM BESSER HELFEN …
NEIN, MARVIN. SIEH GE-NAUER HIN.
!
EIN GLURAK NÄHERT SICH VON DER SEITE!

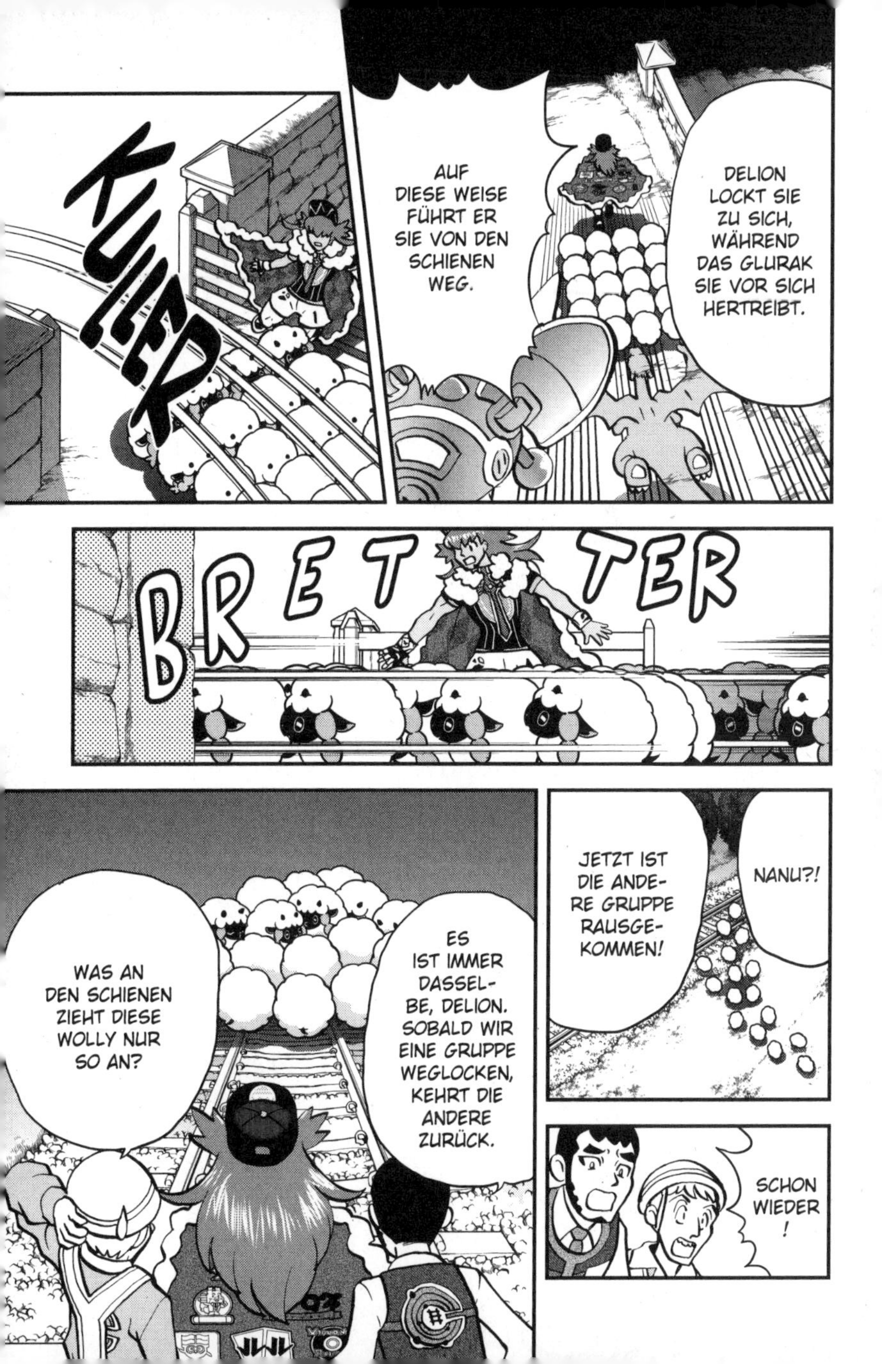
DELION LOCKT SIE ZU SICH, WÄHREND DAS GLURAK SIE VOR SICH HERTREIBT.
AUF DIESE WEISE FÜHRT ER SIE VON DEN SCHIENEN WEG.
KULLER
BRETTER
NANU?!
JETZT IST DIE ANDERE GRUPPE RAUSGEKOMMEN!
SCHON WIEDER!
ES IST IMMER DASSELBE, DELION. SOBALD WIR EINE GRUPPE WEGLOCKEN, KEHRT DIE ANDERE ZURÜCK.
WAS AN DEN SCHIENEN ZIEHT DIESE WOLLY NUR SO AN?

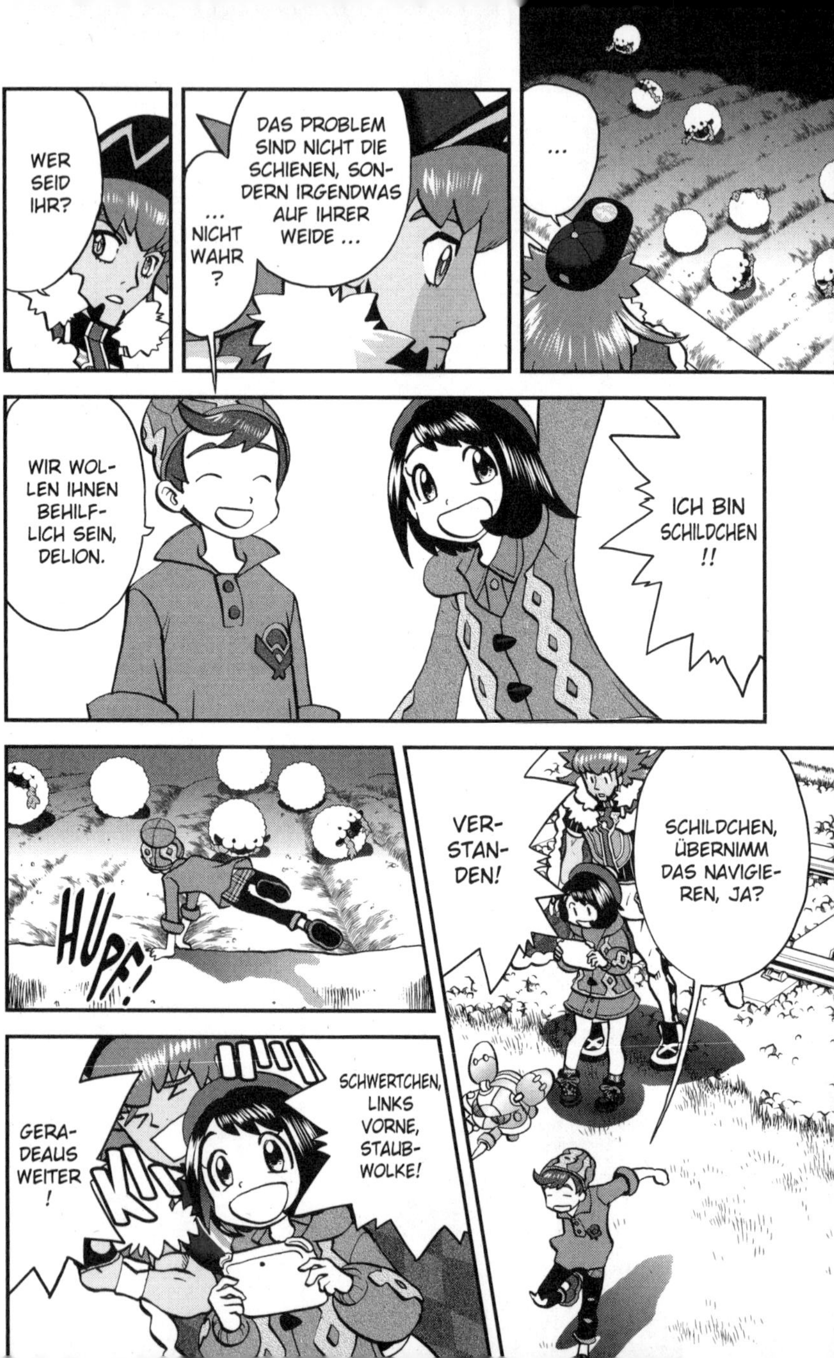
…
DAS PROBLEM SIND NICHT DIE SCHIENEN, SONDERN IRGENDWAS AUF IHRER WEIDE …
… NICHT WAHR?
WER SEID IHR?
ICH BIN SCHILDCHEN!!
WIR WOLLEN IHNEN BEHILFLICH SEIN, DELION.
SCHILDCHEN, ÜBERNIMM DAS NAVIGIEREN, JA?
VERSTANDEN!
HUPF!
SCHWERTCHEN, LINKS VORNE, STAUBWOLKE!
GERADEAUS WEITER!

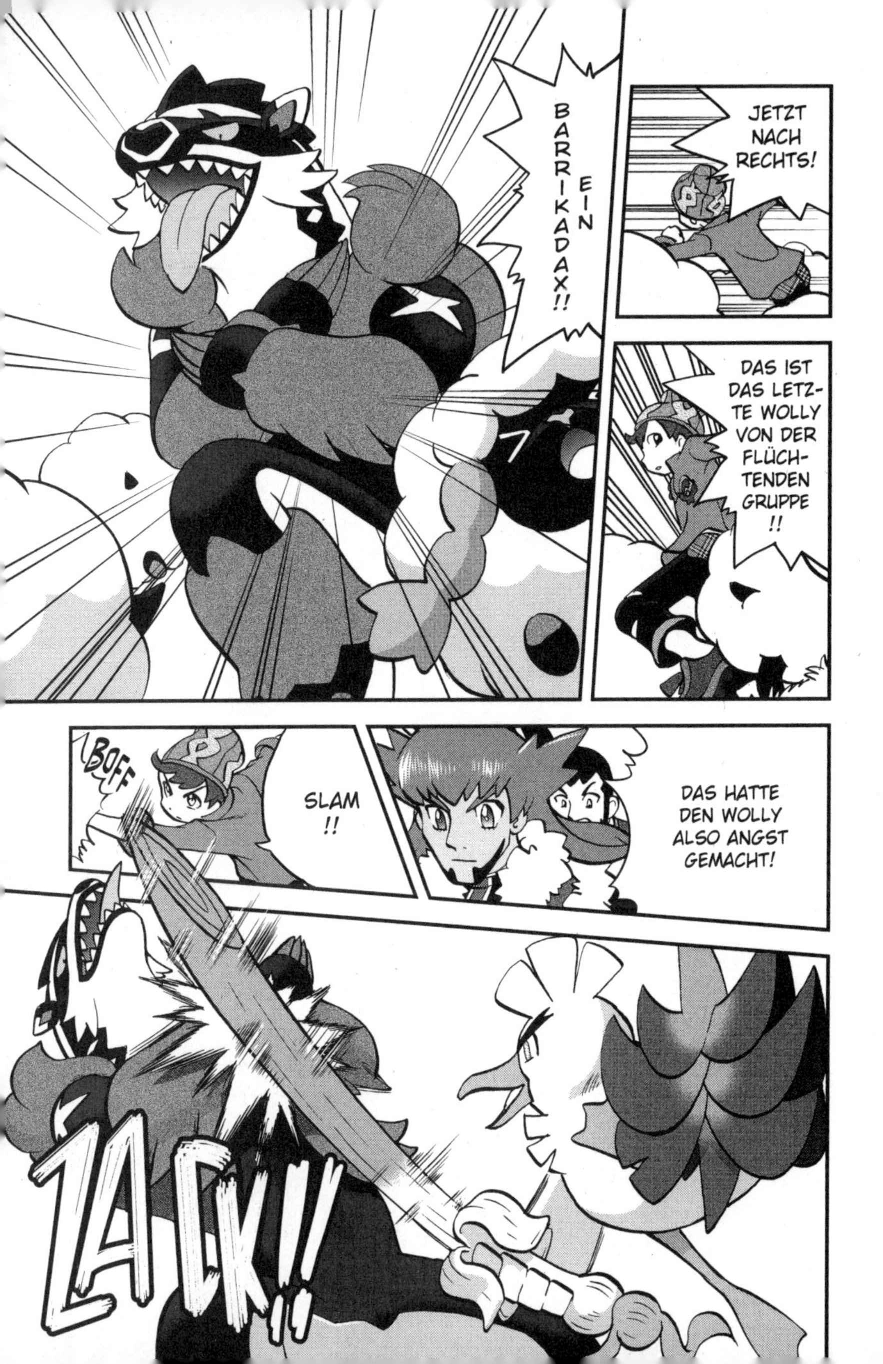
JETZT NACH RECHTS!
DAS IST DAS LETZTE WOLLY VON DER FLÜCHTENDEN GRUPPE !!
EIN BARRIKADAX!!
DAS HATTE DEN WOLLY ALSO ANGST GEMACHT!
SLAM !!
BOFF
ZACK!!

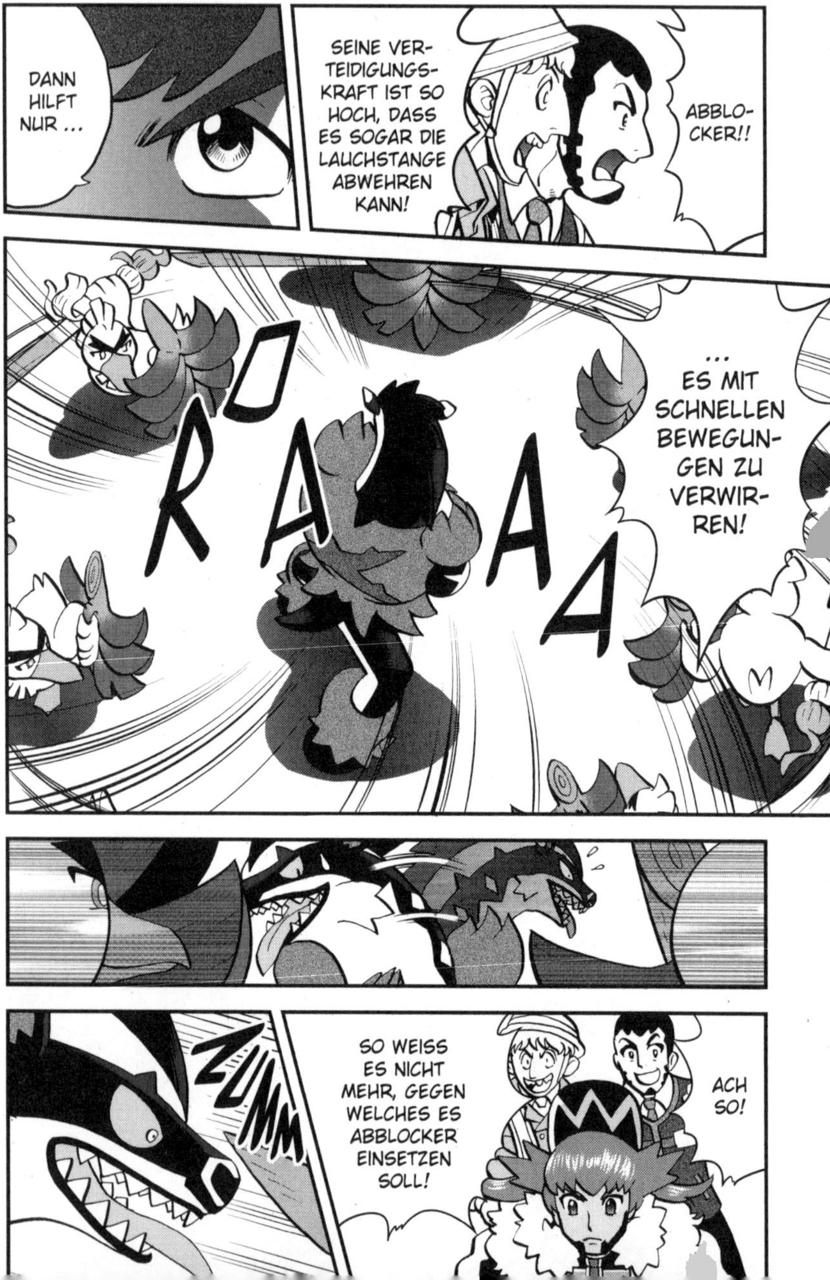
DANN HILFT NUR …
SEINE VERTEIDIGUNGSKRAFT IST SO HOCH, DASS ES SOGAR DIE LAUCHSTANGE ABWEHREN KANN!
ABBLOCKER!!
RARAAA
… ES MIT SCHNELLEN BEWEGUNGEN ZU VERWIRREN!
SO WEISS ES NICHT MEHR, GEGEN WELCHES ES ABBLOCKER EINSETZEN SOLL!
ACH SO!

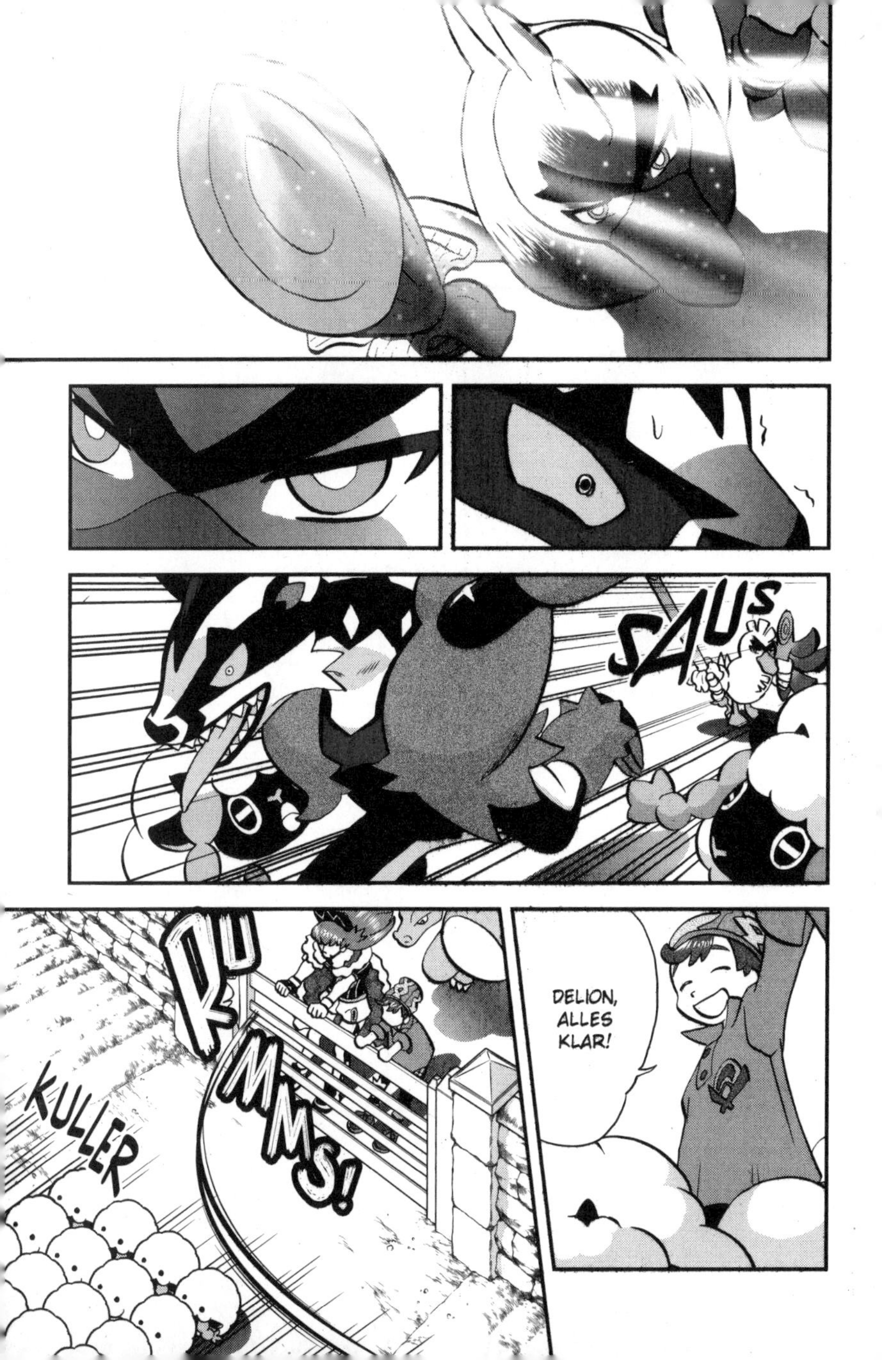
SAUS
RUMMS!
KULLER
DELION, ALLES KLAR!

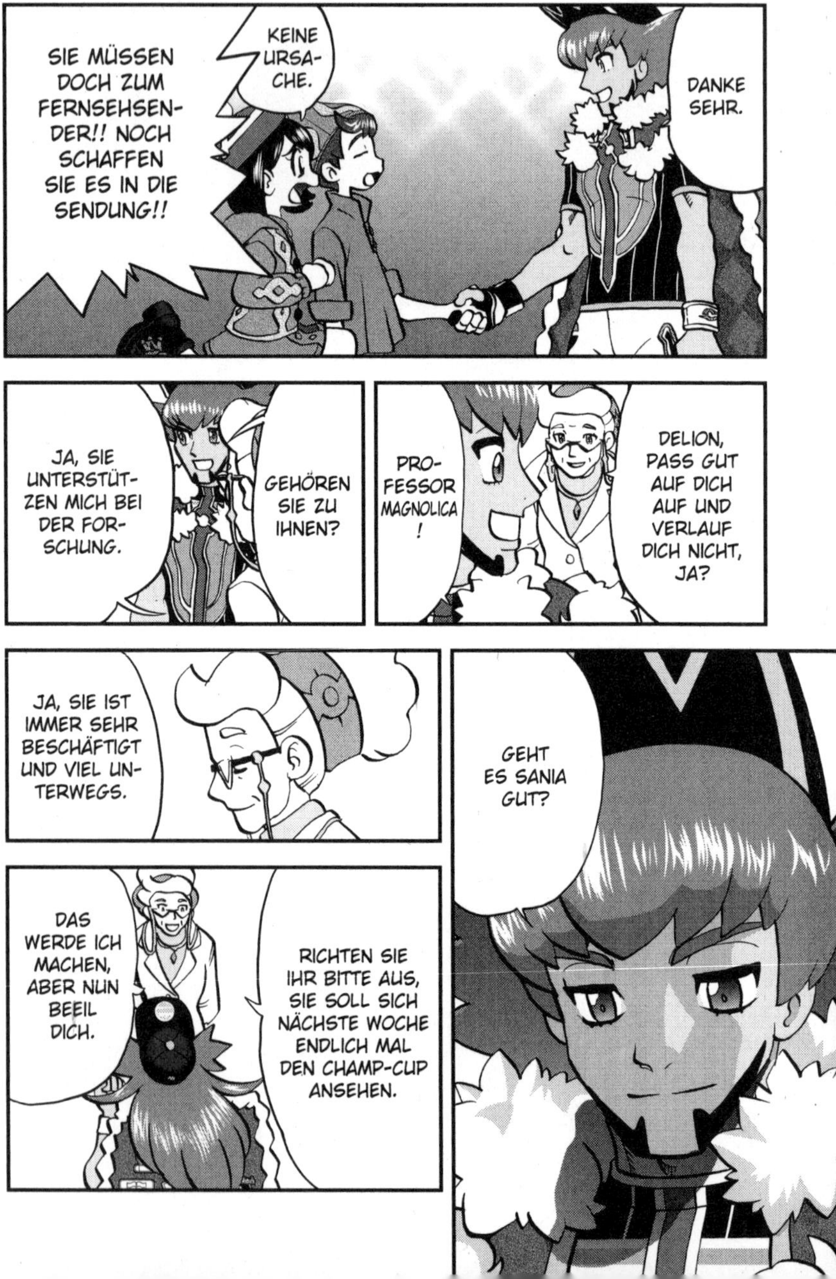

DANKE SEHR.
KEINE URSACHE.
SIE MÜSSEN DOCH ZUM FERNSEHSENDER!! NOCH SCHAFFEN SIE ES IN DIE SENDUNG!!
DELION, PASS GUT AUF DICH AUF UND VERLAUF DICH NICHT, JA?
PROFESSOR MAGNOLICA!
GEHÖREN SIE ZU IHNEN?
JA, SIE UNTERSTÜTZEN MICH BEI DER FORSCHUNG.
GEHT ES SANIA GUT?
JA, SIE IST IMMER SEHR BESCHÄFTIGT UND VIEL UNTERWEGS.
RICHTEN SIE IHR BITTE AUS, SIE SOLL SICH NÄCHSTE WOCHE ENDLICH MAL DEN CHAMP-CUP ANSEHEN.
DAS WERDE ICH MACHEN, ABER NUN BEEIL DICH.

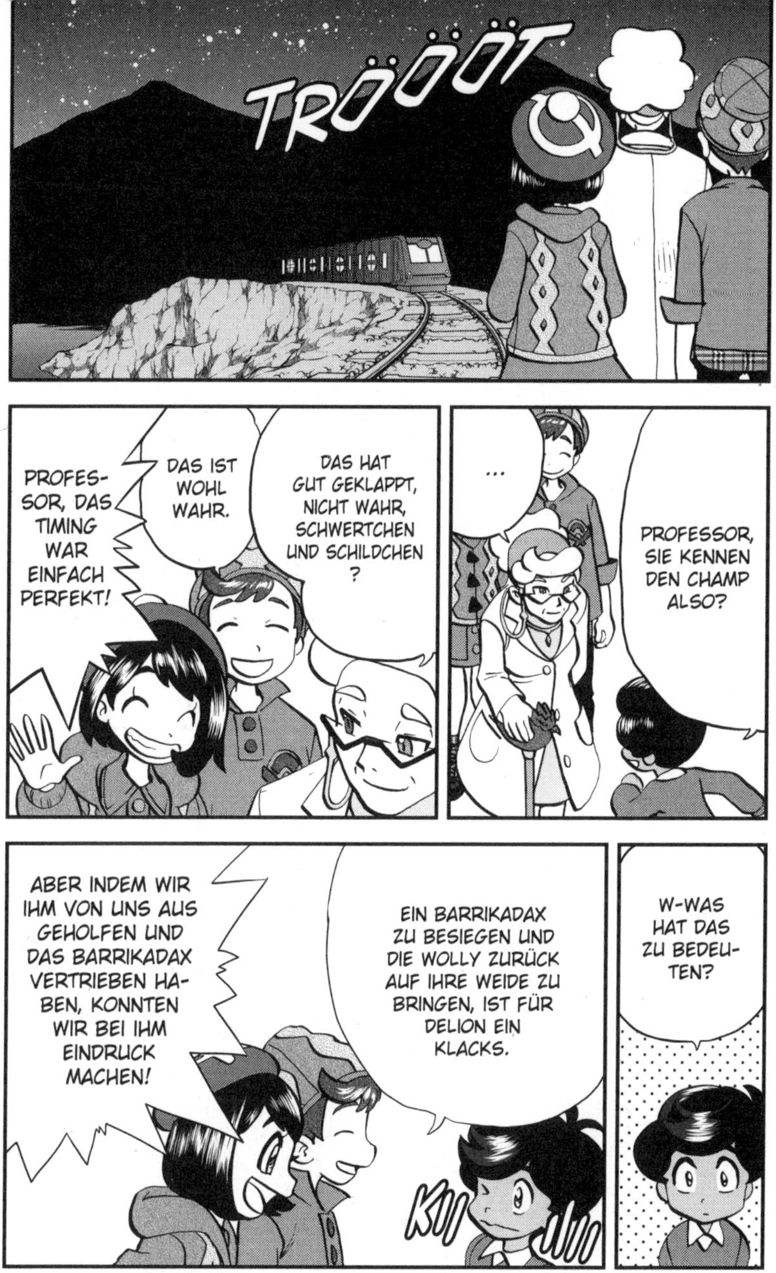
TRÖÖÖT
PROFESSOR, DAS TIMING WAR EINFACH PERFEKT!
DAS IST WOHL WAHR.
DAS HAT GUT GEKLAPPT, NICHT WAHR, SCHWERTCHEN UND SCHILDCHEN?
...
PROFESSOR, SIE KENNEN DEN CHAMP ALSO?
ABER INDEM WIR IHM VON UNS AUS GEHOLFEN UND DAS BARRIKADAX VERTRIEBEN HABEN, KONNTEN WIR BEI IHM EINDRUCK MACHEN!
EIN BARRIKADAX ZU BESIEGEN UND DIE WOLLY ZURÜCK AUF IHRE WEIDE ZU BRINGEN, IST FÜR DELION EIN KLACKS.
KNIRSCH
W-WAS HAT DAS ZU BEDEUTEN?

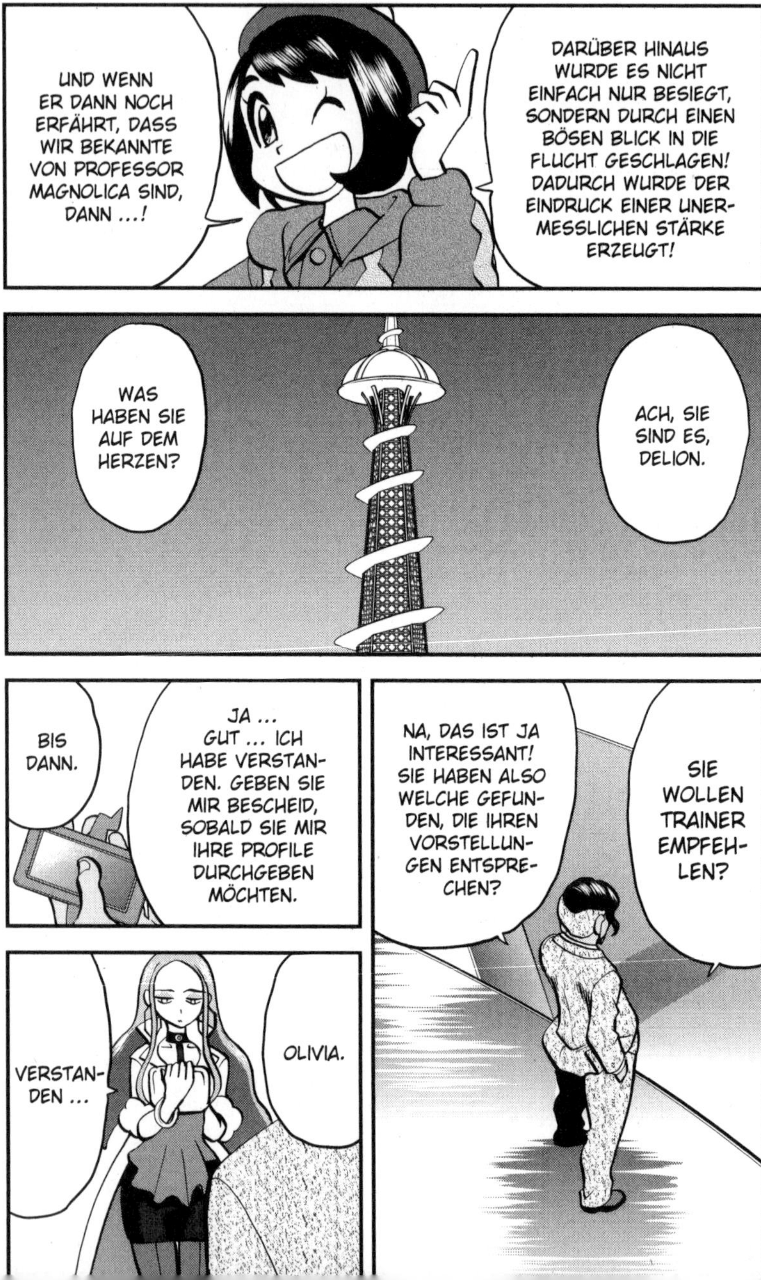
DARÜBER HINAUS WURDE ES NICHT EINFACH NUR BESIEGT, SONDERN DURCH EINEN BÖSEN BLICK IN DIE FLUCHT GESCHLAGEN! DADURCH WURDE DER EINDRUCK EINER UNER-MESSLICHEN STÄRKE ERZEUGT!
UND WENN ER DANN NOCH ERFÄHRT, DASS WIR BEKANNTE VON PROFESSOR MAGNOLICA SIND, DANN ...!
ACH, SIE SIND ES, DELION.
WAS HABEN SIE AUF DEM HERZEN?
SIE WOLLEN TRAINER EMPFEH-LEN?
NA, DAS IST JA INTERESSANT! SIE HABEN ALSO WELCHE GEFUN-DEN, DIE IHREN VORSTELLUN-GEN ENTSPRE-CHEN?
JA ... GUT ... ICH HABE VERSTAN-DEN. GEBEN SIE MIR BESCHEID, SOBALD SIE MIR IHRE PROFILE DURCHGEBEN MÖCHTEN.
BIS DANN.
OLIVIA.
VERSTAN-DEN ...

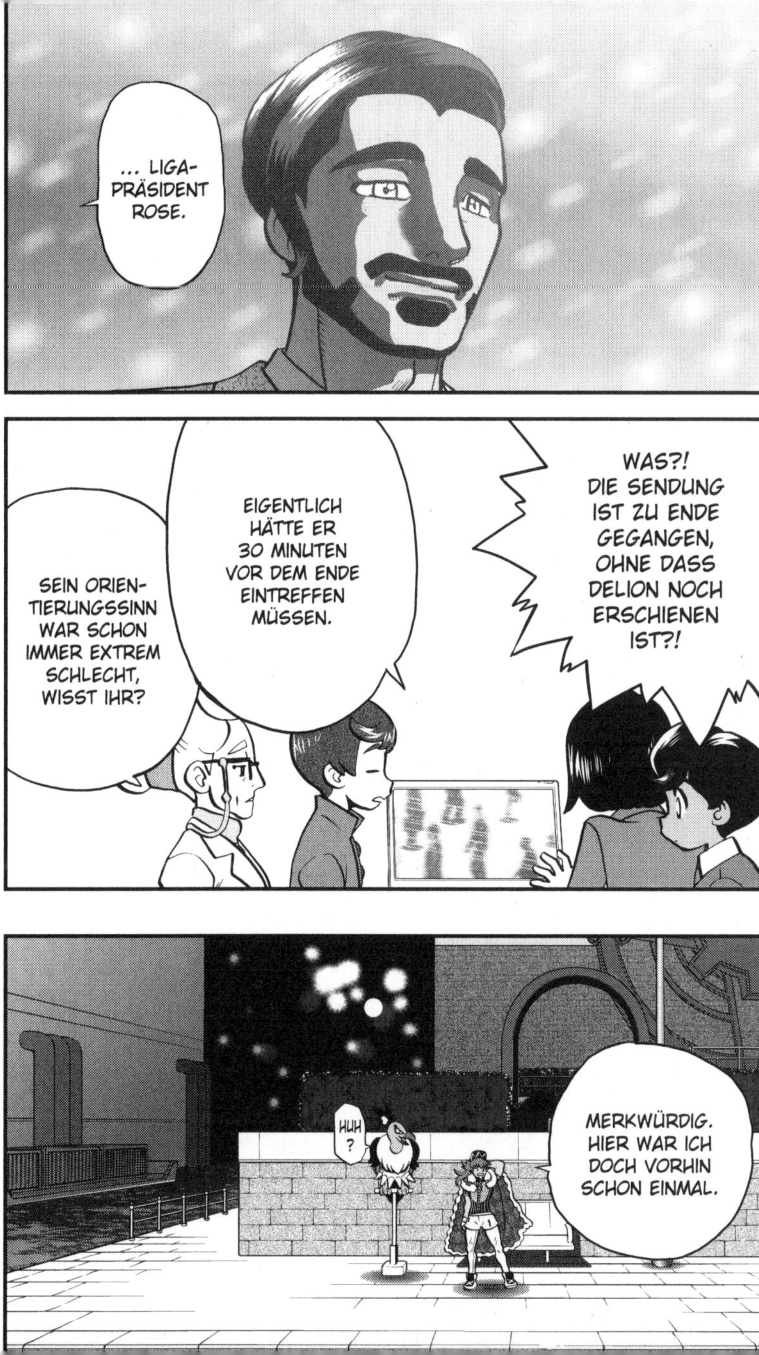
… LIGA-PRÄSIDENT ROSE.
WAS?! DIE SENDUNG IST ZU ENDE GEGANGEN, OHNE DASS DELION NOCH ERSCHIENEN IST?!
EIGENTLICH HÄTTE ER 30 MINUTEN VOR DEM ENDE EINTREFFEN MÜSSEN.
SEIN ORIEN-TIERUNGSSINN WAR SCHON IMMER EXTREM SCHLECHT, WISST IHR?
MERKWÜRDIG. HIER WAR ICH DOCH VORHIN SCHON EINMAL.
HUH?

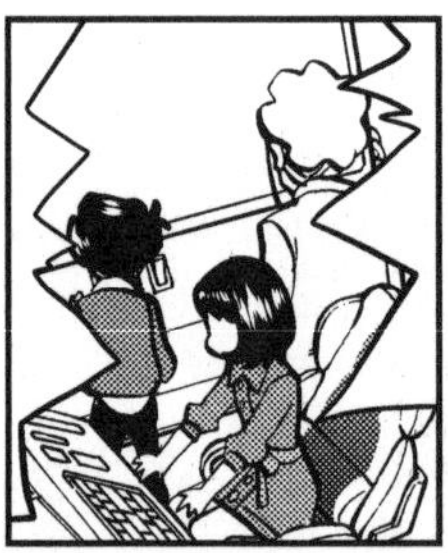

▲ DIE SUCHE NACH DIESEN ENERGIEQUELLEN ERFOLGT MIT DER ENERGIEQUELLEN-SUCHVORRICHTUNG!

ENERGIEQUELLEN

DIE BISHERIGE FORSCHUNG HAT ERGEBEN, DASS DAS DYNAMAX-PHÄNOMEN NUR AN BESTIMMTEN ORTEN EINTRITT. DIESE ORTE WERDEN ALS „ENERGIEQUELLEN“ BEZEICHNET!

DYNAMAX-GEHEIMNIS 2

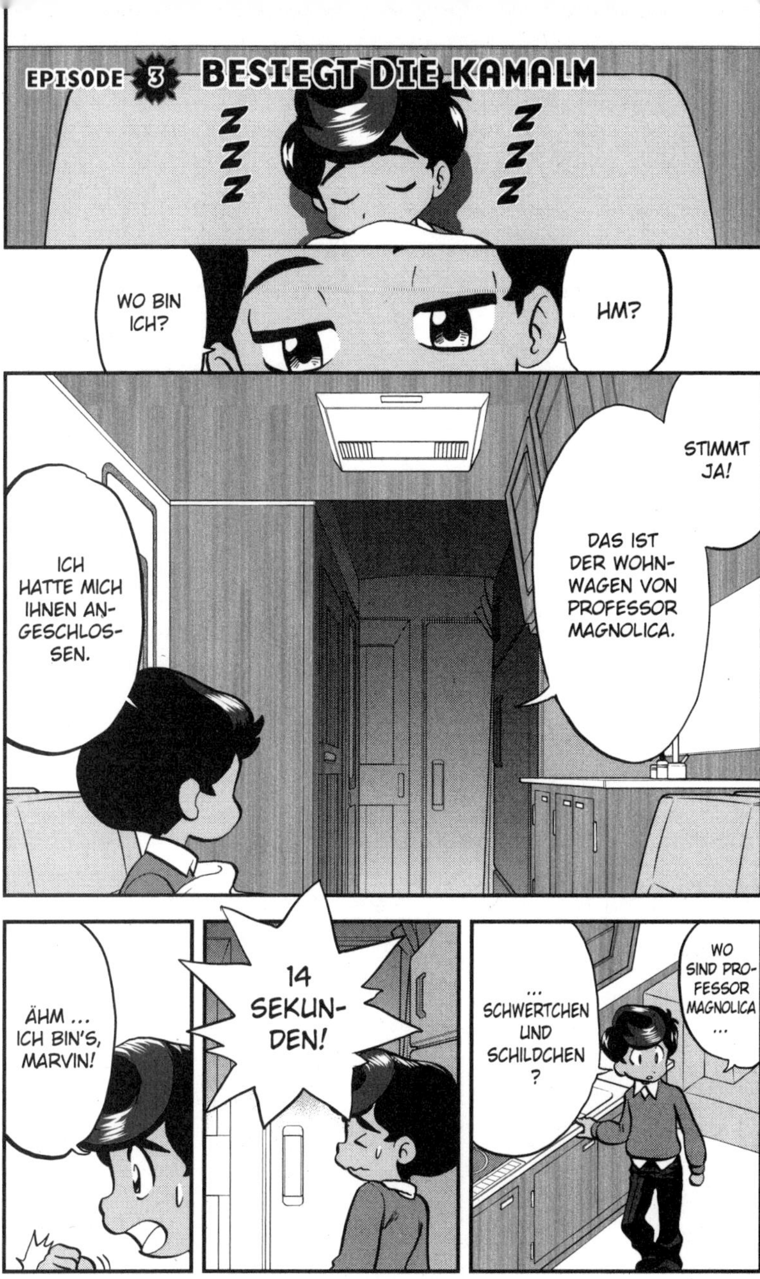
EPISODE 3 BESIEGT DIE KAMALM
Z Z Z
Z Z Z
HM?
WO BIN ICH?
STIMMT JA!
DAS IST DER WOHNWAGEN VON PROFESSOR MAGNOLICA.
ICH HATTE MICH IHNEN ANGESCHLOSSEN.
WO SIND PROFESSOR MAGNOLICA …
… SCHWERTCHEN UND SCHILDCHEN ?
14 SEKUNDEN!
ÄHM … ICH BIN'S, MARVIN!

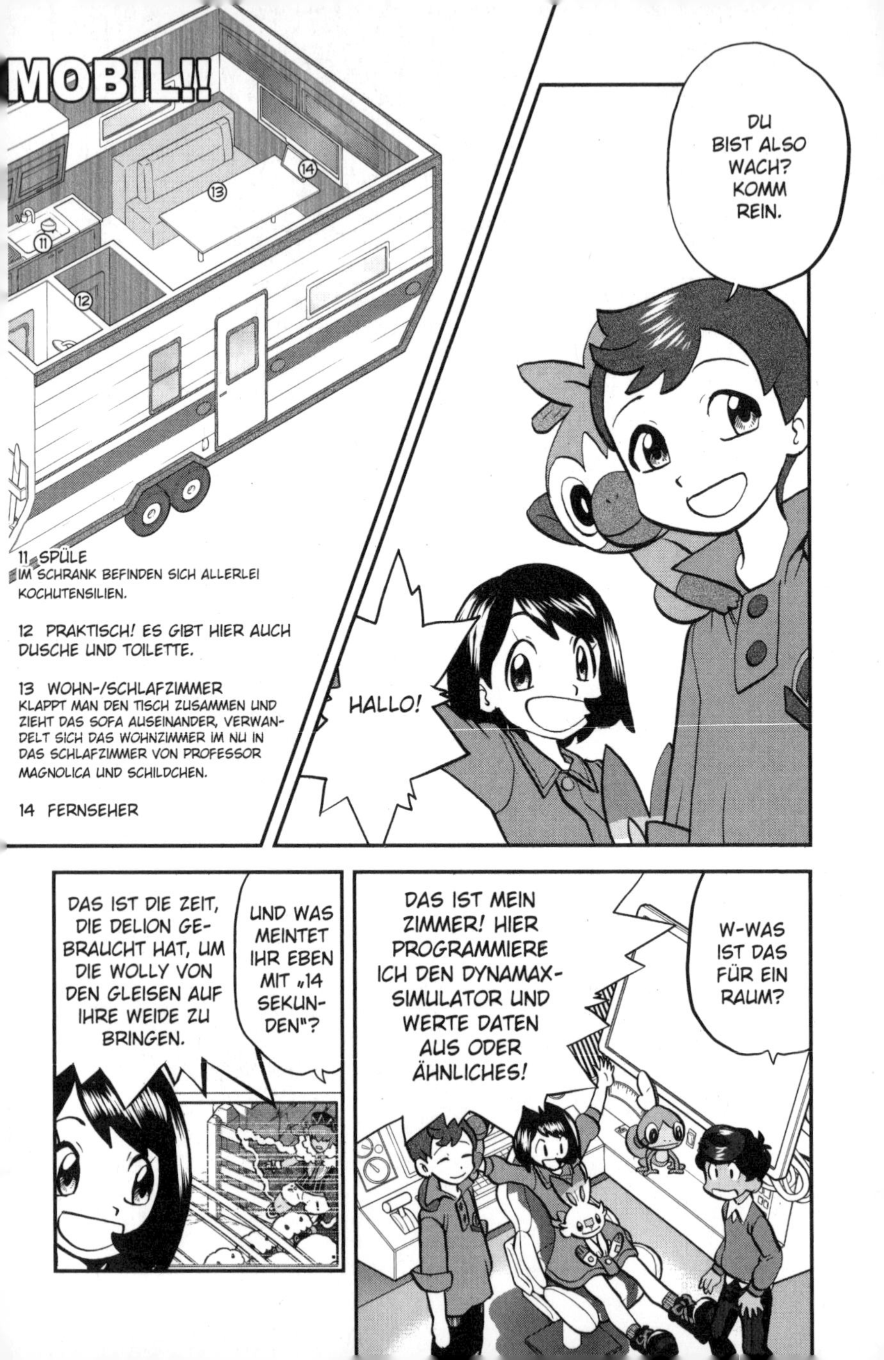
MOBIL!!
11
12
13
14
11 SPÜLE
IM SCHRANK BEFINDEN SICH ALLERLEI KOCHUTENSILIEN.
12 PRAKTISCH! ES GIBT HIER AUCH DUSCHE UND TOILETTE.
13 WOHN-/SCHLAFZIMMER
KLAPPT MAN DEN TISCH ZUSAMMEN UND ZIEHT DAS SOFA AUSEINANDER, VERWANDELT SICH DAS WOHNZIMMER IM NU IN DAS SCHLAFZIMMER VON PROFESSOR MAGNOLICA UND SCHILDCHEN.
14 FERNSEHER
DU BIST ALSO WACH? KOMM REIN.
HALLO!
W-WAS IST DAS FÜR EIN RAUM?
DAS IST MEIN ZIMMER! HIER PROGRAMMIERE ICH DEN DYNAMAX-SIMULATOR UND WERTE DATEN AUS ODER ÄHNLICHES!
UND WAS MEINTET IHR EBEN MIT „14 SEKUNDEN"?
DAS IST DIE ZEIT, DIE DELION GEBRAUCHT HAT, UM DIE WOLLY VON DEN GLEISEN AUF IHRE WEIDE ZU BRINGEN.

DETAILSKIZZE!!

DAS IST DAS MAGNOLICA-

1 ZUGWAGEN
EIN MIT AUTOMATISCHEM FAHRMODUS AUSGESTATTETES KRAFTFAHRZEUG. PROFESSOR MAGNOLICA IST DIE FAHRERIN. NOCH WISSEN WIR NICHTS ÜBER IHREN FAHRSTIL ...

2 DIE RÜCKSITZE DIENEN SORO ALS BETT.

3 SKELDAS OPERATIONSZENTRALE
DIE BEDIENUNG DES DYNAMAX-SIMULATORS ERFOLGT IN DIESEM BEREICH.

4 DAS BALLDUIN-KOSTÜM. IST DAS WOMÖGLICH DAS ORIGINALKOSTÜM?

5 SOROS WERKSTATT

6 WERKZEUGHALTER

7 SITZKISSEN

8 OFEN UND BLASEBALG

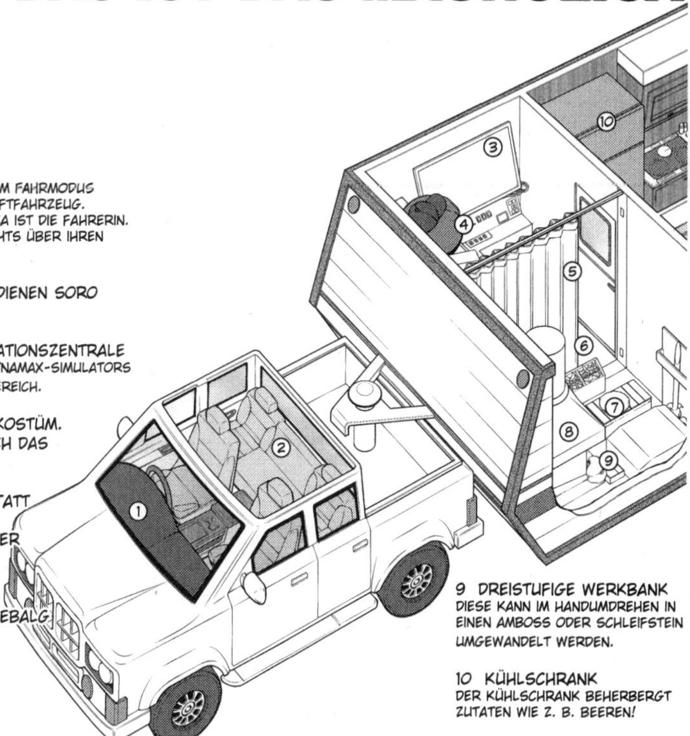

9 DREISTUFIGE WERKBANK
DIESE KANN IM HANDUMDREHEN IN EINEN AMBOSS ODER SCHLEIFSTEIN UMGEWANDELT WERDEN.

10 KÜHLSCHRANK
DER KÜHLSCHRANK BEHERBERGT ZUTATEN WIE Z. B. BEEREN!

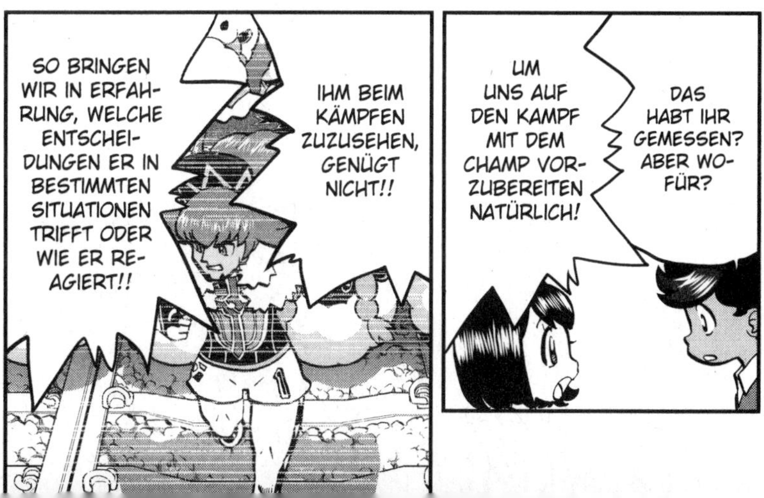

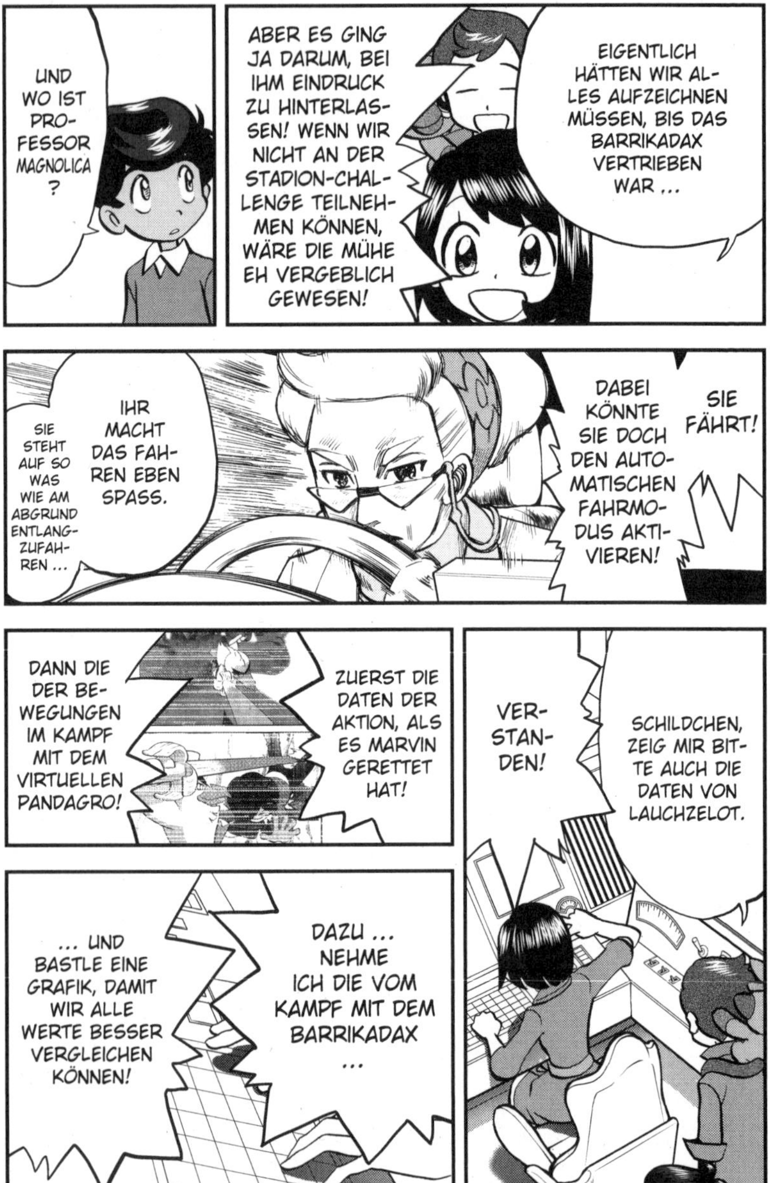

EIGENTLICH HÄTTEN WIR ALLES AUFZEICHNEN MÜSSEN, BIS DAS BARRIKADAX VERTRIEBEN WAR …
ABER ES GING JA DARUM, BEI IHM EINDRUCK ZU HINTERLASSEN! WENN WIR NICHT AN DER STADION-CHALLENGE TEILNEHMEN KÖNNEN, WÄRE DIE MÜHE EH VERGEBLICH GEWESEN!
UND WO IST PROFESSOR MAGNOLICA ?
SIE FÄHRT!
DABEI KÖNNTE SIE DOCH DEN AUTOMATISCHEN FAHRMODUS AKTIVIEREN!
IHR MACHT DAS FAHREN EBEN SPASS.
SIE STEHT AUF SO WAS WIE AM ABGRUND ENTLANGZUFAHREN …
SCHILDCHEN, ZEIG MIR BITTE AUCH DIE DATEN VON LAUCHZELOT.
VERSTANDEN!
ZUERST DIE DATEN DER AKTION, ALS ES MARVIN GERETTET HAT!
DANN DIE DER BEWEGUNGEN IM KAMPF MIT DEM VIRTUELLEN PANDAGRO!
DAZU … NEHME ICH DIE VOM KAMPF MIT DEM BARRIKADAX …
… UND BASTLE EINE GRAFIK, DAMIT WIR ALLE WERTE BESSER VERGLEICHEN KÖNNEN!

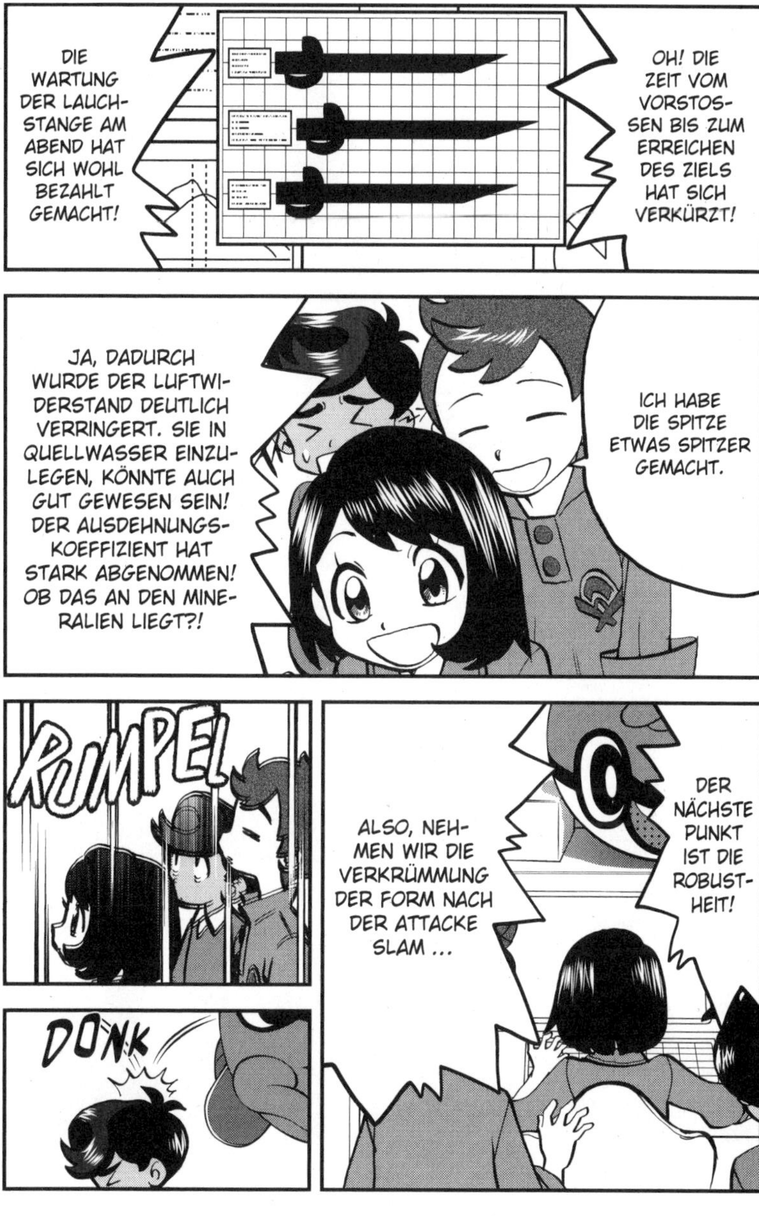
OH! DIE ZEIT VOM VORSTOS-SEN BIS ZUM ERREICHEN DES ZIELS HAT SICH VERKÜRZT!
DIE WARTUNG DER LAUCH-STANGE AM ABEND HAT SICH WOHL BEZAHLT GEMACHT!
ICH HABE DIE SPITZE ETWAS SPITZER GEMACHT.
JA, DADURCH WURDE DER LUFTWI-DERSTAND DEUTLICH VERRINGERT. SIE IN QUELLWASSER EINZU-LEGEN, KÖNNTE AUCH GUT GEWESEN SEIN! DER AUSDEHNUNGS-KOEFFIZIENT HAT STARK ABGENOMMEN! OB DAS AN DEN MINE-RALIEN LIEGT?!
DER NÄCHSTE PUNKT IST DIE ROBUST-HEIT!
ALSO, NEH-MEN WIR DIE VERKRÜMMUNG DER FORM NACH DER ATTACKE SLAM …
RUMPEL
DONK

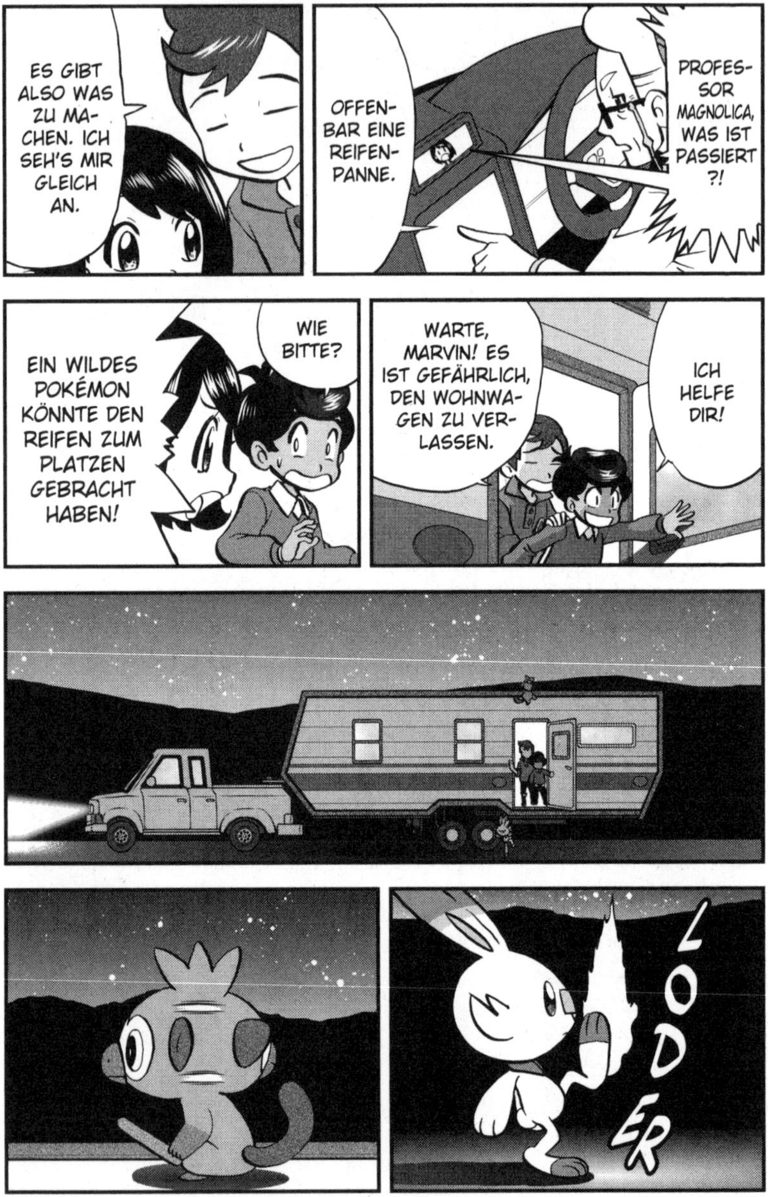
ES GIBT ALSO WAS ZU MACHEN. ICH SEH'S MIR GLEICH AN.
OFFENBAR EINE REIFENPANNE.
PROFESSOR MAGNOLICA, WAS IST PASSIERT?!
EIN WILDES POKÉMON KÖNNTE DEN REIFEN ZUM PLATZEN GEBRACHT HABEN!
WIE BITTE?
WARTE, MARVIN! ES IST GEFÄHRLICH, DEN WOHNWAGEN ZU VERLASSEN.
ICH HELFE DIR!
LODER

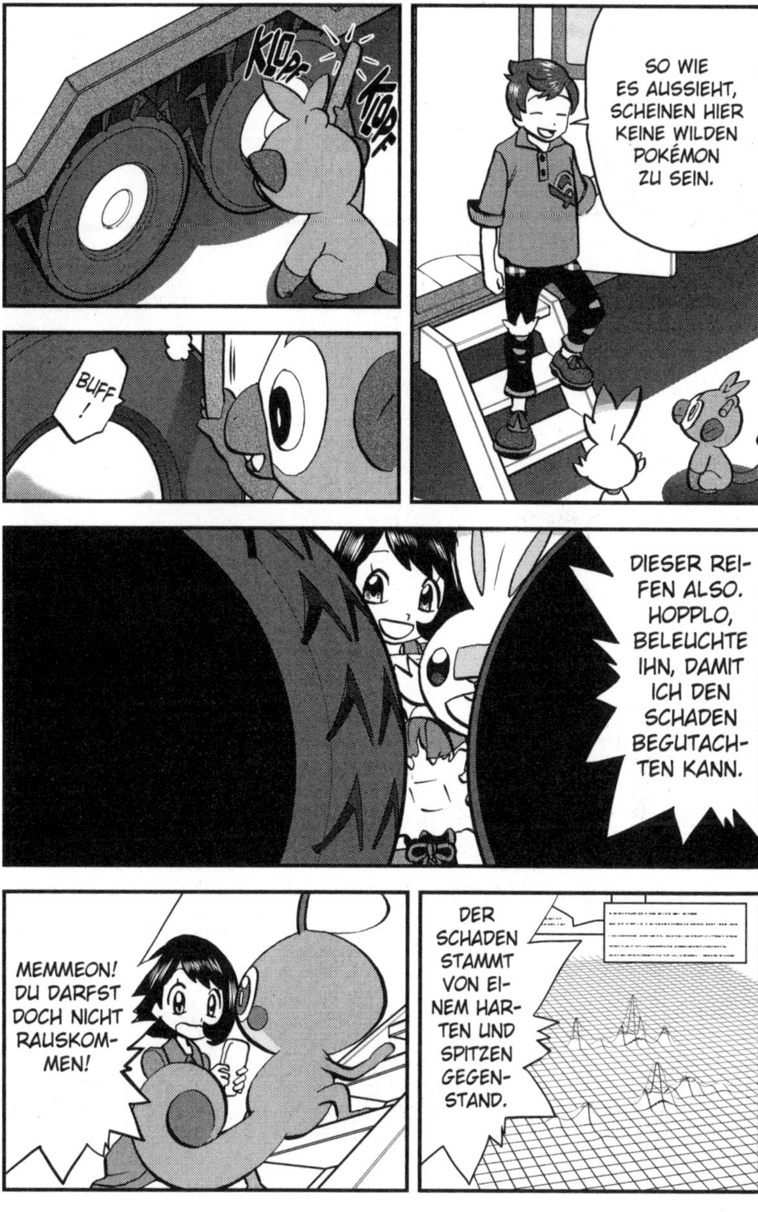
KLOPF
KLOPF
SO WIE ES AUSSIEHT, SCHEINEN HIER KEINE WILDEN POKÉMON ZU SEIN.
BUFF!
DIESER REIFEN ALSO. HOPPLO, BELEUCHTE IHN, DAMIT ICH DEN SCHADEN BEGUTACHTEN KANN.
MEMMEON! DU DARFST DOCH NICHT RAUSKOMMEN!
DER SCHADEN STAMMT VON EINEM HARTEN UND SPITZEN GEGENSTAND.

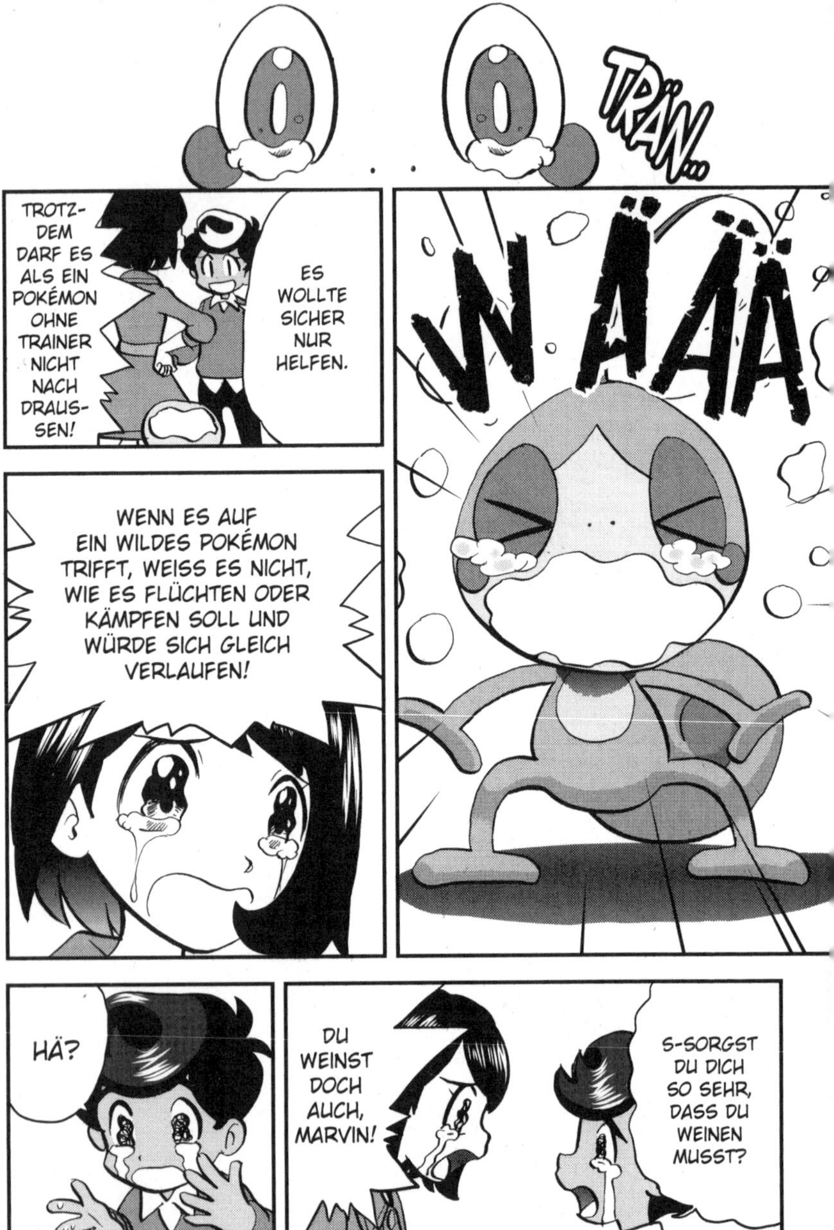

TRÄN...
TROTZDEM DARF ES ALS EIN POKÉMON OHNE TRAINER NICHT NACH DRAUSSEN!
ES WOLLTE SICHER NUR HELFEN.
WÄÄÄ
WENN ES AUF EIN WILDES POKÉMON TRIFFT, WEISS ES NICHT, WIE ES FLÜCHTEN ODER KÄMPFEN SOLL UND WÜRDE SICH GLEICH VERLAUFEN!
HÄ?
DU WEINST DOCH AUCH, MARVIN!
S-SORGST DU DICH SO SEHR, DASS DU WEINEN MUSST?

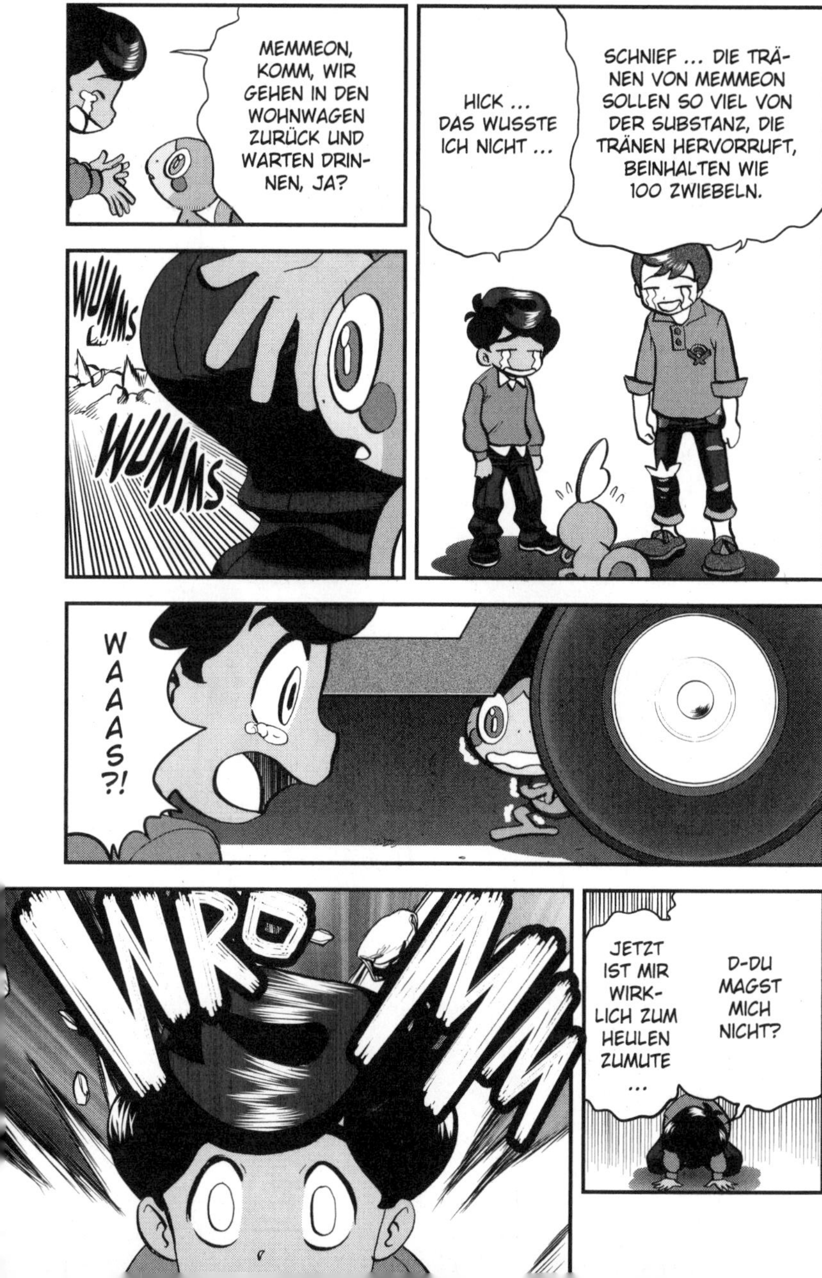
MEMMEON, KOMM, WIR GEHEN IN DEN WOHNWAGEN ZURÜCK UND WARTEN DRINNEN, JA?
SCHNIEF … DIE TRÄNEN VON MEMMEON SOLLEN SO VIEL VON DER SUBSTANZ, DIE TRÄNEN HERVORRUFT, BEINHALTEN WIE 100 ZWIEBELN.
HICK … DAS WUSSTE ICH NICHT …
WUMMS
WUMMS
WAAAAS?!
WRÖMM
D-DU MAGST MICH NICHT?
JETZT IST MIR WIRKLICH ZUM HEULEN ZUMUTE …

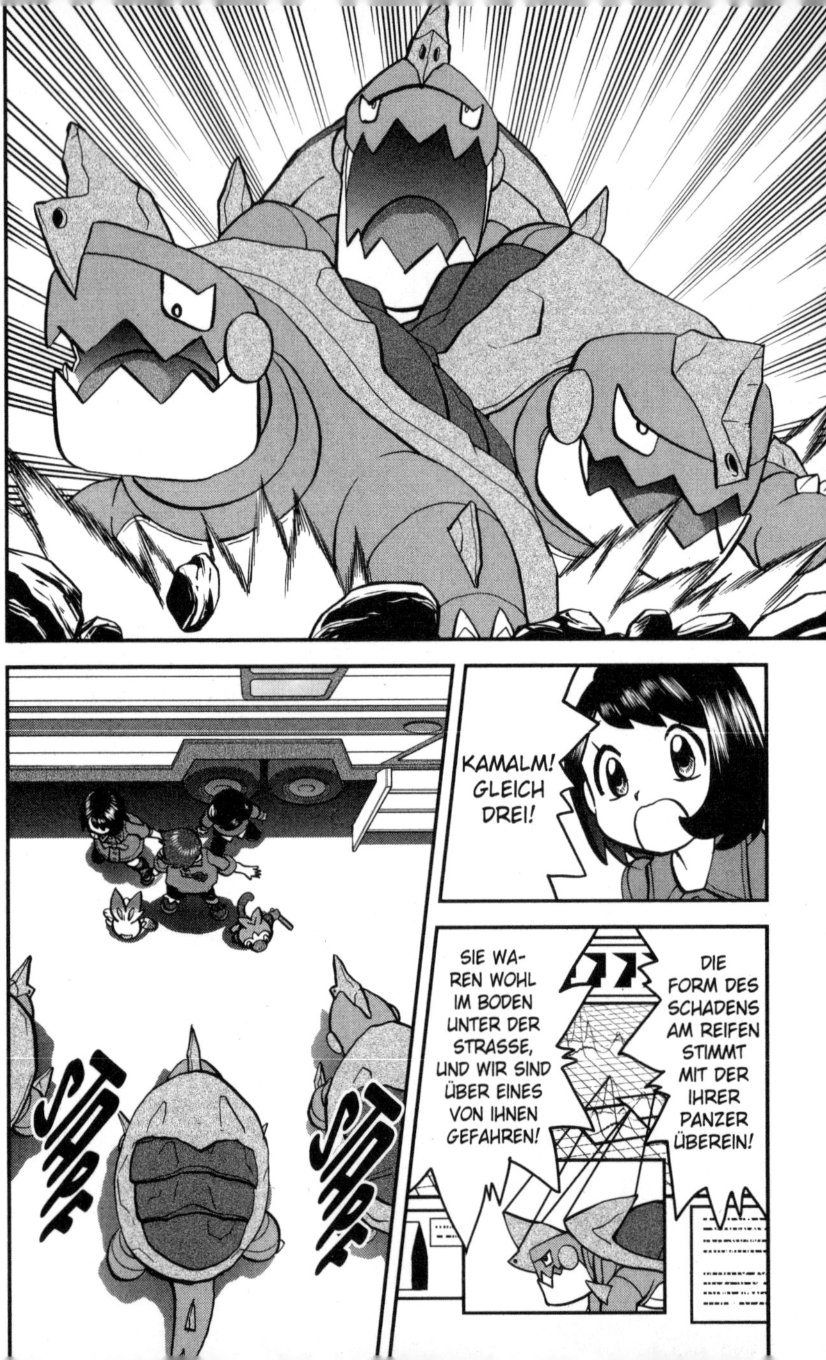
KAMALM! GLEICH DREI!
DIE FORM DES SCHADENS AM REIFEN STIMMT MIT DER IHRER PANZER ÜBEREIN!
SIE WA-REN WOHL IM BODEN UNTER DER STRASSE, UND WIR SIND ÜBER EINES VON IHNEN GEFAHREN!
STAPF
STAPF

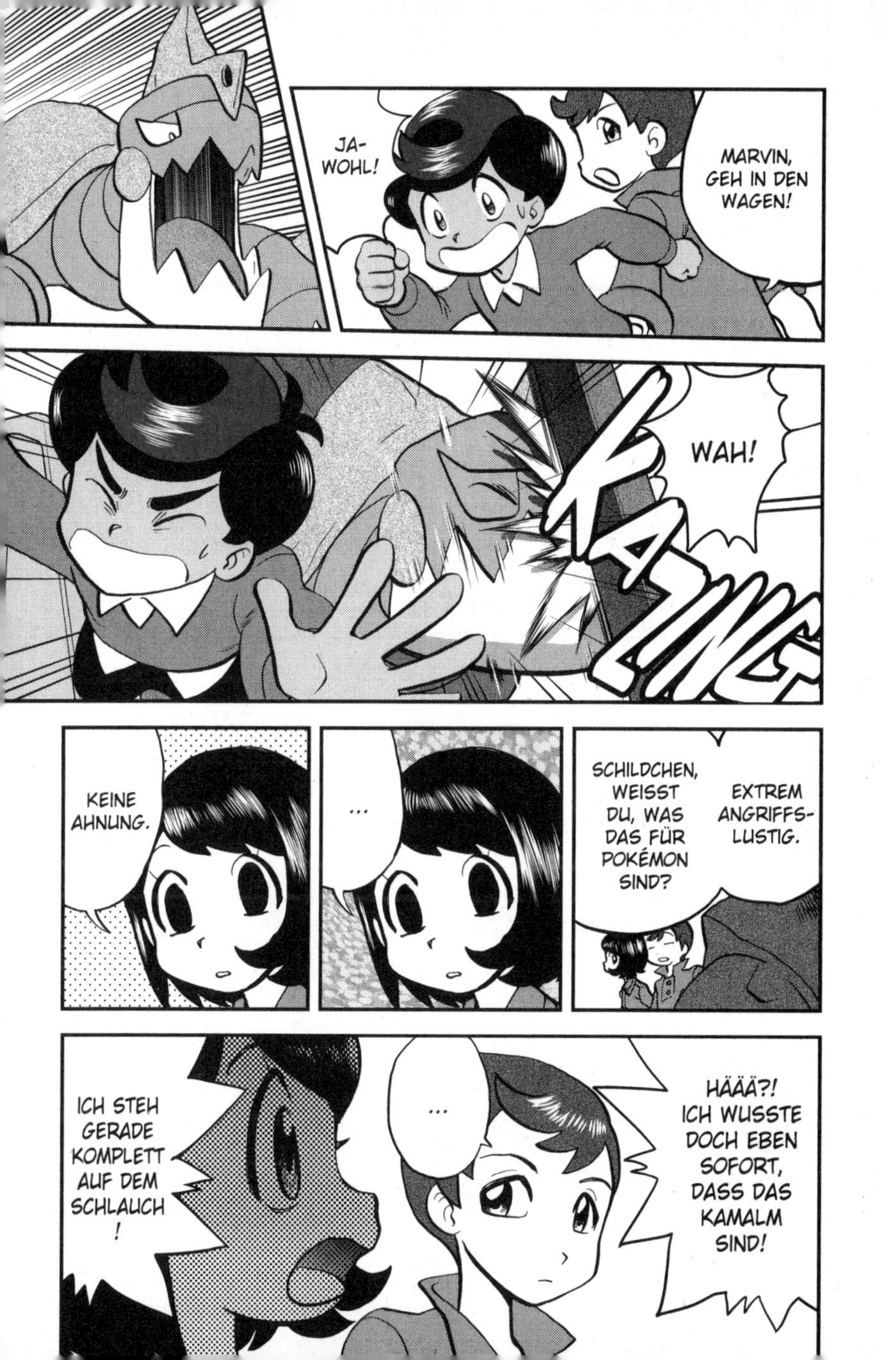
MARVIN, GEH IN DEN WAGEN!
JA-WOHL!
WAH!
KALING
EXTREM ANGRIFFS-LUSTIG.
SCHILDCHEN, WEISST DU, WAS DAS FÜR POKÉMON SIND?
...
KEINE AHNUNG.
HÄÄÄ?! ICH WUSSTE DOCH EBEN SOFORT, DASS DAS KAMALM SIND!
...
ICH STEH GERADE KOMPLETT AUF DEM SCHLAUCH!

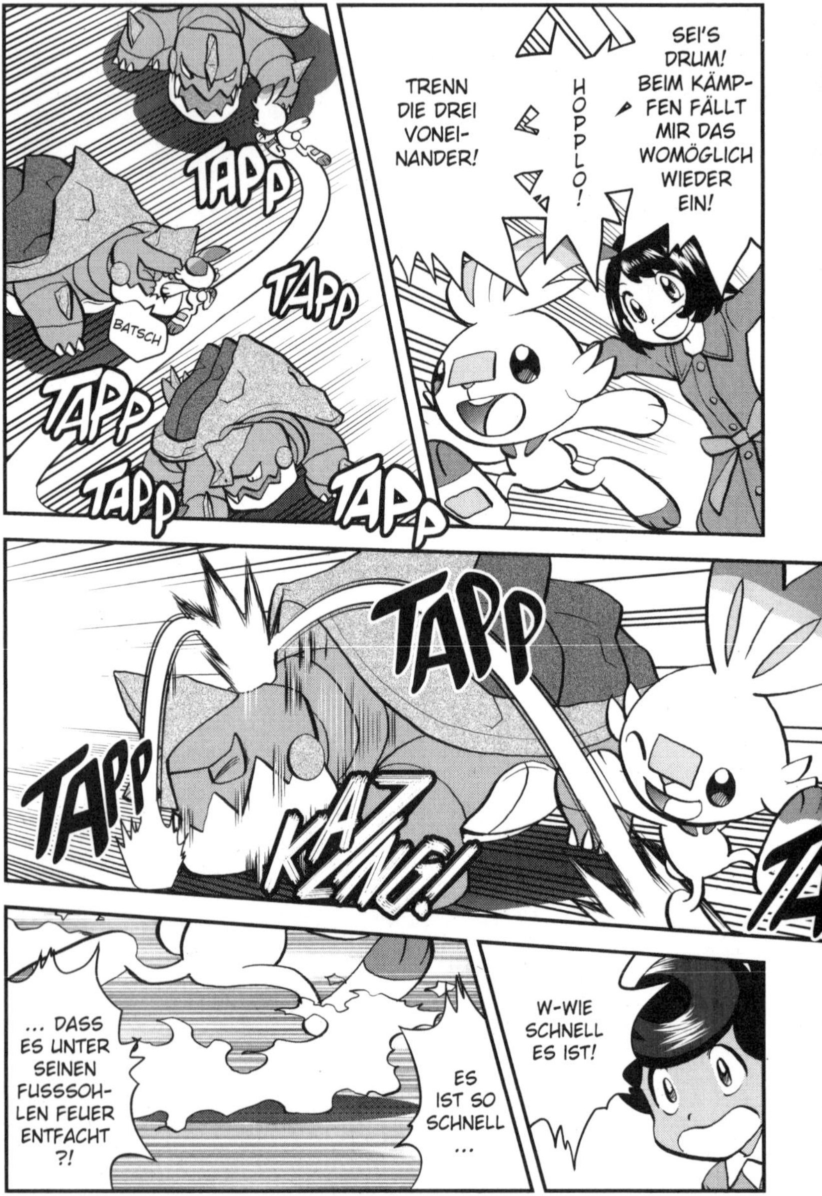
SEI'S DRUM! BEIM KÄMPFEN FÄLLT MIR DAS WOMÖGLICH WIEDER EIN!
HOPPLO!
TRENN DIE DREI VONEINANDER!
TAPP
TAPP
BATSCH
TAPP
TAPP
TAPP
TAPP
TAPP
KAZING!
W-WIE SCHNELL ES IST!
ES IST SO SCHNELL …
… DASS ES UNTER SEINEN FUSSSOHLEN FEUER ENTFACHT ?!

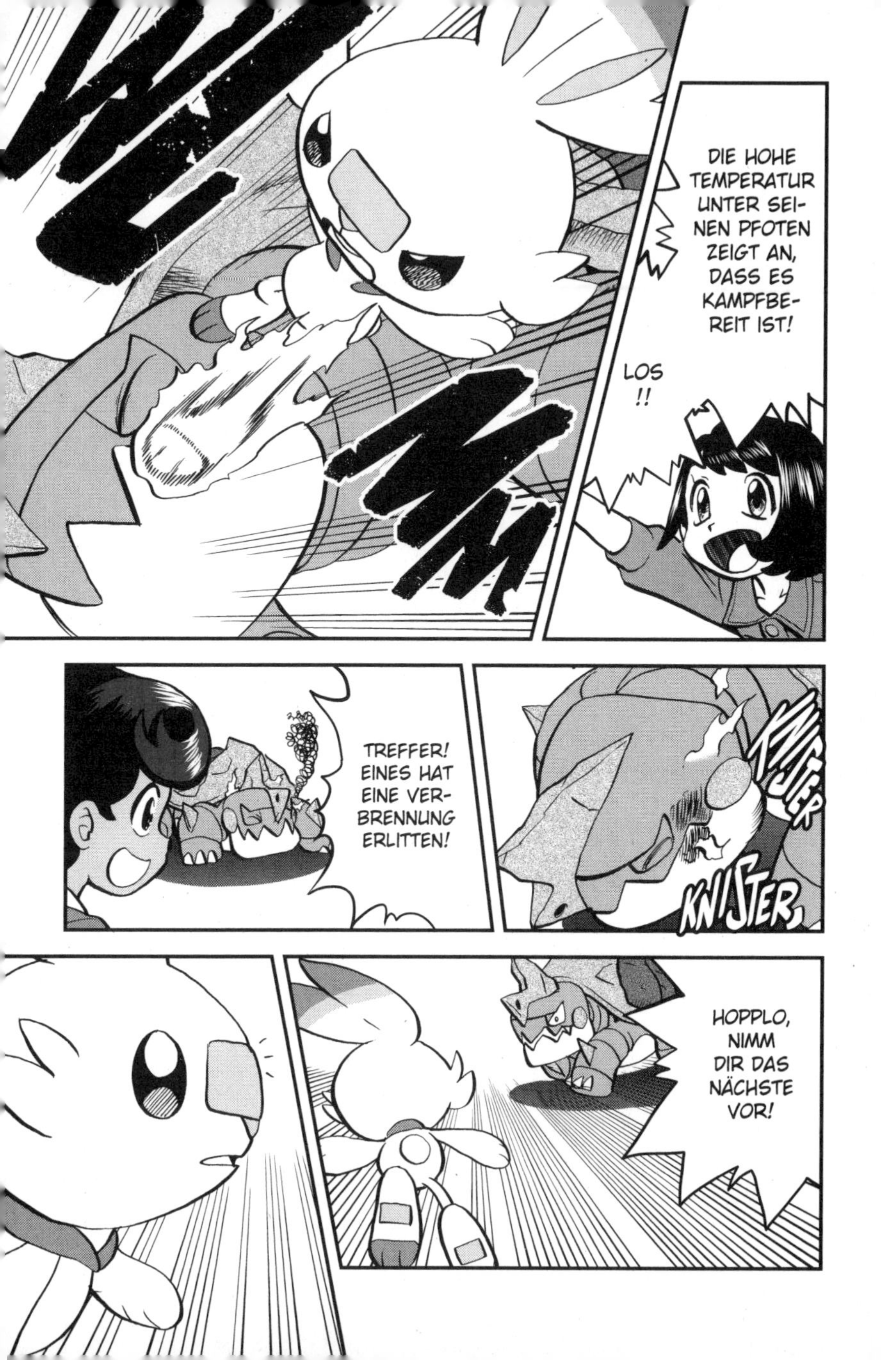
DIE HOHE TEMPERATUR UNTER SEINEN PFOTEN ZEIGT AN, DASS ES KAMPFBEREIT IST!
LOS!!
KNISTER
KNISTER,
TREFFER! EINES HAT EINE VERBRENNUNG ERLITTEN!
HOPPLO, NIMM DIR DAS NÄCHSTE VOR!

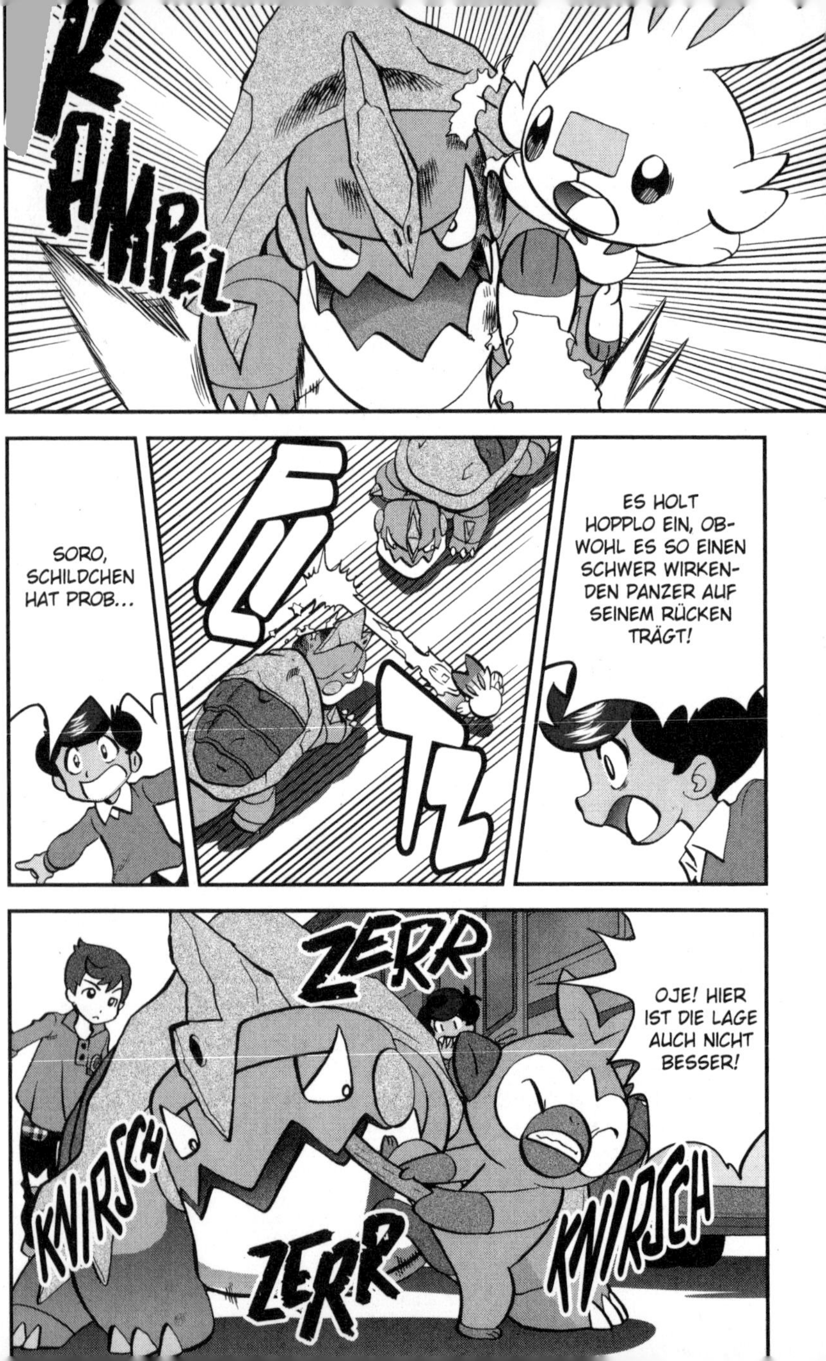
KAMPEL
ES HOLT HOPPLO EIN, OBWOHL ES SO EINEN SCHWER WIRKENDEN PANZER AUF SEINEM RÜCKEN TRÄGT!
FITZ
SORO, SCHILDCHEN HAT PROB…
OJE! HIER IST DIE LAGE AUCH NICHT BESSER!
ZERR
KNIRSCH
ZERR
KNIRSCH

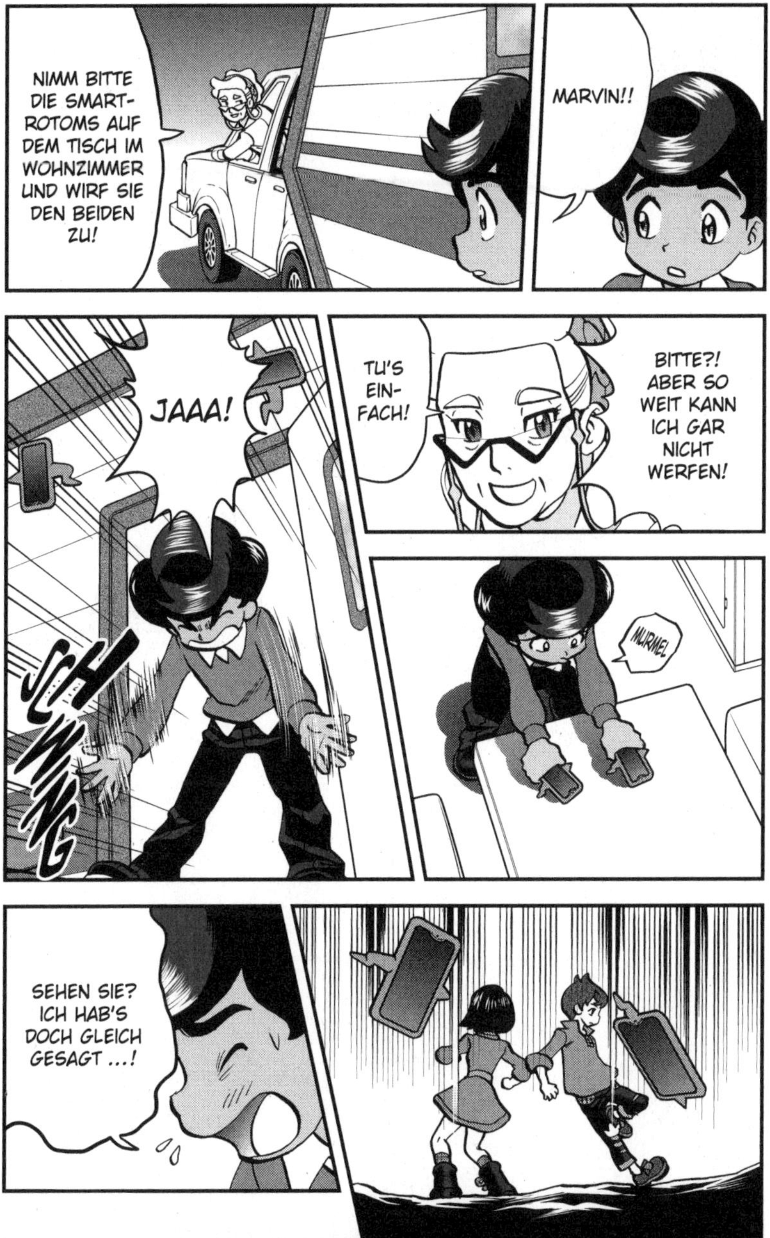
NIMM BITTE DIE SMART-ROTOMS AUF DEM TISCH IM WOHNZIMMER UND WIRF SIE DEN BEIDEN ZU!
MARVIN!!
BITTE?! ABER SO WEIT KANN ICH GAR NICHT WERFEN!
TU'S EIN-FACH!
JAAA!
SCHWING
MURMEL
SEHEN SIE? ICH HAB'S DOCH GLEICH GESAGT ...!

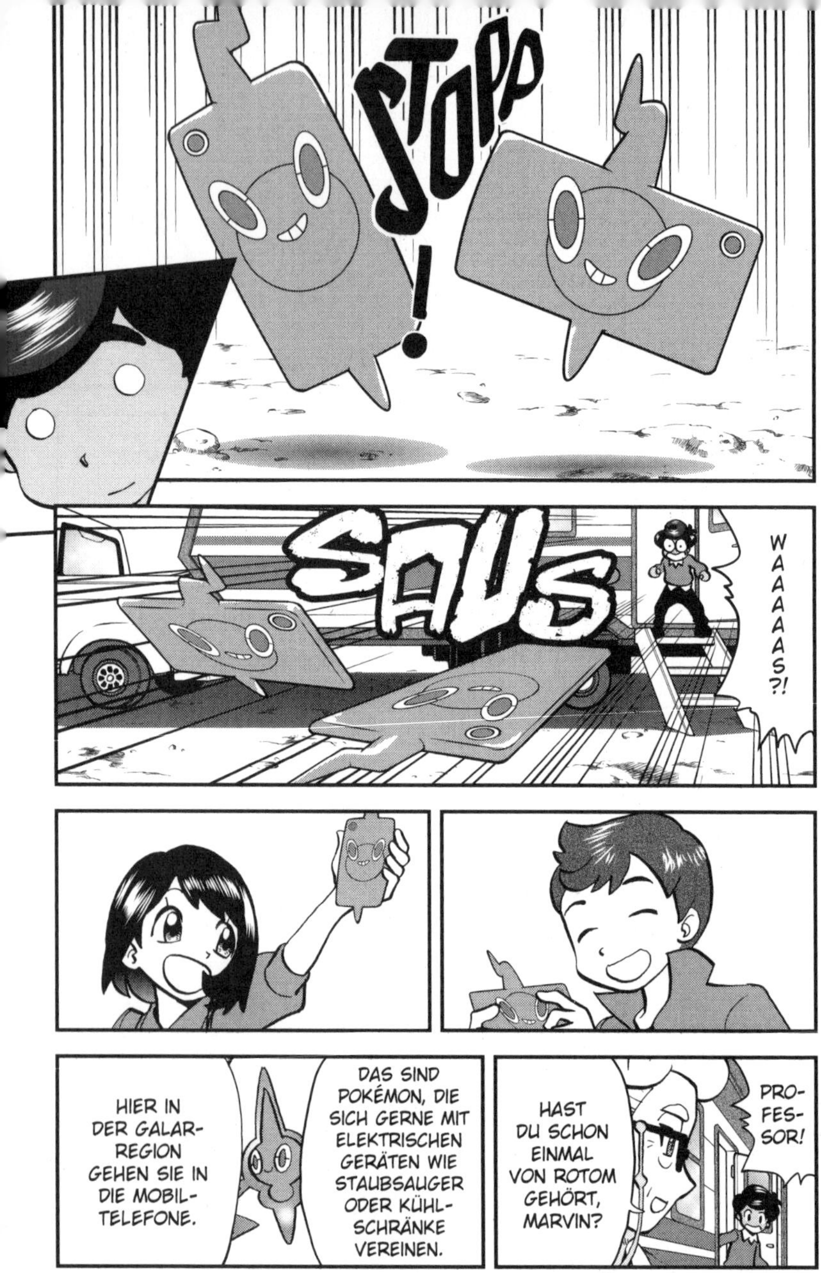
STOPP!
SAUS
WAAAAAAS?!
PROFESSOR!
HAST DU SCHON EINMAL VON ROTOM GEHÖRT, MARVIN?
DAS SIND POKÉMON, DIE SICH GERNE MIT ELEKTRISCHEN GERÄTEN WIE STAUBSAUGER ODER KÜHLSCHRÄNKE VEREINEN.
HIER IN DER GALAR-REGION GEHEN SIE IN DIE MOBILTELEFONE.

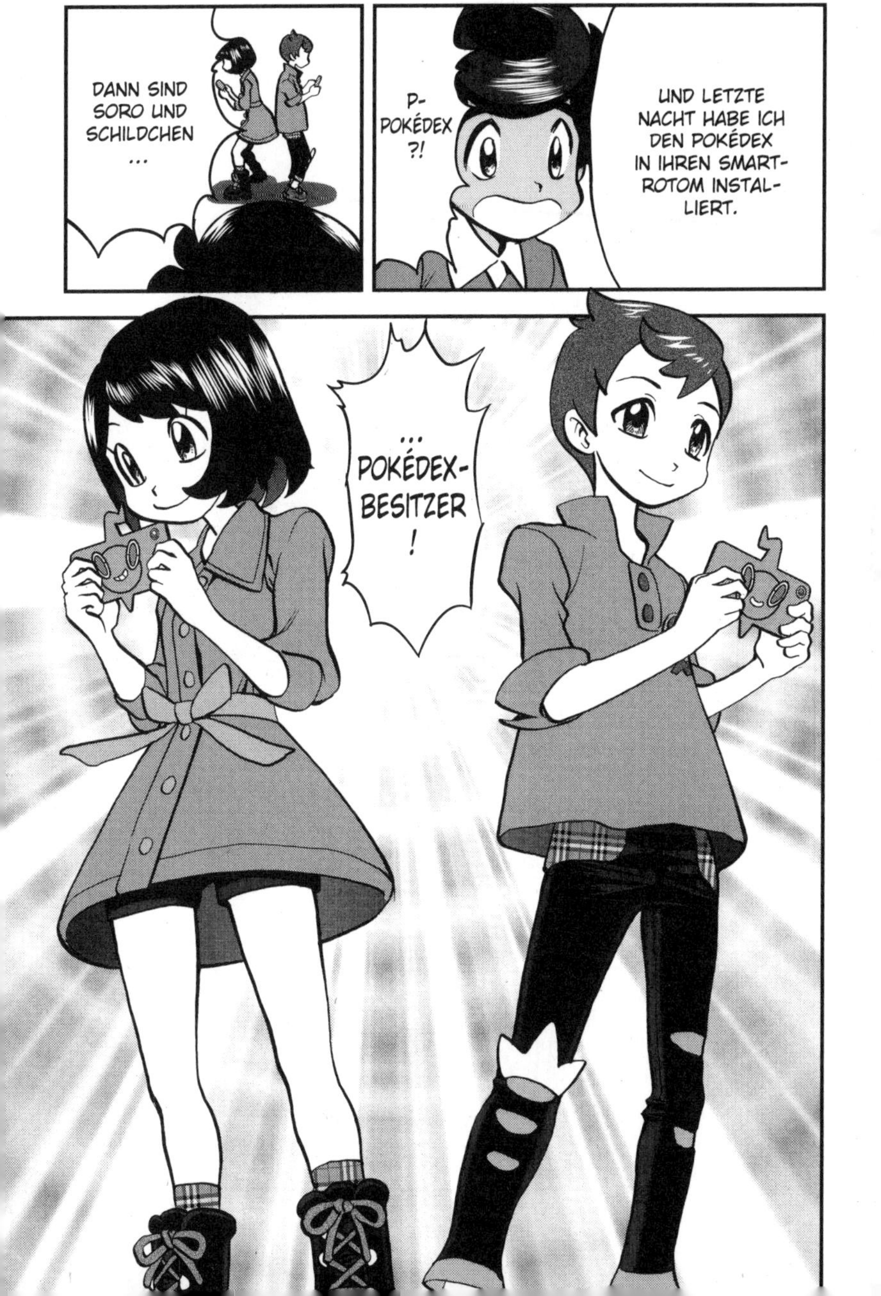
DANN SIND SORO UND SCHILDCHEN ...
P-POKÉDEX ?!
UND LETZTE NACHT HABE ICH DEN POKÉDEX IN IHREN SMART-ROTOM INSTAL-LIERT.
... POKÉDEX-BESITZER !

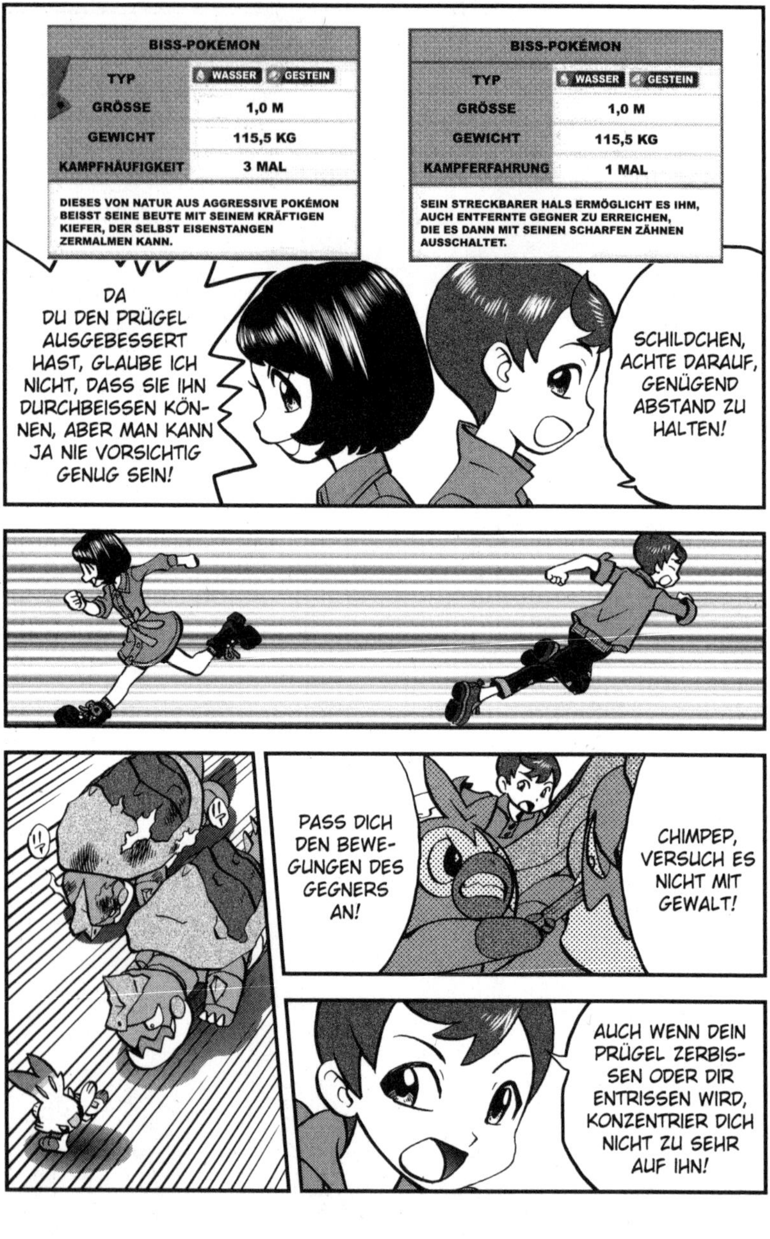
BISS-POKÉMON
TYP: WASSER GESTEIN
GRÖSSE: 1,0 M
GEWICHT: 115,5 KG
KAMPFHÄUFIGKEIT: 3 MAL
DIESES VON NATUR AUS AGGRESSIVE POKÉMON BEISST SEINE BEUTE MIT SEINEM KRÄFTIGEN KIEFER, DER SELBST EISENSTANGEN ZERMALMEN KANN.
BISS-POKÉMON
TYP: WASSER GESTEIN
GRÖSSE: 1,0 M
GEWICHT: 115,5 KG
KAMPFERFAHRUNG: 1 MAL
SEIN STRECKBARER HALS ERMÖGLICHT ES IHM, AUCH ENTFERNTE GEGNER ZU ERREICHEN, DIE ES DANN MIT SEINEN SCHARFEN ZÄHNEN AUSSCHALTET.
SCHILDCHEN, ACHTE DARAUF, GENÜGEND ABSTAND ZU HALTEN!
DA DU DEN PRÜGEL AUSGEBESSERT HAST, GLAUBE ICH NICHT, DASS SIE IHN DURCHBEISSEN KÖNNEN, ABER MAN KANN JA NIE VORSICHTIG GENUG SEIN!
CHIMPEP, VERSUCH ES NICHT MIT GEWALT!
PASS DICH DEN BEWEGUNGEN DES GEGNERS AN!
AUCH WENN DEIN PRÜGEL ZERBISSEN ODER DIR ENTRISSEN WIRD, KONZENTRIER DICH NICHT ZU SEHR AUF IHN!

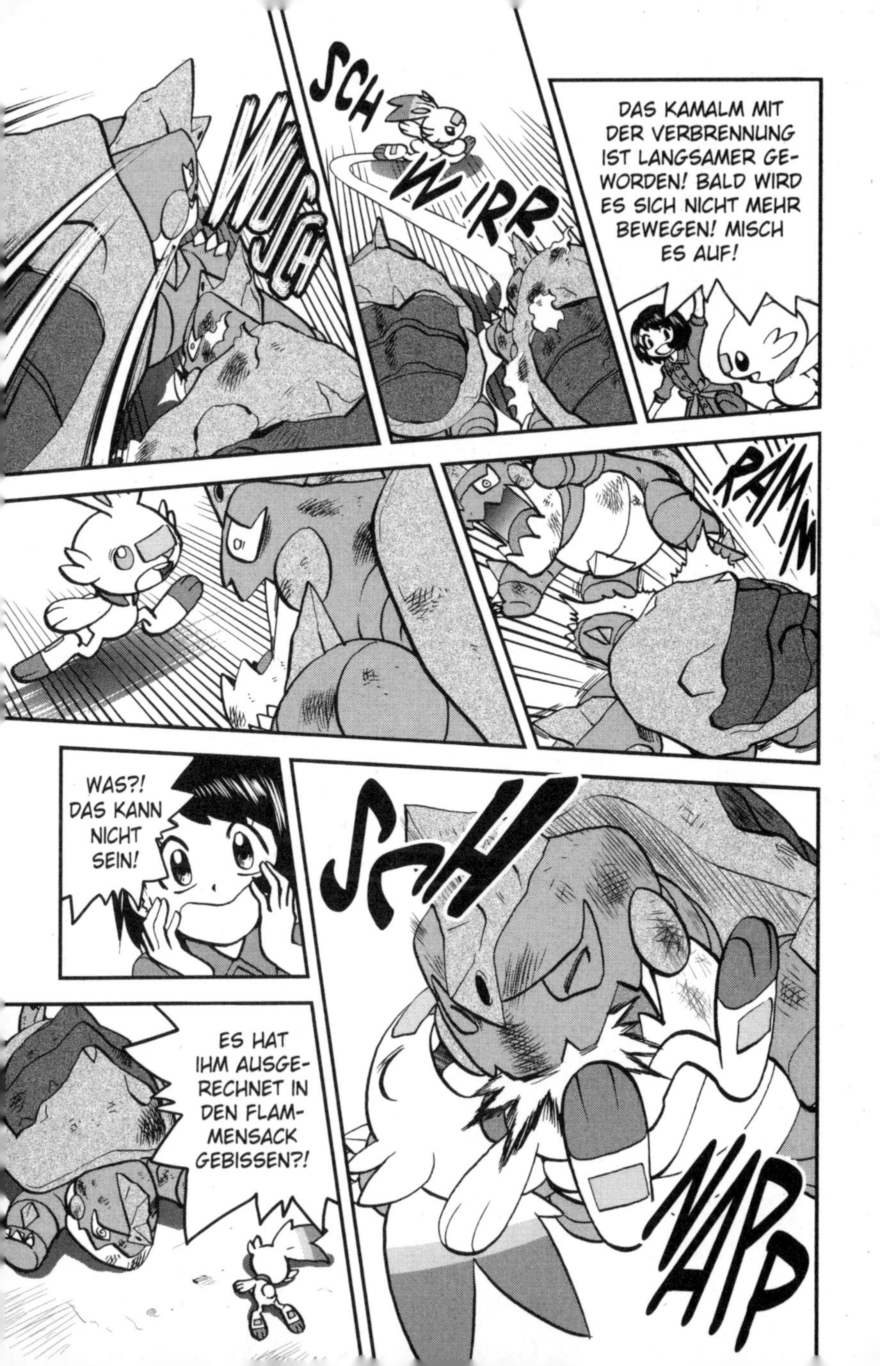

DAS KAMALM MIT DER VERBRENNUNG IST LANGSAMER GEWORDEN! BALD WIRD ES SICH NICHT MEHR BEWEGEN! MISCH ES AUF!
SCHWIRR
WUSCH
RAMM
WAS?! DAS KANN NICHT SEIN!
SCHH
ES HAT IHM AUSGERECHNET IN DEN FLAMMENSACK GEBISSEN?!
NAPP

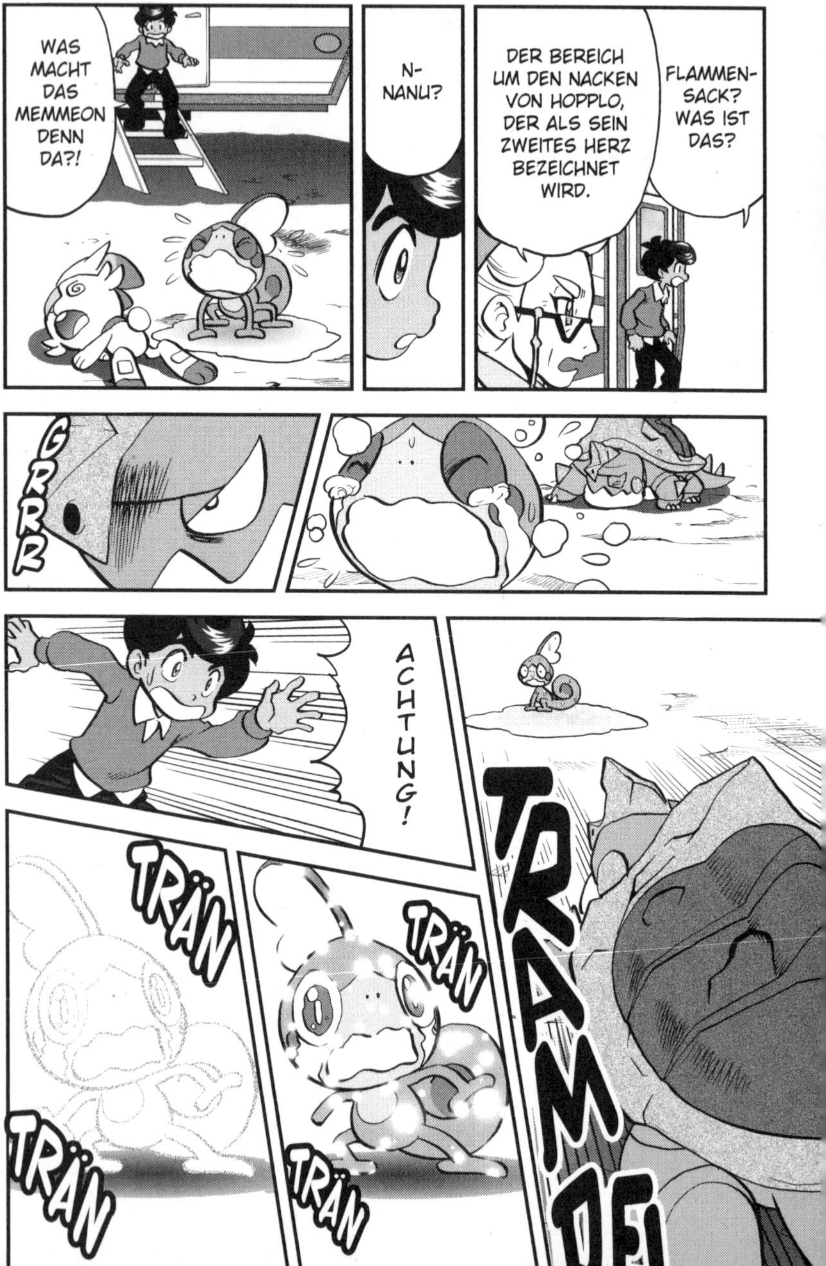
WAS MACHT DAS MEMMEON DENN DA?!
N-NANU?
DER BEREICH UM DEN NACKEN VON HOPPLO, DER ALS SEIN ZWEITES HERZ BEZEICHNET WIRD.
FLAMMENSACK? WAS IST DAS?
GRRRR
ACHTUNG!
TRAMDEL
TRÄN
TRÄN
TRÄN
TRÄN

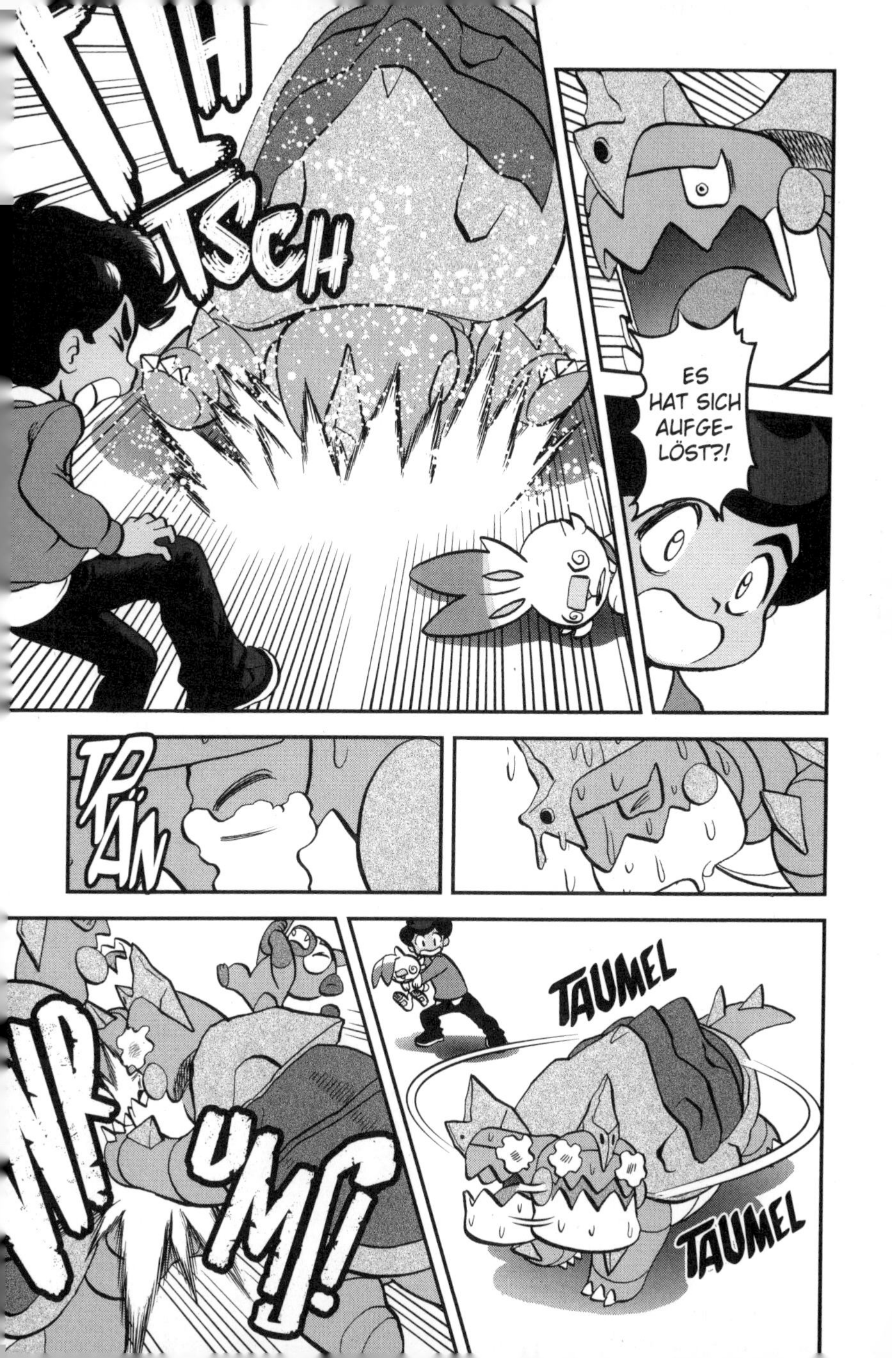
ES HAT SICH AUFGE-LÖST?!
TRÄN
TAUMEL
TAUMEL

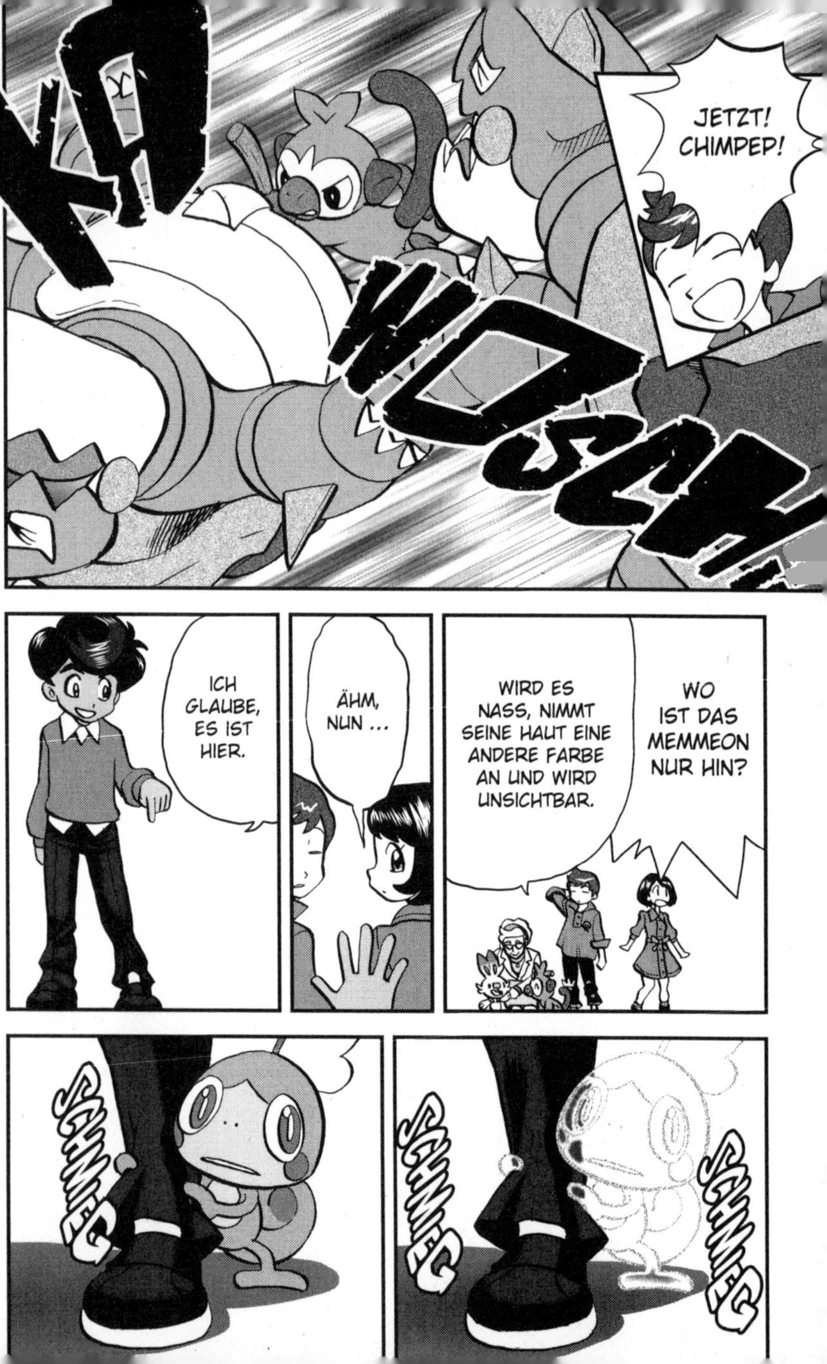
JETZT! CHIMPEP!
WO IST DAS MEMMEON NUR HIN?
WIRD ES NASS, NIMMT SEINE HAUT EINE ANDERE FARBE AN UND WIRD UNSICHTBAR.
ÄHM, NUN …
ICH GLAUBE, ES IST HIER.
SCHMIEG
SCHMIEG
SCHMIEG

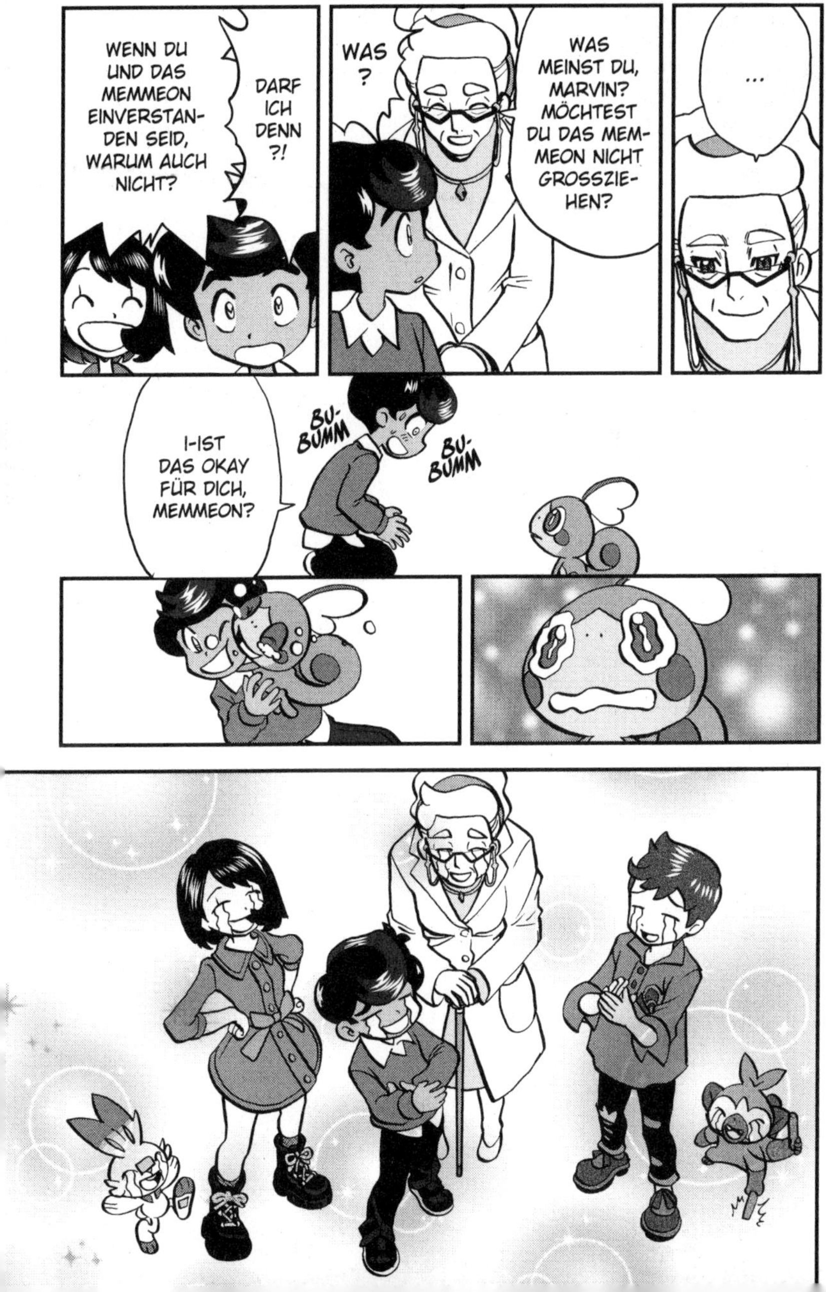

WENN DU UND DAS MEMMEON EINVERSTANDEN SEID, WARUM AUCH NICHT?
DARF ICH DENN ?!
WAS ?
WAS MEINST DU, MARVIN? MÖCHTEST DU DAS MEMMEON NICHT GROSSZIEHEN?
...
I-IST DAS OKAY FÜR DICH, MEMMEON?
BU-BUMM
BU-BUMM

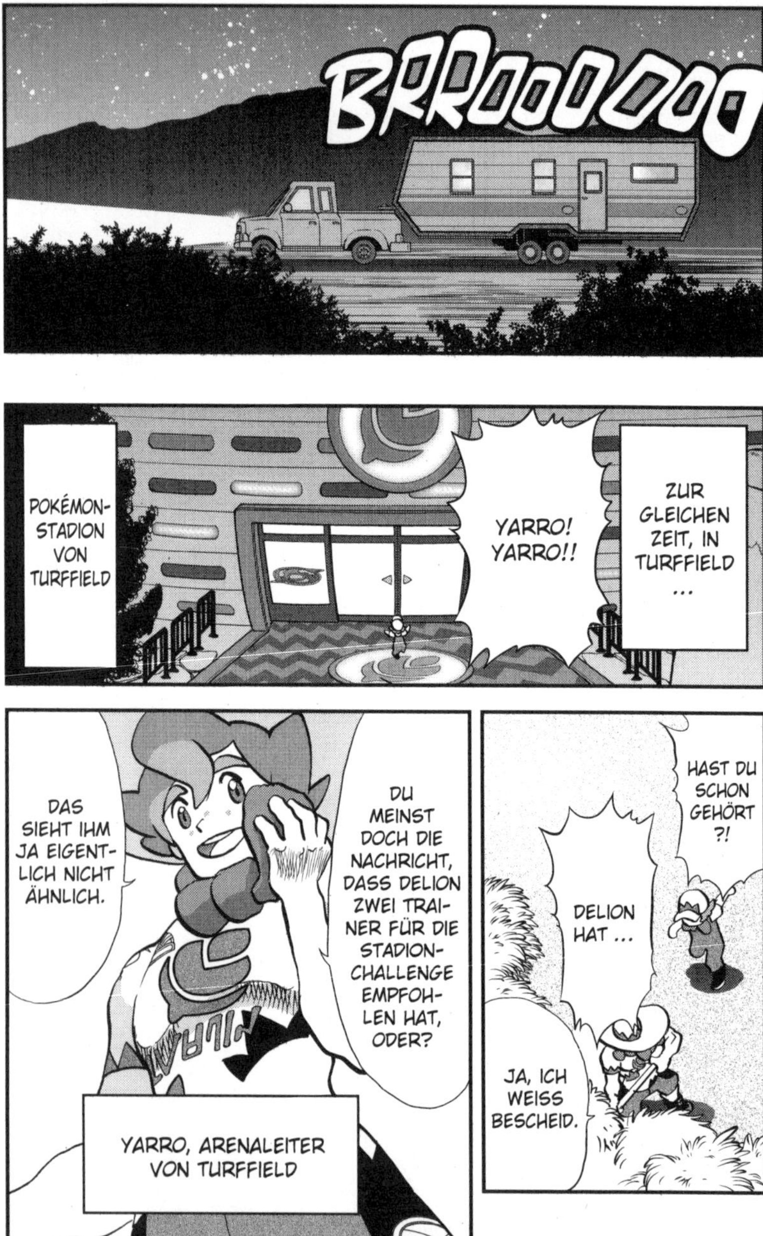
BRROOOOOOO
ZUR GLEICHEN ZEIT, IN TURFFIELD …
YARRO! YARRO!!
POKÉMON-STADION VON TURFFIELD
HAST DU SCHON GEHÖRT?!
DELION HAT …
JA, ICH WEISS BESCHEID.
DU MEINST DOCH DIE NACHRICHT, DASS DELION ZWEI TRAINER FÜR DIE STADION-CHALLENGE EMPFOHLEN HAT, ODER?
DAS SIEHT IHM JA EIGENTLICH NICHT ÄHNLICH.
YARRO, ARENALEITER VON TURFFIELD

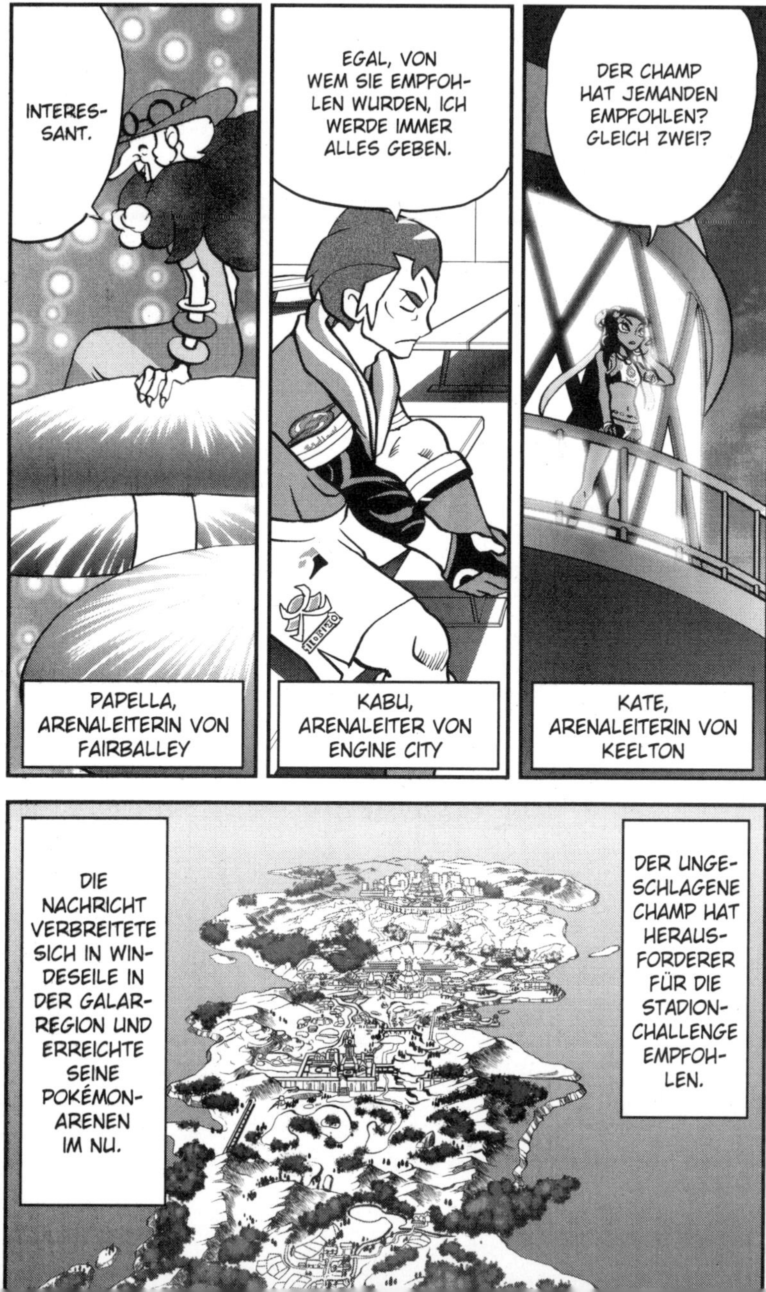
INTERES-SANT.
PAPELLA, ARENALEITERIN VON FAIRBALLEY
EGAL, VON WEM SIE EMPFOHLEN WURDEN, ICH WERDE IMMER ALLES GEBEN.
KABU, ARENALEITER VON ENGINE CITY
DER CHAMP HAT JEMANDEN EMPFOHLEN? GLEICH ZWEI?
KATE, ARENALEITERIN VON KEELTON
DER UNGESCHLAGENE CHAMP HAT HERAUSFORDERER FÜR DIE STADION-CHALLENGE EMPFOHLEN.
DIE NACHRICHT VERBREITETE SICH IN WINDESEILE IN DER GALAR-REGION UND ERREICHTE SEINE POKÉMON-ARENEN IM NU.

DYNAMAX-GEHEIMNIS 3

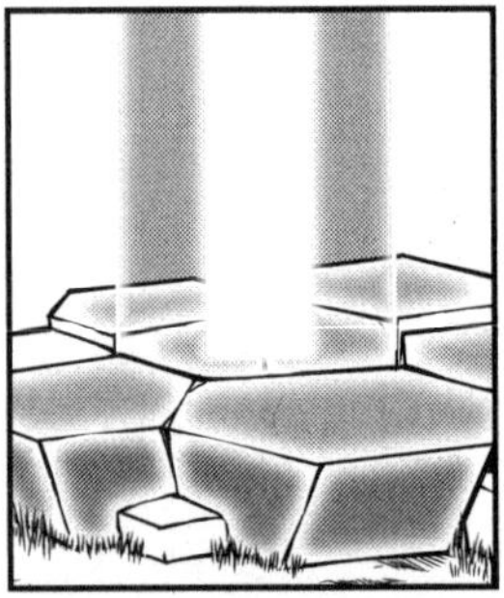

▲ IN DER NATURZONE GIBT ES EINIGE STELLEN, AN DER ROTES LICHT IN DEN HIMMEL EMPORZUSTEIGEN SCHEINT.

NATURZONE

BESONDERS GEHÄUFT FINDET MAN ENERGIEQUELLEN IN DER NATURZONE VOR. SOBALD MAN DIESE BETRETEN HAT, SOLLTE MAN SICH AUF DYNAMAX-KÄMPFE GEFASST MACHEN. IN DER NATURZONE LEBT IM ÜBRIGEN EINE SEHR GROSSE ANZAHL VON POKÉMON.

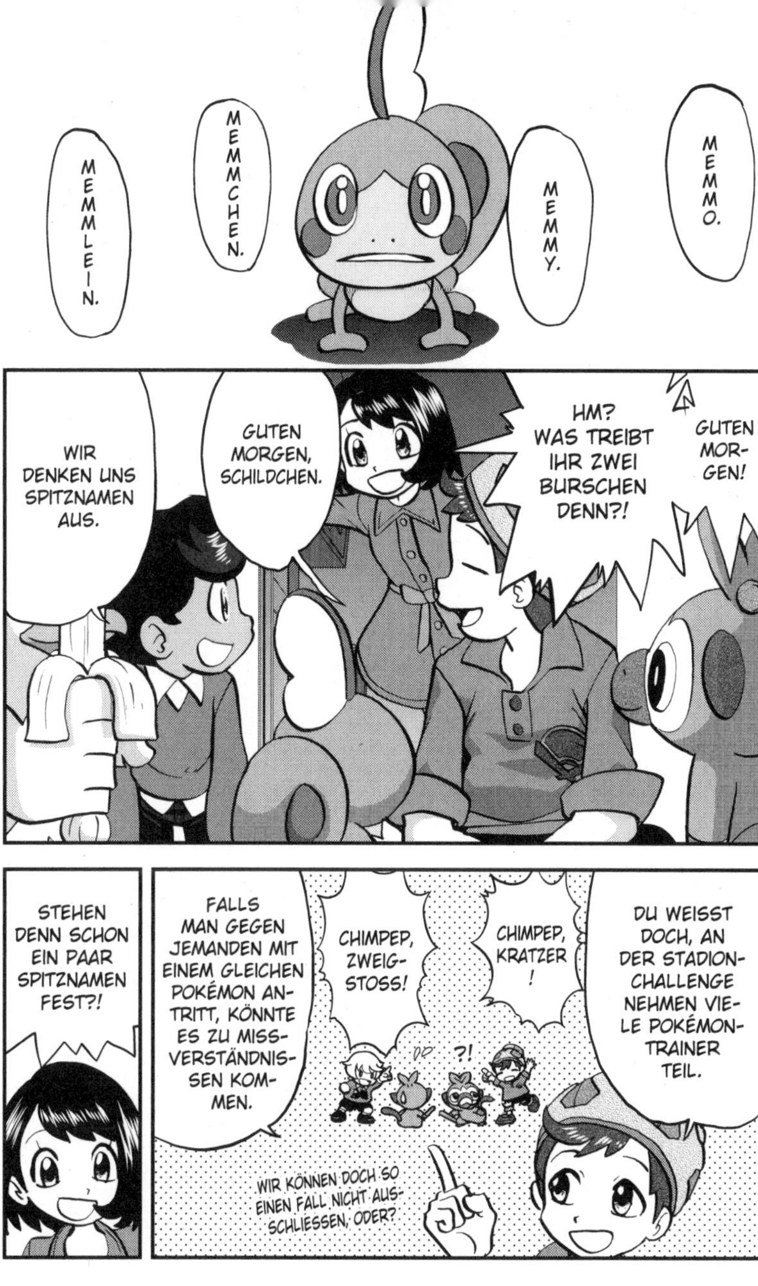
MEMMO.
MEMMY.
MEMMCHEN.
MEMMLEIN.
GUTEN MORGEN!
HM? WAS TREIBT IHR ZWEI BURSCHEN DENN?!
GUTEN MORGEN, SCHILDCHEN.
WIR DENKEN UNS SPITZNAMEN AUS.
DU WEISST DOCH, AN DER STADION-CHALLENGE NEHMEN VIELE POKÉMON-TRAINER TEIL.
CHIMPEP, KRATZER!
CHIMPEP, ZWEIGSTOSS!
?!
FALLS MAN GEGEN JEMANDEN MIT EINEM GLEICHEN POKÉMON ANTRITT, KÖNNTE ES ZU MISSVERSTÄNDNISSEN KOMMEN.
WIR KÖNNEN DOCH SO EINEN FALL NICHT AUSSCHLIESSEN, ODER?
STEHEN DENN SCHON EIN PAAR SPITZNAMEN FEST?!

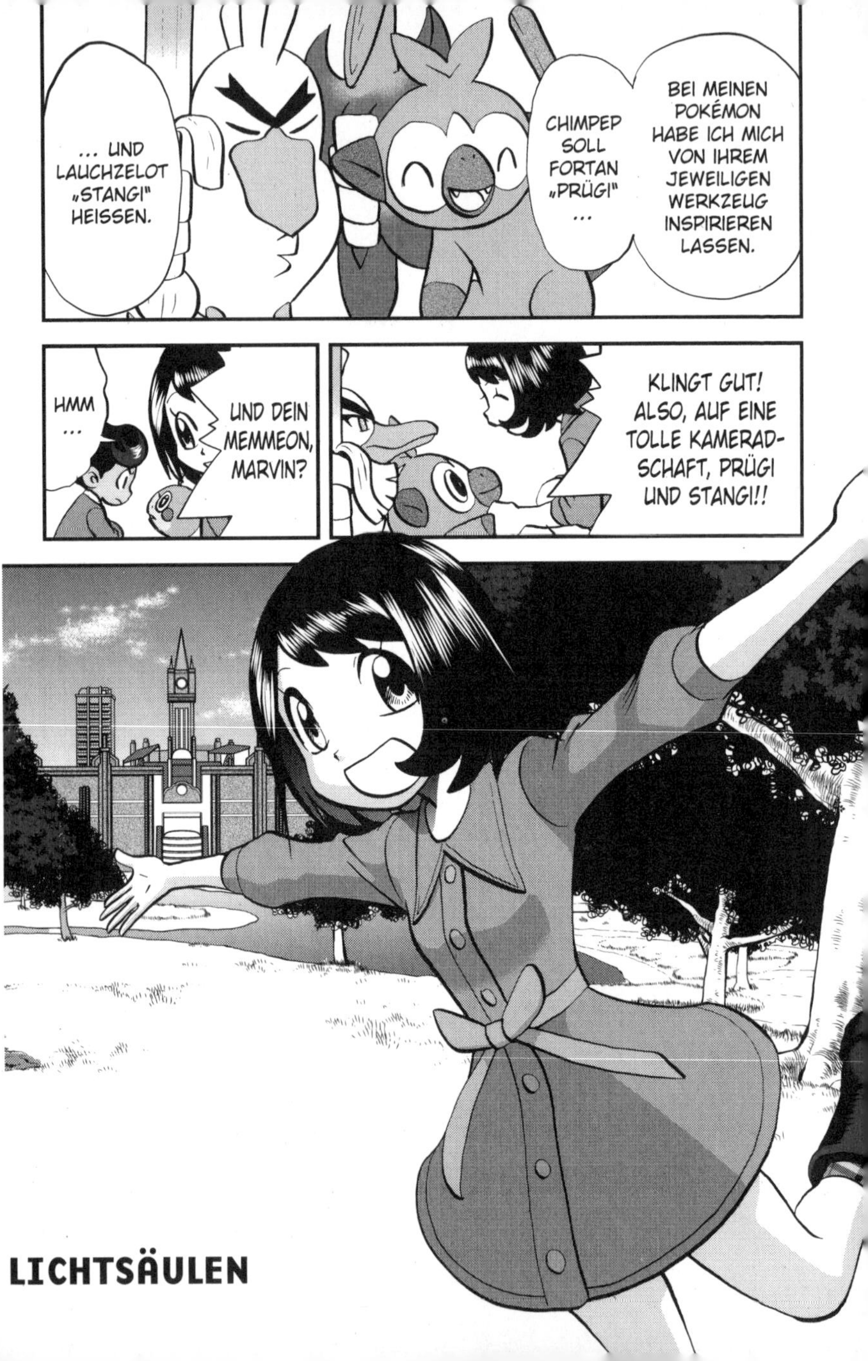
BEI MEINEN POKÉMON HABE ICH MICH VON IHREM JEWEILIGEN WERKZEUG INSPIRIEREN LASSEN.
CHIMPEP SOLL FORTAN „PRÜGI" ...
... UND LAUCHZELOT „STANGI" HEISSEN.
KLINGT GUT! ALSO, AUF EINE TOLLE KAMERADSCHAFT, PRÜGI UND STANGI!!
UND DEIN MEMMEON, MARVIN?
HMM ...
LICHTSÄULEN

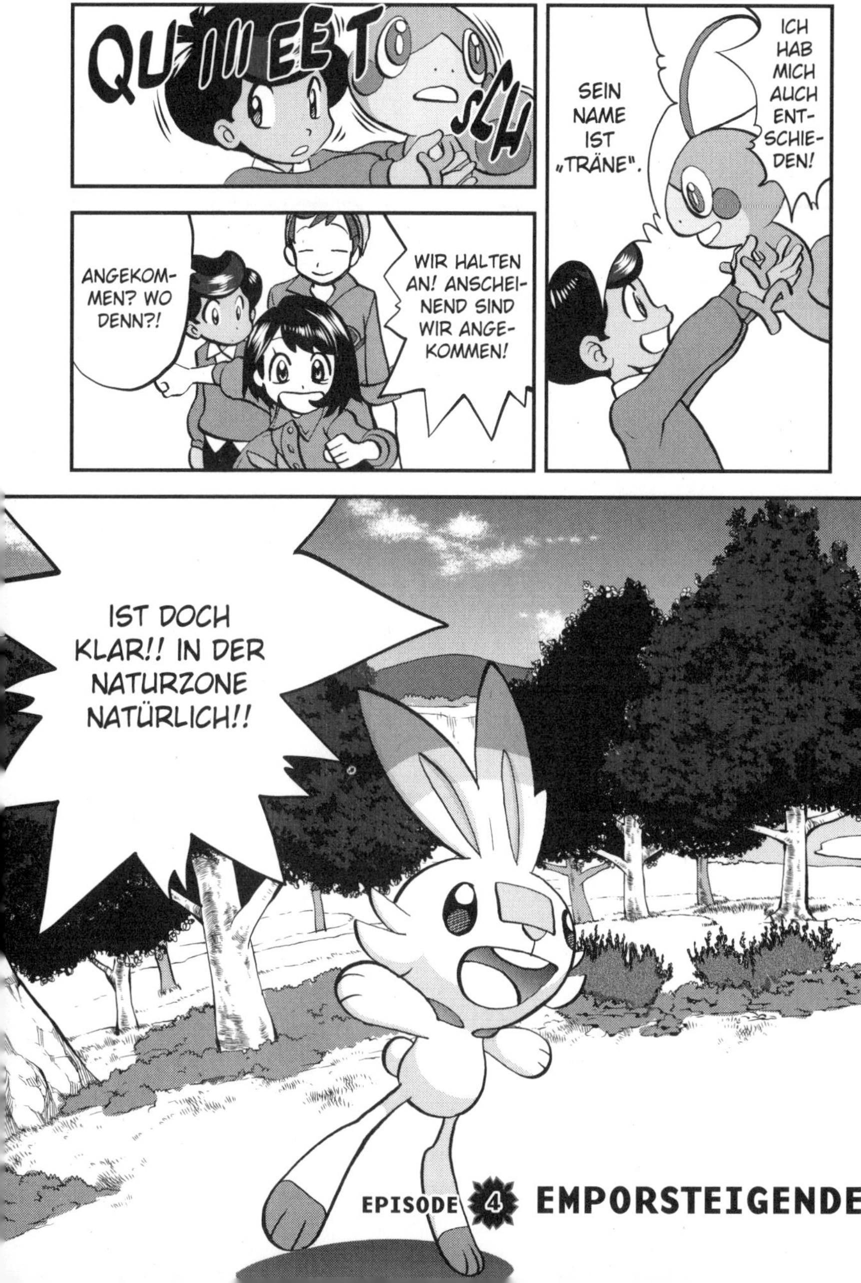
ICH HAB MICH AUCH ENT-SCHIE-DEN!
SEIN NAME IST „TRÄNE".
QUIIIEETOSCH
WIR HALTEN AN! ANSCHEI-NEND SIND WIR ANGE-KOMMEN!
ANGEKOM-MEN? WO DENN?!
IST DOCH KLAR!! IN DER NATURZONE NATÜRLICH!!
EPISODE 4 EMPORSTEIGENDE

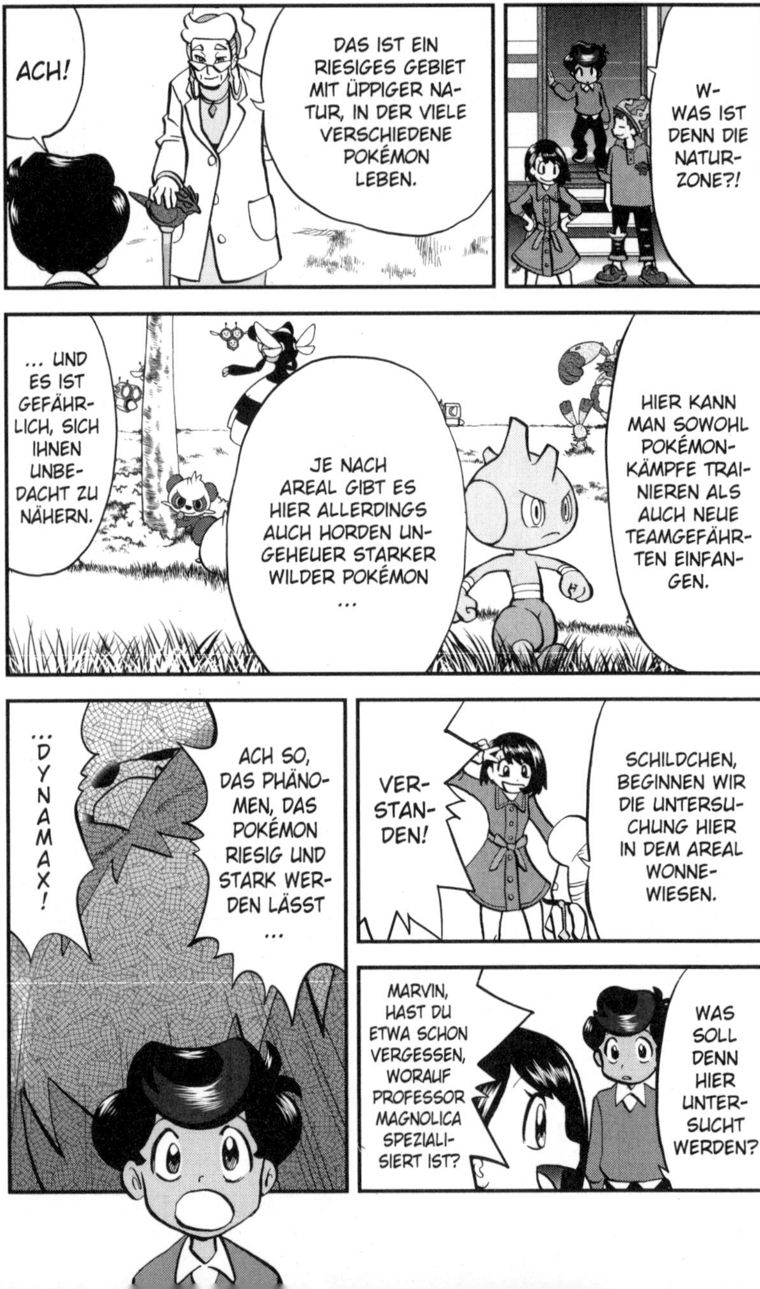
W-
WAS IST DENN DIE NATURZONE?!
DAS IST EIN RIESIGES GEBIET MIT ÜPPIGER NATUR, IN DER VIELE VERSCHIEDENE POKÉMON LEBEN.
ACH!
HIER KANN MAN SOWOHL POKÉMON-KÄMPFE TRAINIEREN ALS AUCH NEUE TEAMGEFÄHRTEN EINFANGEN.
JE NACH AREAL GIBT ES HIER ALLERDINGS AUCH HORDEN UNGEHEUER STARKER WILDER POKÉMON …
… UND ES IST GEFÄHRLICH, SICH IHNEN UNBEDACHT ZU NÄHERN.
SCHILDCHEN, BEGINNEN WIR DIE UNTERSUCHUNG HIER IN DEM AREAL WONNEWIESEN.
VERSTANDEN!
WAS SOLL DENN HIER UNTERSUCHT WERDEN?
MARVIN, HAST DU ETWA SCHON VERGESSEN, WORAUF PROFESSOR MAGNOLICA SPEZIALISIERT IST?
ACH SO, DAS PHÄNOMEN, DAS POKÉMON RIESIG UND STARK WERDEN LÄSST …
… DYNAMAX!

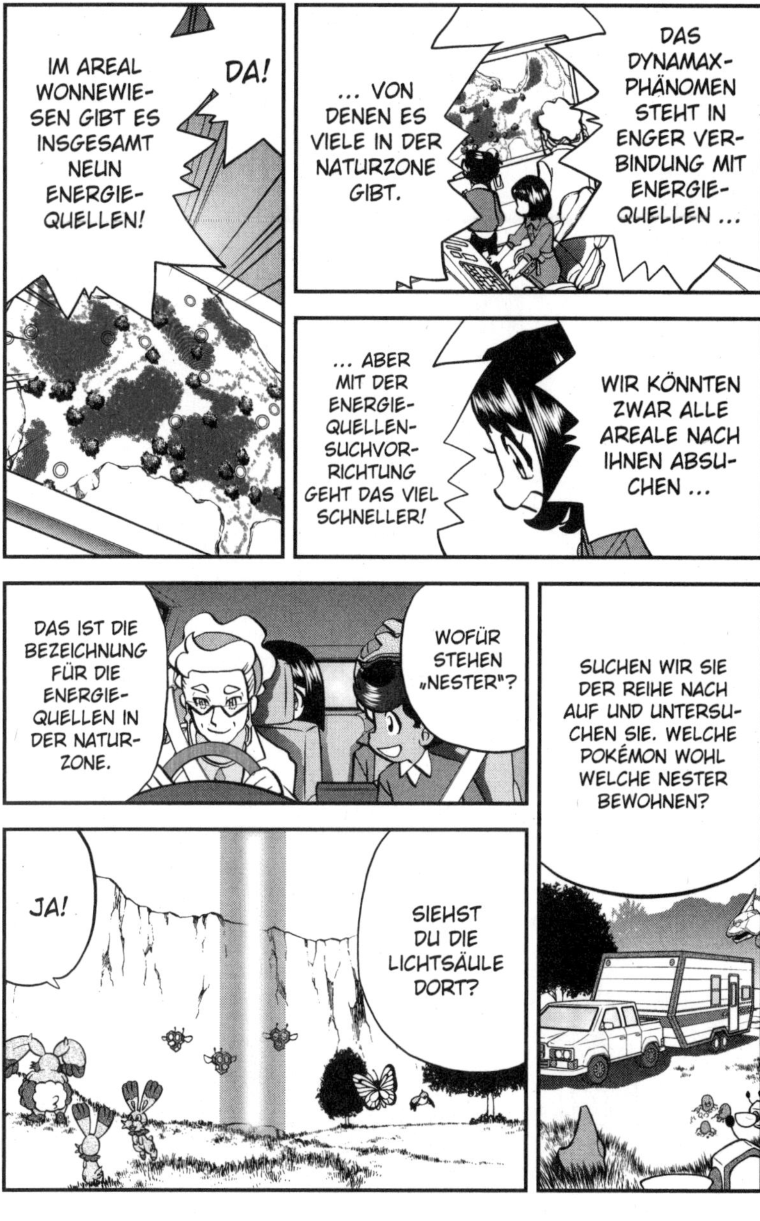
DAS DYNAMAX-PHÄNOMEN STEHT IN ENGER VERBINDUNG MIT ENERGIEQUELLEN …
… VON DENEN ES VIELE IN DER NATURZONE GIBT.
DA!
IM AREAL WONNEWIESEN GIBT ES INSGESAMT NEUN ENERGIEQUELLEN!
WIR KÖNNTEN ZWAR ALLE AREALE NACH IHNEN ABSUCHEN …
… ABER MIT DER ENERGIEQUELLEN-SUCHVORRICHTUNG GEHT DAS VIEL SCHNELLER!
SUCHEN WIR SIE DER REIHE NACH AUF UND UNTERSUCHEN SIE. WELCHE POKÉMON WOHL WELCHE NESTER BEWOHNEN?
WOFÜR STEHEN „NESTER"?
DAS IST DIE BEZEICHNUNG FÜR DIE ENERGIEQUELLEN IN DER NATURZONE.
SIEHST DU DIE LICHTSÄULE DORT?
JA!

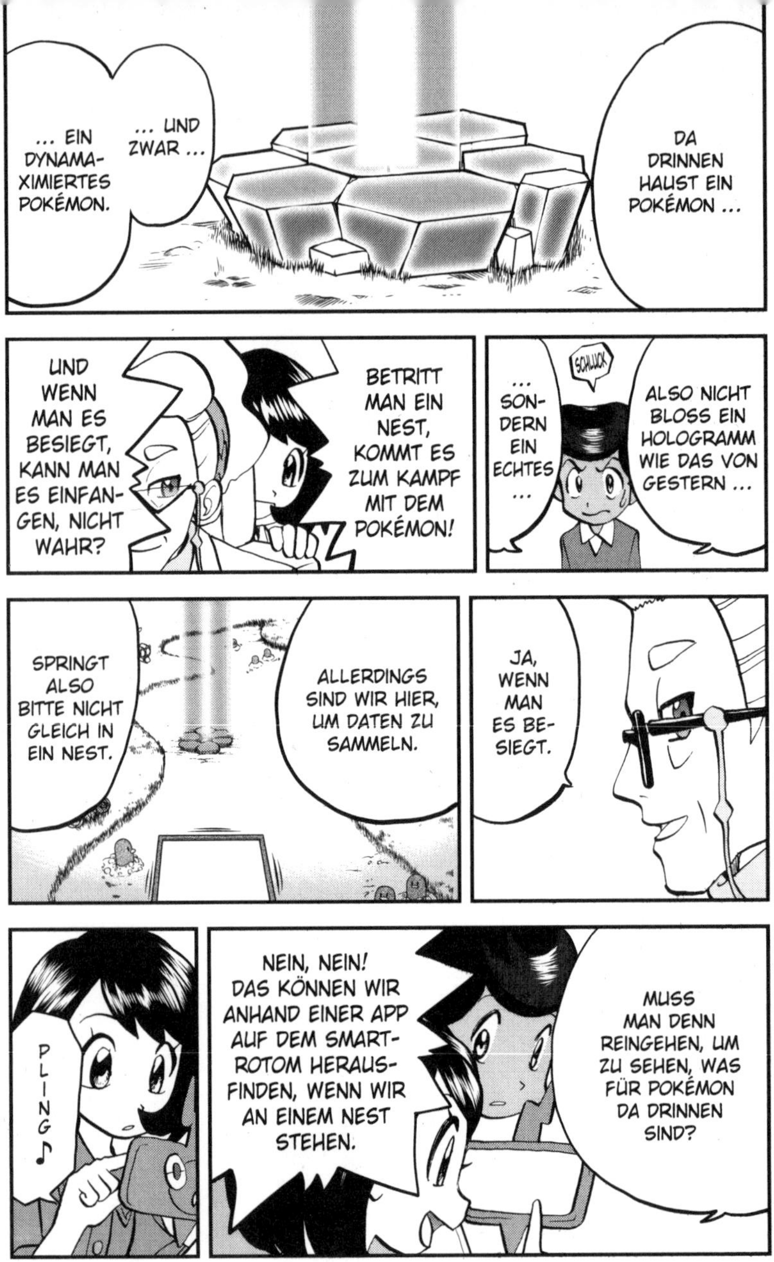
DA DRINNEN HAUST EIN POKÉMON …
… UND ZWAR …
… EIN DYNAMAXIMIERTES POKÉMON.
SCHLUCK
ALSO NICHT BLOSS EIN HOLOGRAMM WIE DAS VON GESTERN …
… SONDERN EIN ECHTES …
BETRITT MAN EIN NEST, KOMMT ES ZUM KAMPF MIT DEM POKÉMON!
UND WENN MAN ES BESIEGT, KANN MAN ES EINFANGEN, NICHT WAHR?
JA, WENN MAN ES BESIEGT.
ALLERDINGS SIND WIR HIER, UM DATEN ZU SAMMELN.
SPRINGT ALSO BITTE NICHT GLEICH IN EIN NEST.
MUSS MAN DENN REINGEHEN, UM ZU SEHEN, WAS FÜR POKÉMON DA DRINNEN SIND?
NEIN, NEIN! DAS KÖNNEN WIR ANHAND EINER APP AUF DEM SMARTROTOM HERAUSFINDEN, WENN WIR AN EINEM NEST STEHEN.
PLING♪

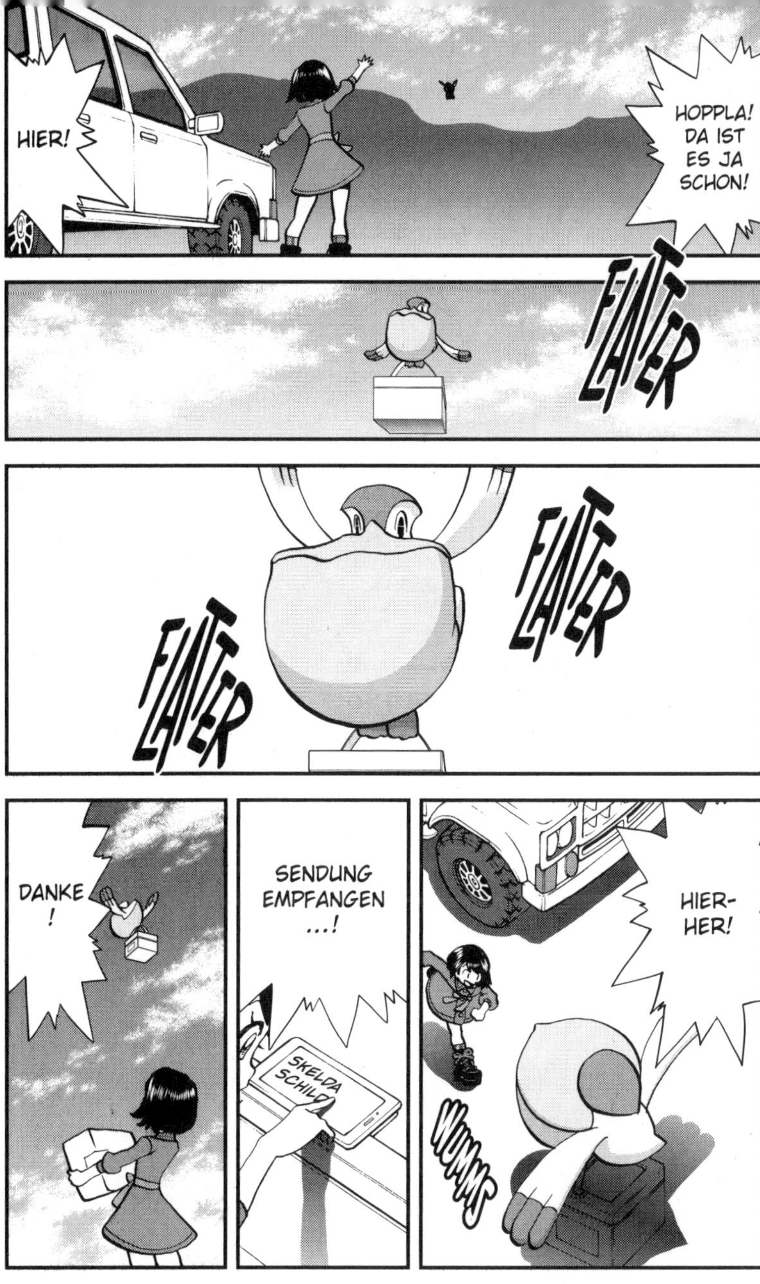
HOPPLA! DA IST ES JA SCHON!
HIER!
FLATTER
FLATTER
FLATTER
DANKE!
SENDUNG EMPFANGEN ...!
SKELDA SCHILD
HIER-HER!
WUMMS

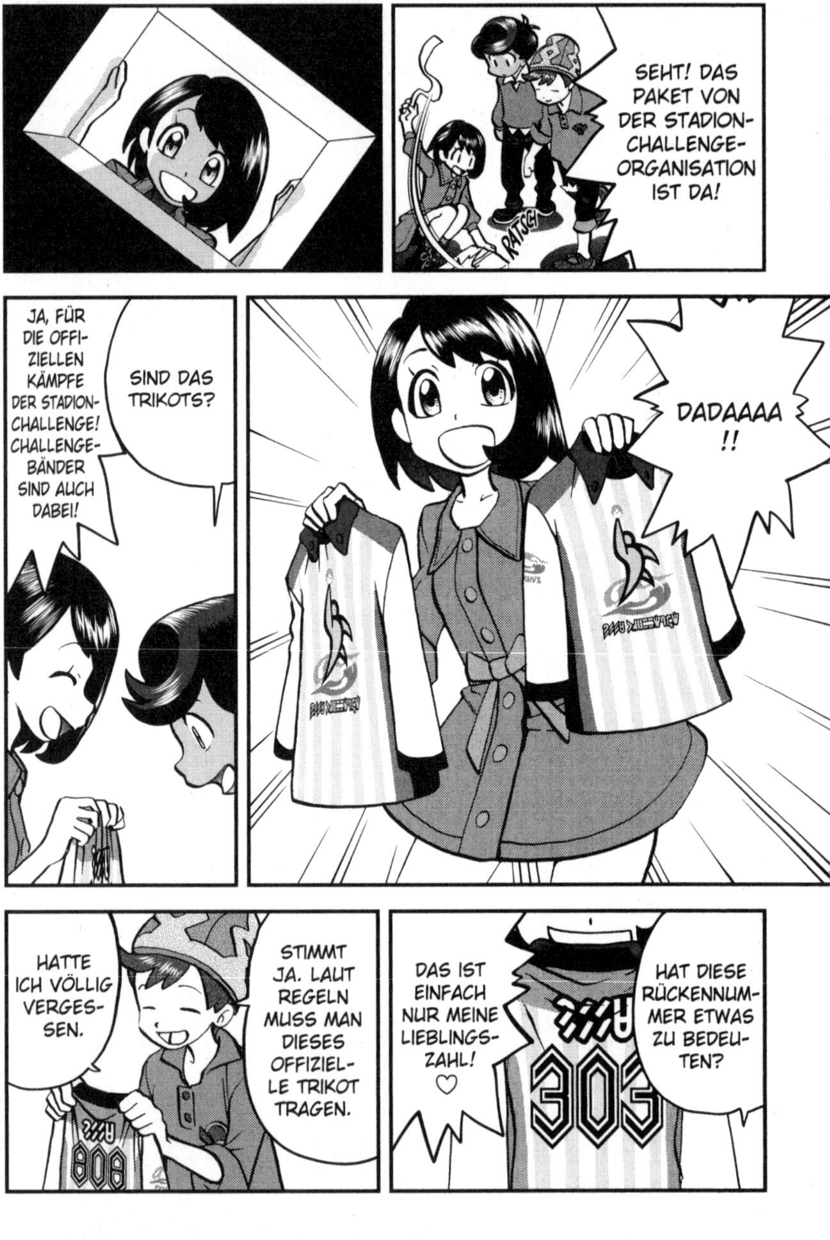
SEHT! DAS PAKET VON DER STADION-CHALLENGE-ORGANISATION IST DA!
RATSCH!
DADAAAA!!
SIND DAS TRIKOTS?
JA, FÜR DIE OFFIZIELLEN KÄMPFE DER STADION-CHALLENGE! CHALLENGE-BÄNDER SIND AUCH DABEI!
HAT DIESE RÜCKENNUMMER ETWAS ZU BEDEUTEN?
DAS IST EINFACH NUR MEINE LIEBLINGSZAHL! ♡
STIMMT JA. LAUT REGELN MUSS MAN DIESES OFFIZIELLE TRIKOT TRAGEN.
HATTE ICH VÖLLIG VERGESSEN.

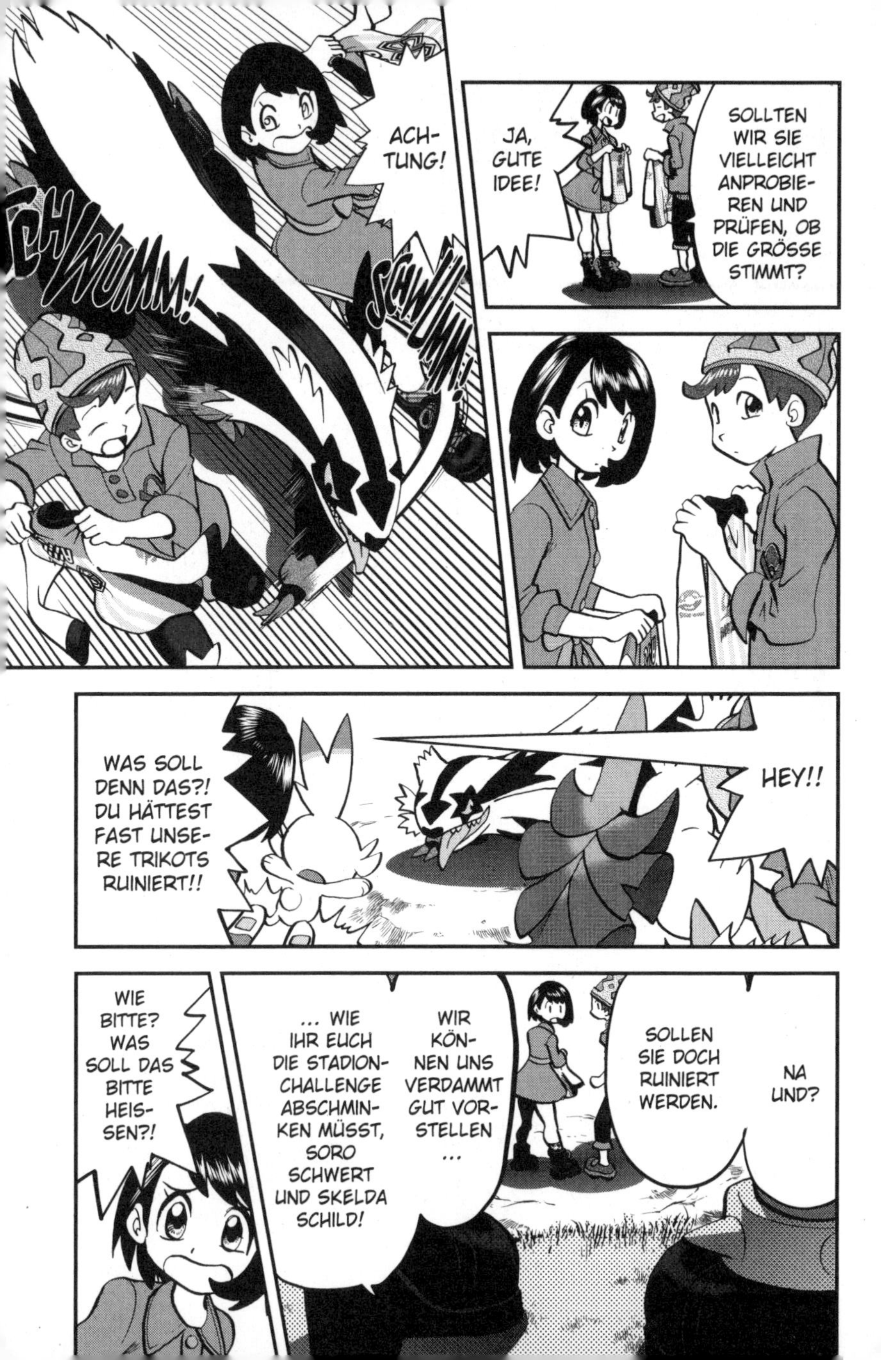

SOLLTEN WIR SIE VIELLEICHT ANPROBIEREN UND PRÜFEN, OB DIE GRÖSSE STIMMT?
JA, GUTE IDEE!
ACHTUNG!
SCHWUMM!
SCHWUMM!
HEY!!
WAS SOLL DENN DAS?! DU HÄTTEST FAST UNSERE TRIKOTS RUINIERT!!
NA UND?
SOLLEN SIE DOCH RUINIERT WERDEN.
WIR KÖNNEN UNS VERDAMMT GUT VORSTELLEN ...
... WIE IHR EUCH DIE STADION-CHALLENGE ABSCHMINKEN MÜSST, SORO SCHWERT UND SKELDA SCHILD!
WIE BITTE? WAS SOLL DAS BITTE HEISEN?!

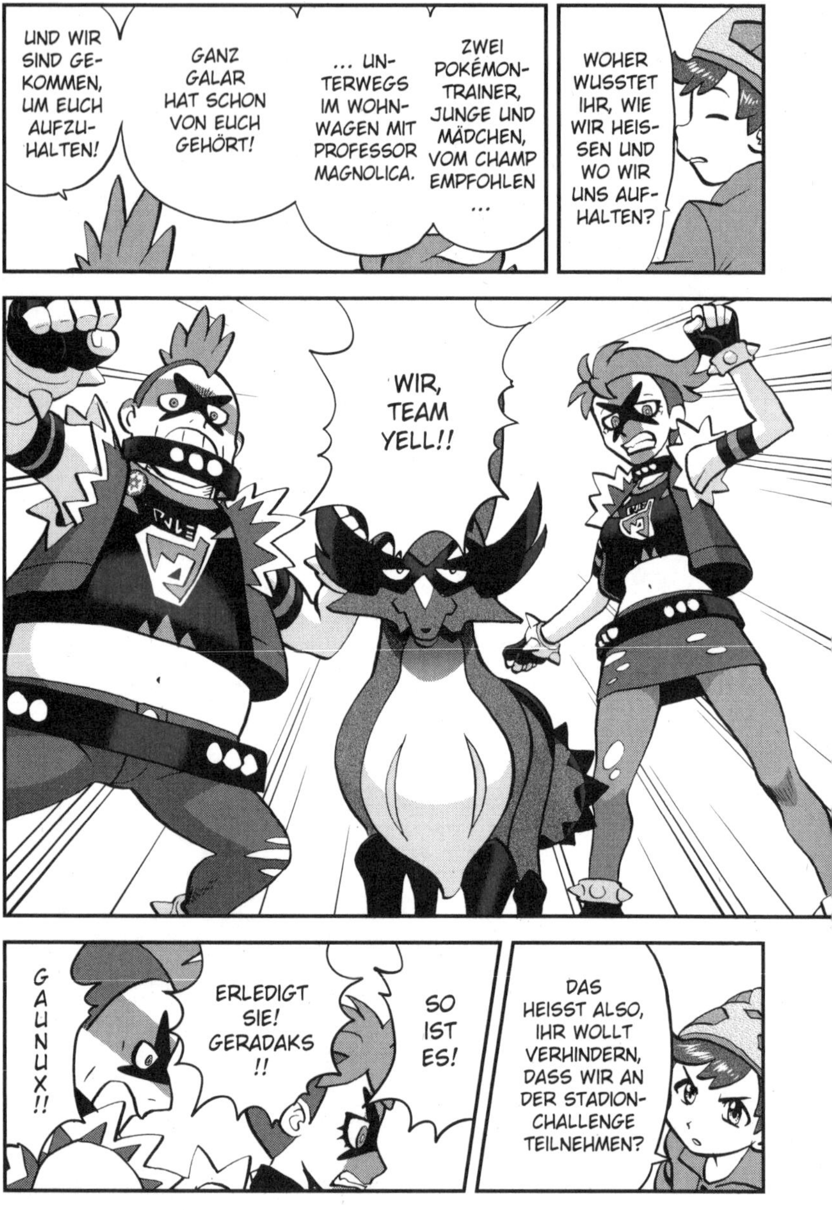
WOHER WUSSTET IHR, WIE WIR HEISSEN UND WO WIR UNS AUFHALTEN?
ZWEI POKÉMON-TRAINER, JUNGE UND MÄDCHEN, VOM CHAMP EMPFOHLEN …
… UNTERWEGS IM WOHNWAGEN MIT PROFESSOR MAGNOLICA.
GANZ GALAR HAT SCHON VON EUCH GEHÖRT!
UND WIR SIND GEKOMMEN, UM EUCH AUFZUHALTEN!
WIR, TEAM YELL!!
DAS HEISST ALSO, IHR WOLLT VERHINDERN, DASS WIR AN DER STADION-CHALLENGE TEILNEHMEN?
SO IST ES!
ERLEDIGT SIE! GERADAKS !!
GAUNUX!!

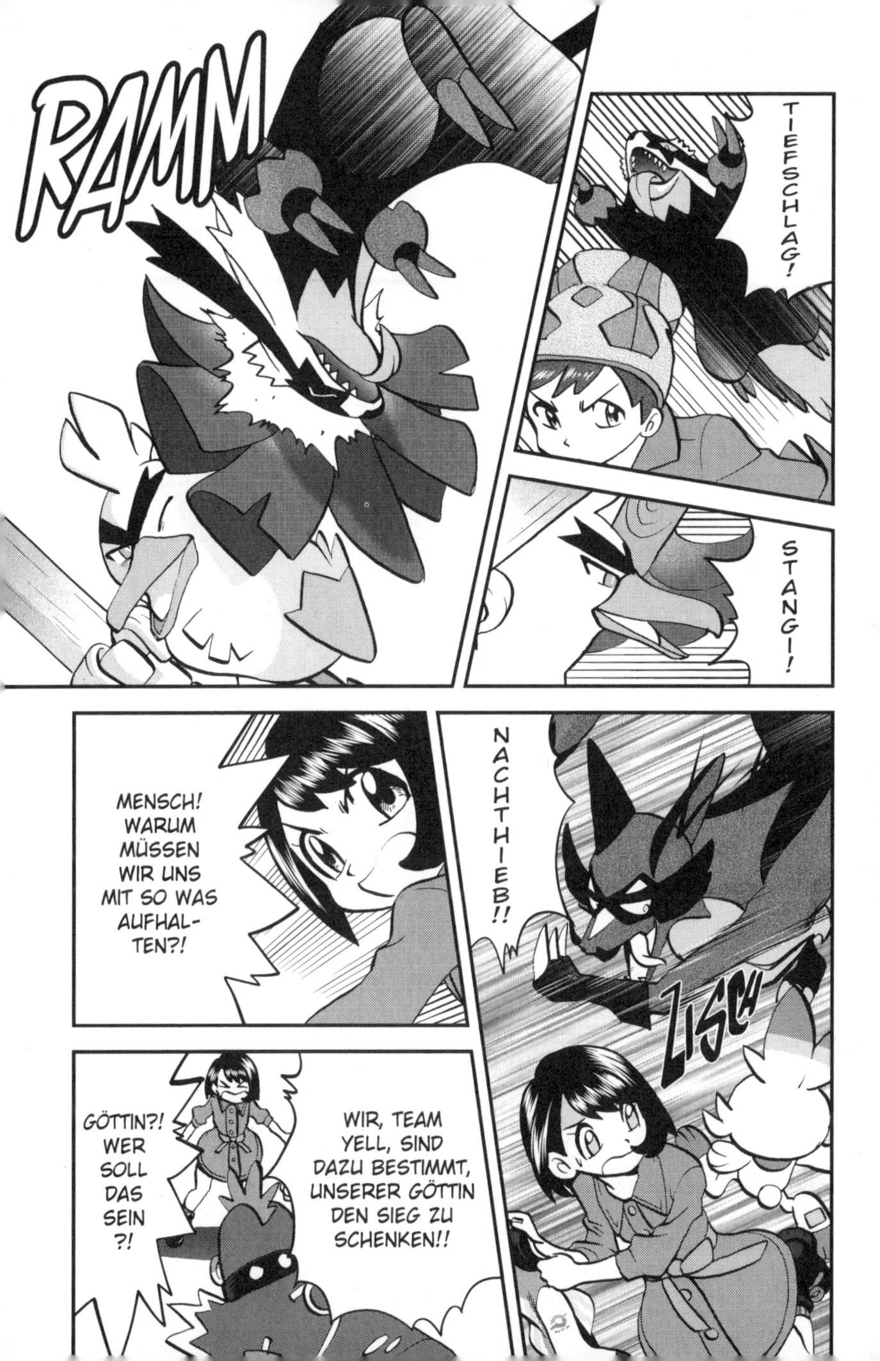
RAMM
TIEFSCHLAG!
STANG!
MENSCH! WARUM MÜSSEN WIR UNS MIT SO WAS AUFHALTEN?!
NACHTHIEB!!
ZISCH
WIR, TEAM YELL, SIND DAZU BESTIMMT, UNSERER GÖTTIN DEN SIEG ZU SCHENKEN!!
GÖTTIN?! WER SOLL DAS SEIN ?!

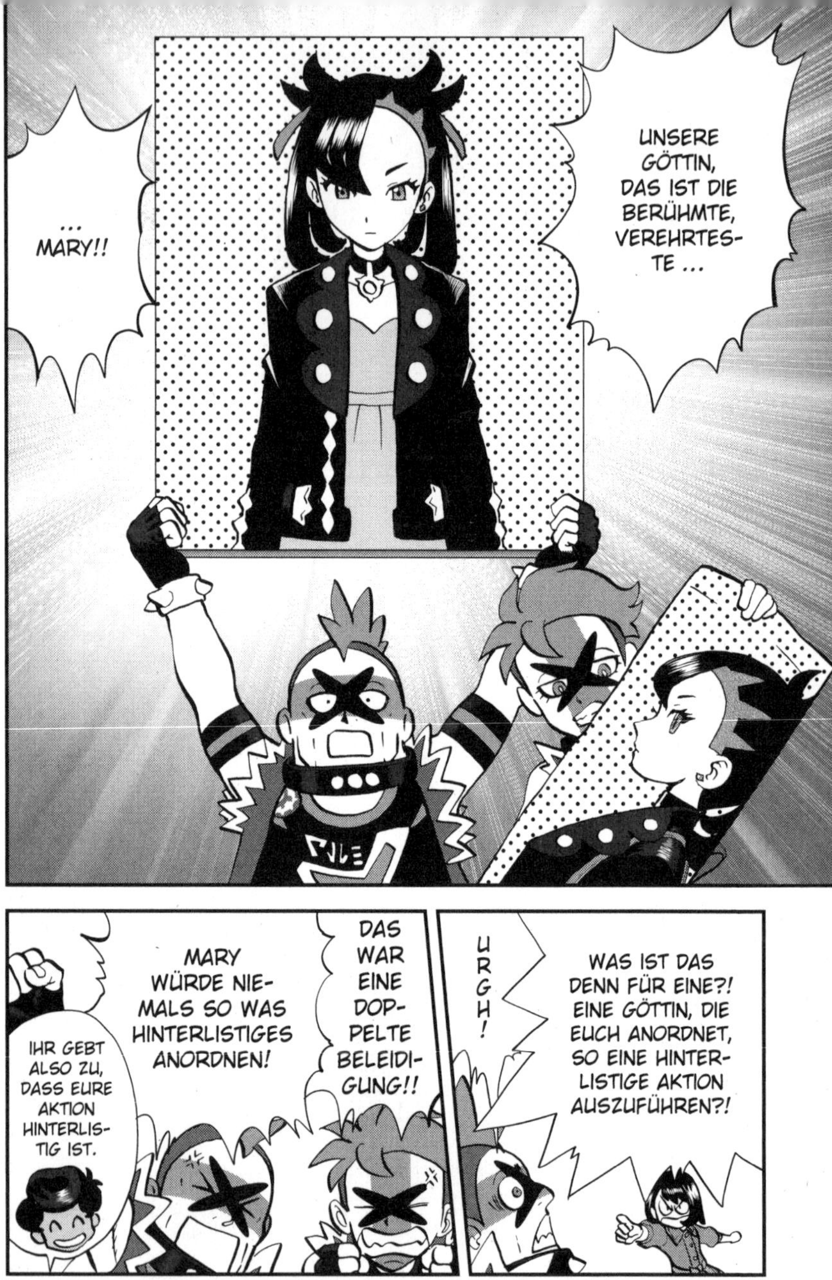
UNSERE GÖTTIN, DAS IST DIE BERÜHMTE, VEREHRTESTE …
… MARY!!
WAS IST DAS DENN FÜR EINE?! EINE GÖTTIN, DIE EUCH ANORDNET, SO EINE HINTERLISTIGE AKTION AUSZUFÜHREN?!
URGH!
DAS WAR EINE DOPPELTE BELEIDIGUNG!!
MARY WÜRDE NIEMALS SO WAS HINTERLISTIGES ANORDNEN!
IHR GEBT ALSO ZU, DASS EURE AKTION HINTERLISTIG IST.

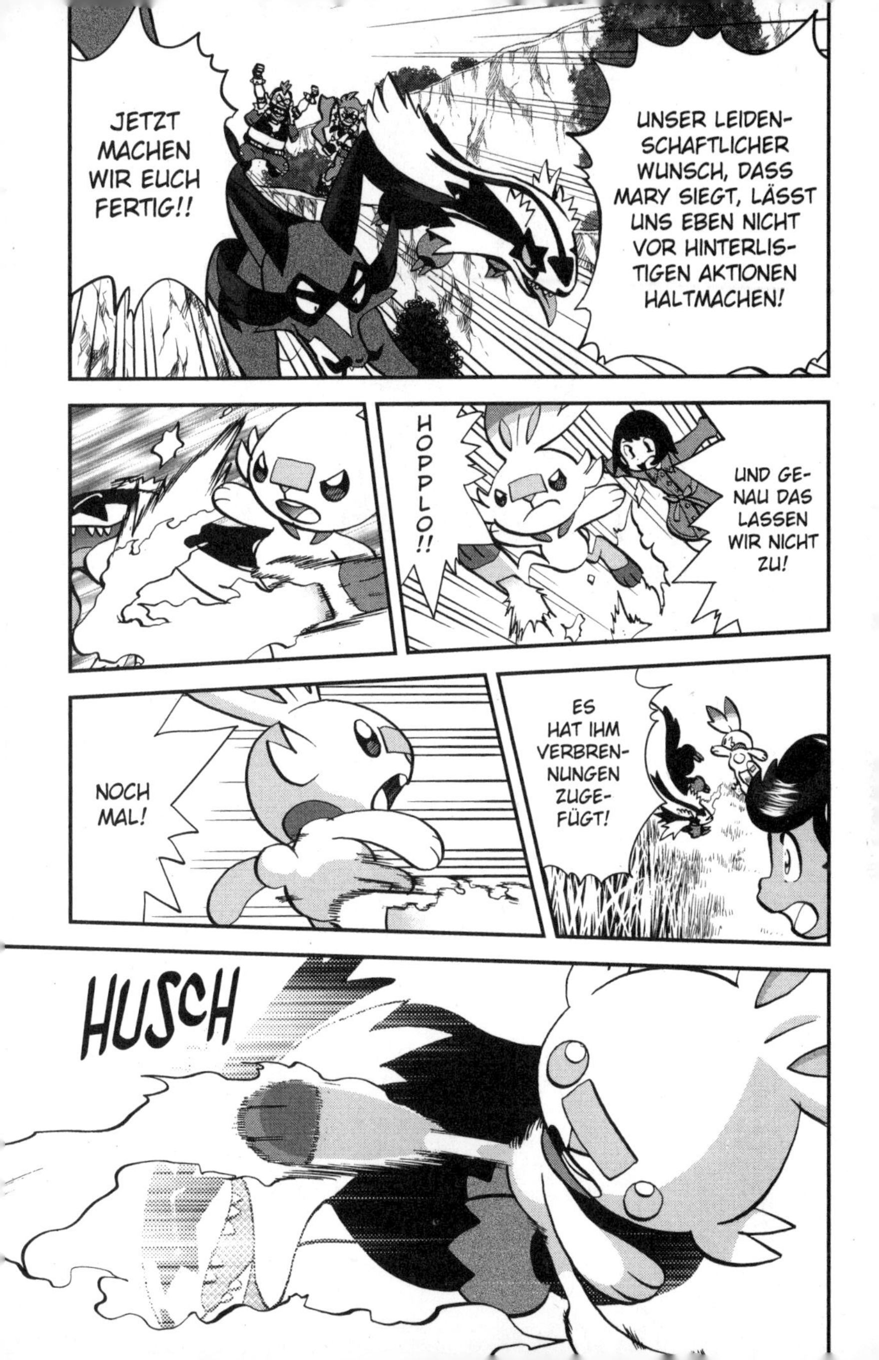
UNSER LEIDEN-SCHAFTLICHER WUNSCH, DASS MARY SIEGT, LÄSST UNS EBEN NICHT VOR HINTERLIS-TIGEN AKTIONEN HALTMACHEN!
JETZT MACHEN WIR EUCH FERTIG!!
UND GE-NAU DAS LASSEN WIR NICHT ZU!
HOPPLO!!
ES HAT IHM VERBREN-NUNGEN ZUGE-FÜGT!
NOCH MAL!
HUSCH

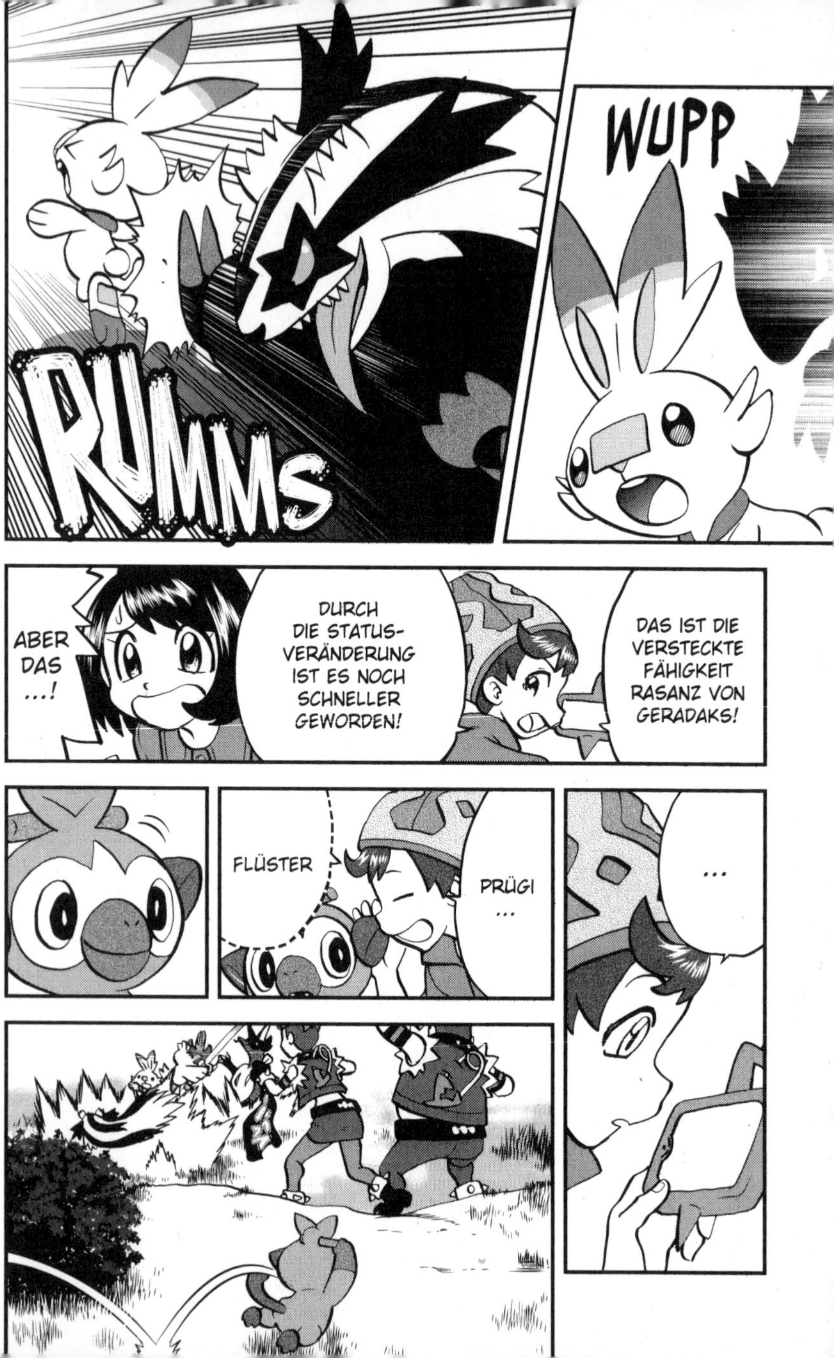
RUMMS
WUPP
ABER DAS …!
DURCH DIE STATUS-VERÄNDERUNG IST ES NOCH SCHNELLER GEWORDEN!
DAS IST DIE VERSTECKTE FÄHIGKEIT RASANZ VON GERADAKS!
FLÜSTER
PRÜGI …
…

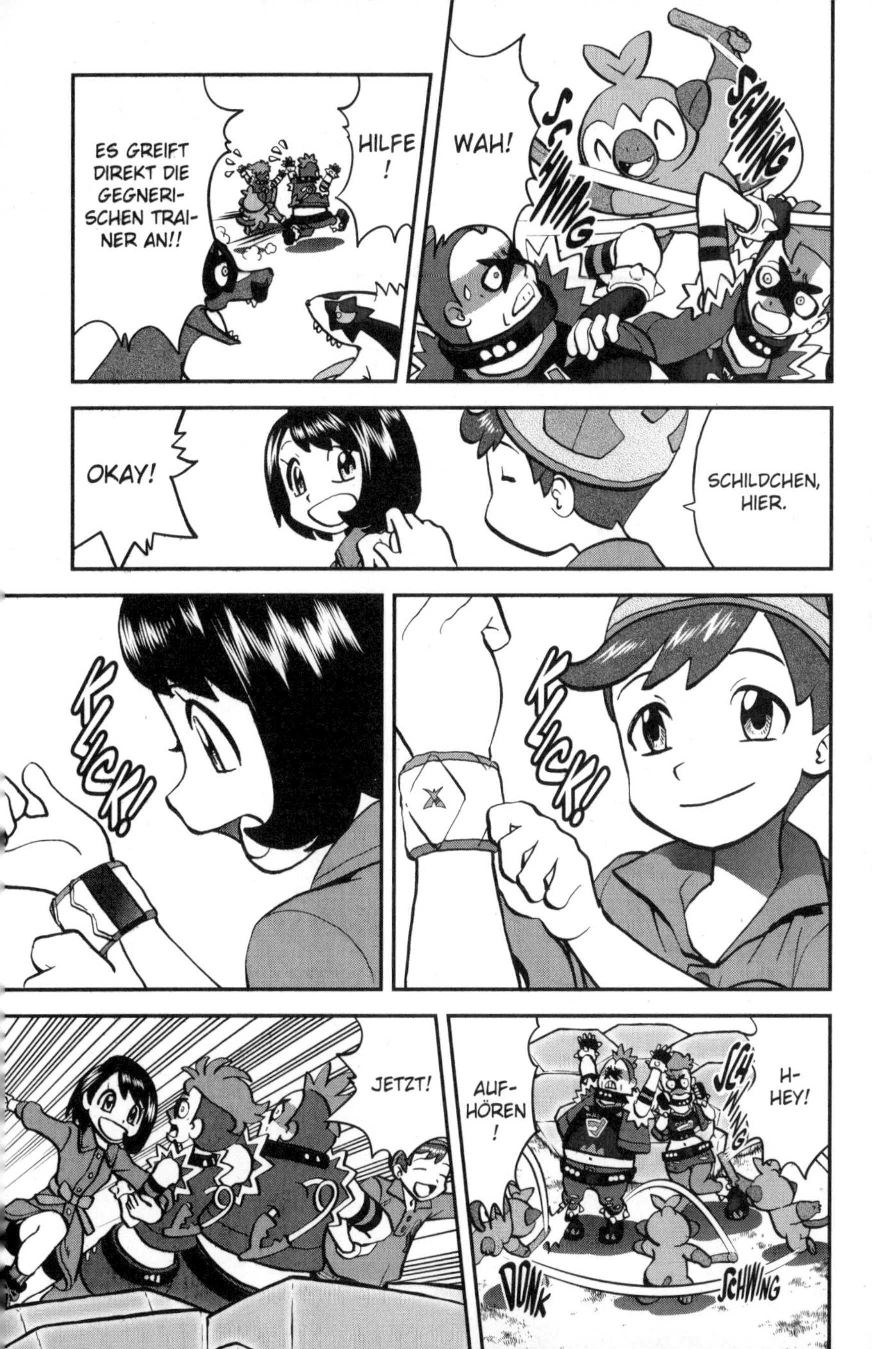
WAH!
SCHWING
SCHWING
HILFE!
ES GREIFT DIREKT DIE GEGNERISCHEN TRAINER AN!!
SCHILDCHEN, HIER.
OKAY!
KLICK!
KLICK!
H-HEY!
SCHWING
AUFHÖREN!
DONK
SCHWING
JETZT!

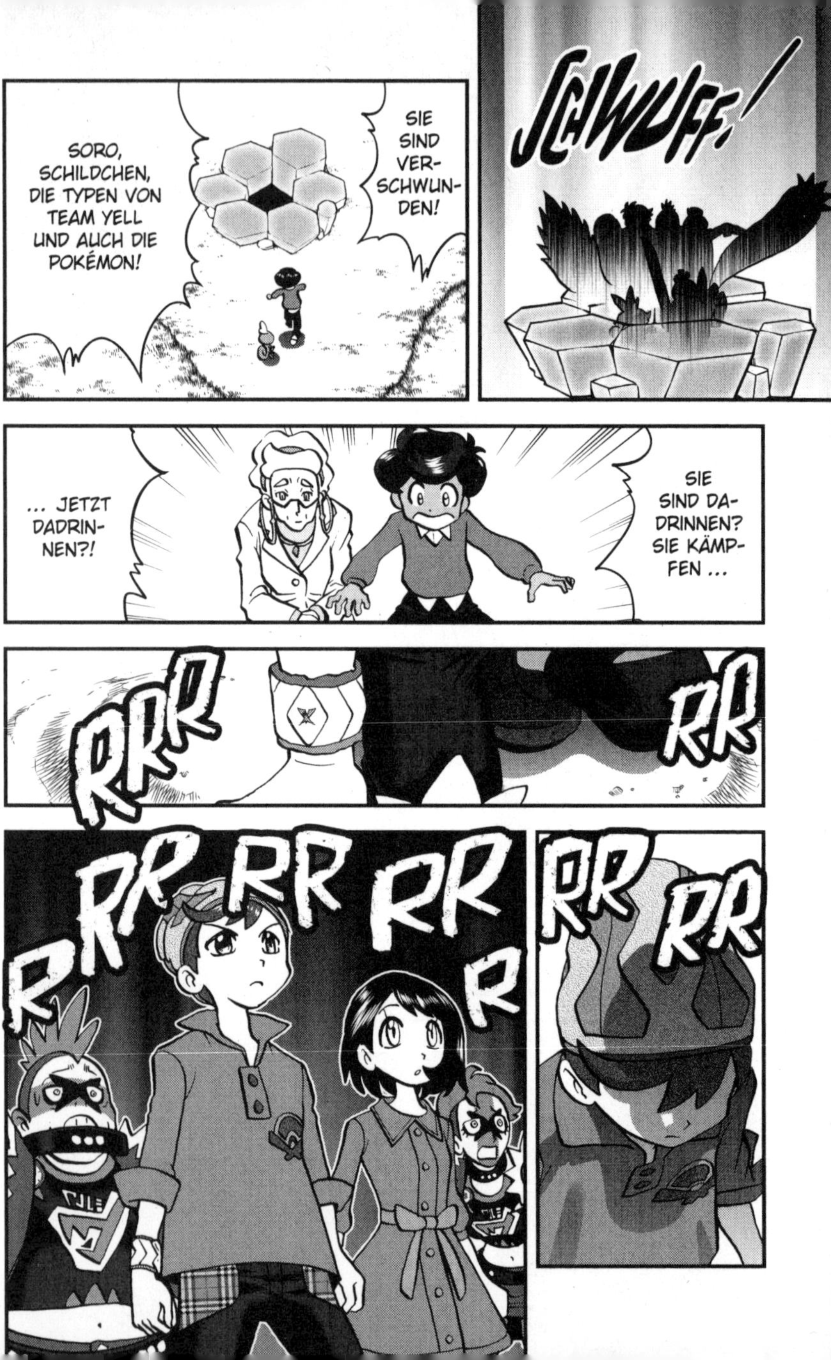
SCHWUFF!
SIE SIND VER-SCHWUN-DEN!
SORO, SCHILDCHEN, DIE TYPEN VON TEAM YELL UND AUCH DIE POKÉMON!
SIE SIND DA-DRINNEN? SIE KÄMP-FEN …
… JETZT DADRIN-NEN?!
RR
RRR
RR
RR
RR
R
RR
RR
RR
R

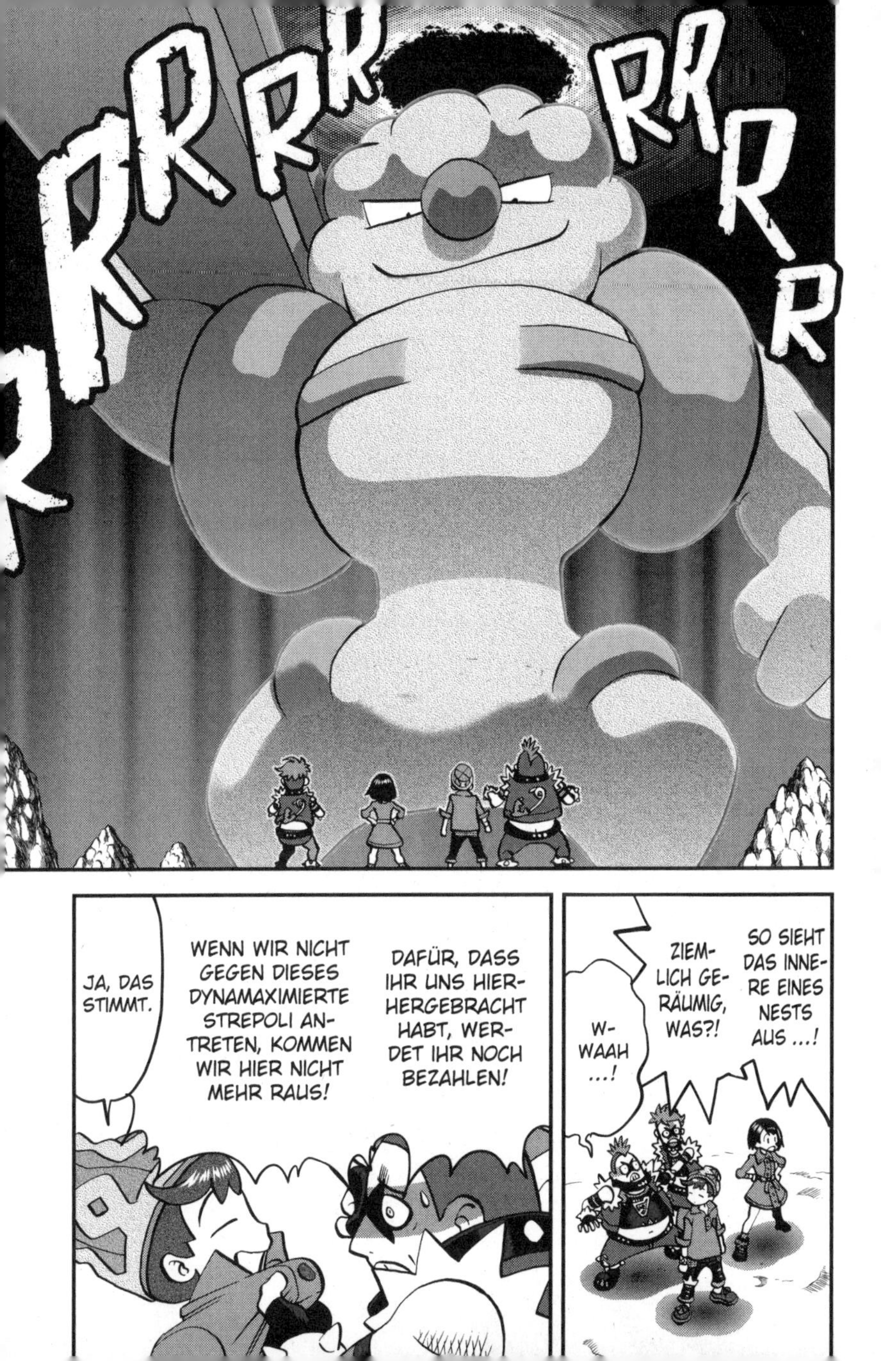

RRRRRRRR
RRRRR
SO SIEHT DAS INNERE EINES NESTS AUS ...!
ZIEMLICH GERÄUMIG, WAS?!
W-WAAH ...!
DAFÜR, DASS IHR UNS HIERHERGEBRACHT HABT, WERDET IHR NOCH BEZAHLEN!
WENN WIR NICHT GEGEN DIESES DYNAMAXIMIERTE STREPOLI ANTRETEN, KOMMEN WIR HIER NICHT MEHR RAUS!
JA, DAS STIMMT.

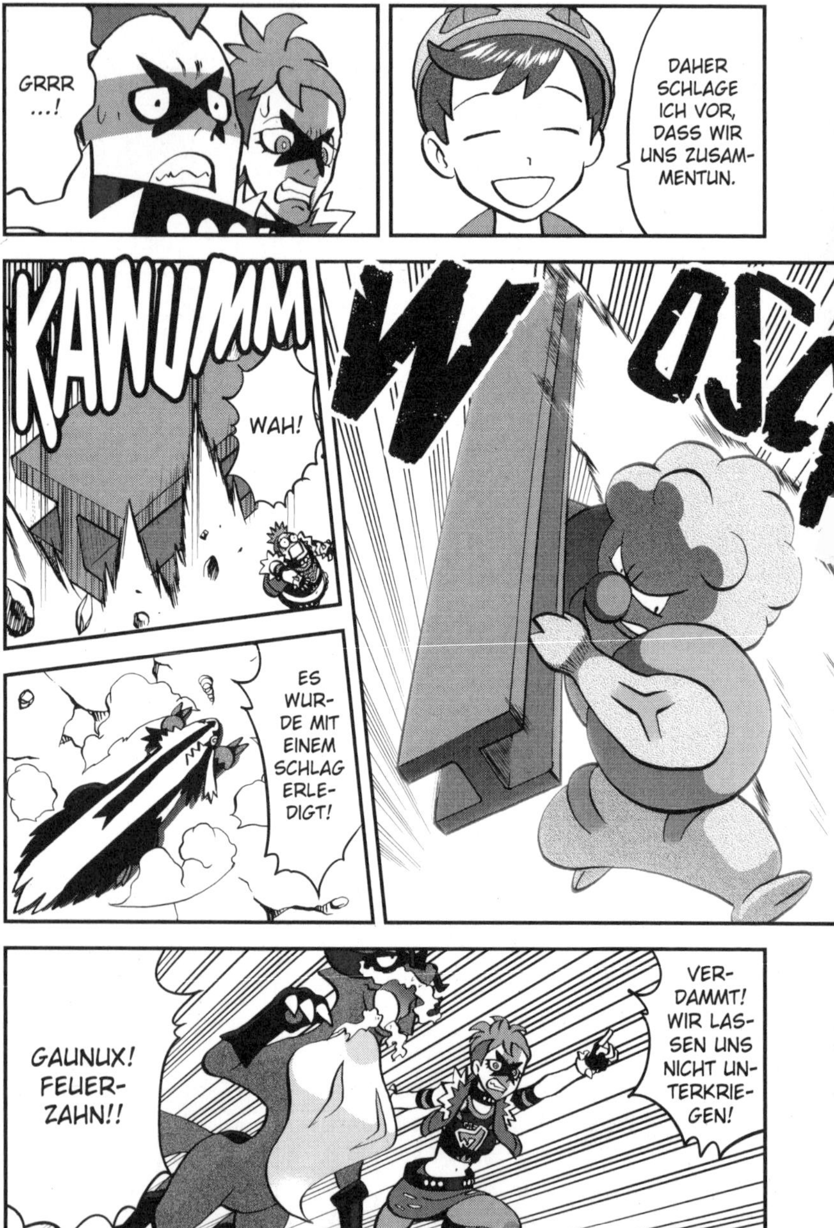

DAHER SCHLAGE ICH VOR, DASS WIR UNS ZUSAMMENTUN.
GRRR ...!
KAWUMM
WAH!
ES WURDE MIT EINEM SCHLAG ERLEDIGT!
VERDAMMT! WIR LASSEN UNS NICHT UNTERKRIEGEN!
GAUNUX! FEUERZAHN!!

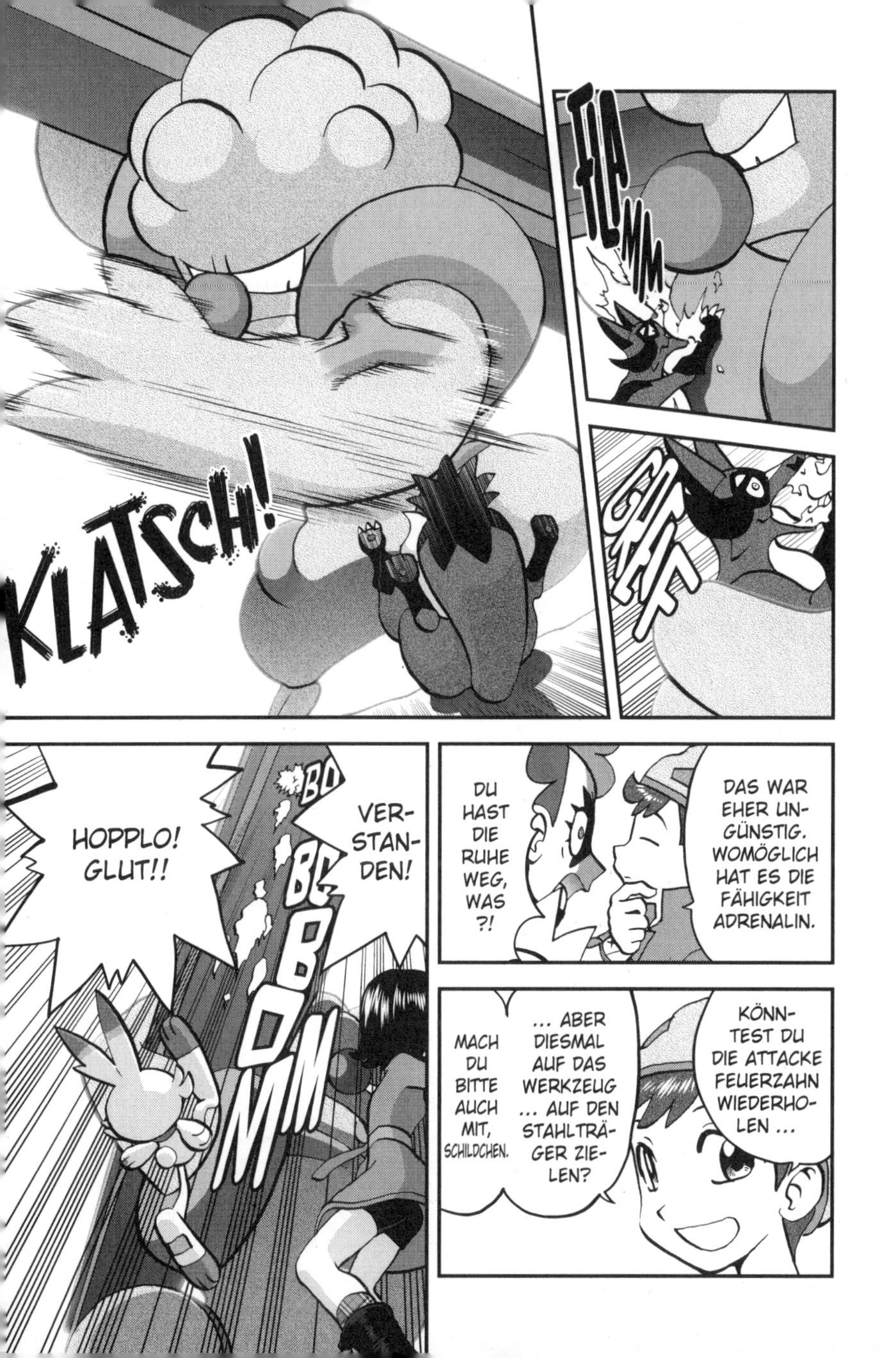
KLATSCH!
DAS WAR EHER UNGÜNSTIG. WOMÖGLICH HAT ES DIE FÄHIGKEIT ADRENALIN.
DU HAST DIE RUHE WEG, WAS?!
KÖNNTEST DU DIE ATTACKE FEUERZAHN WIEDERHOLEN …
… ABER DIESMAL AUF DAS WERKZEUG … AUF DEN STAHLTRÄGER ZIELEN?
MACH DU BITTE AUCH MIT, SCHILDCHEN.
VERSTANDEN!
HOPPLO! GLUT!!
BO BO BOMM

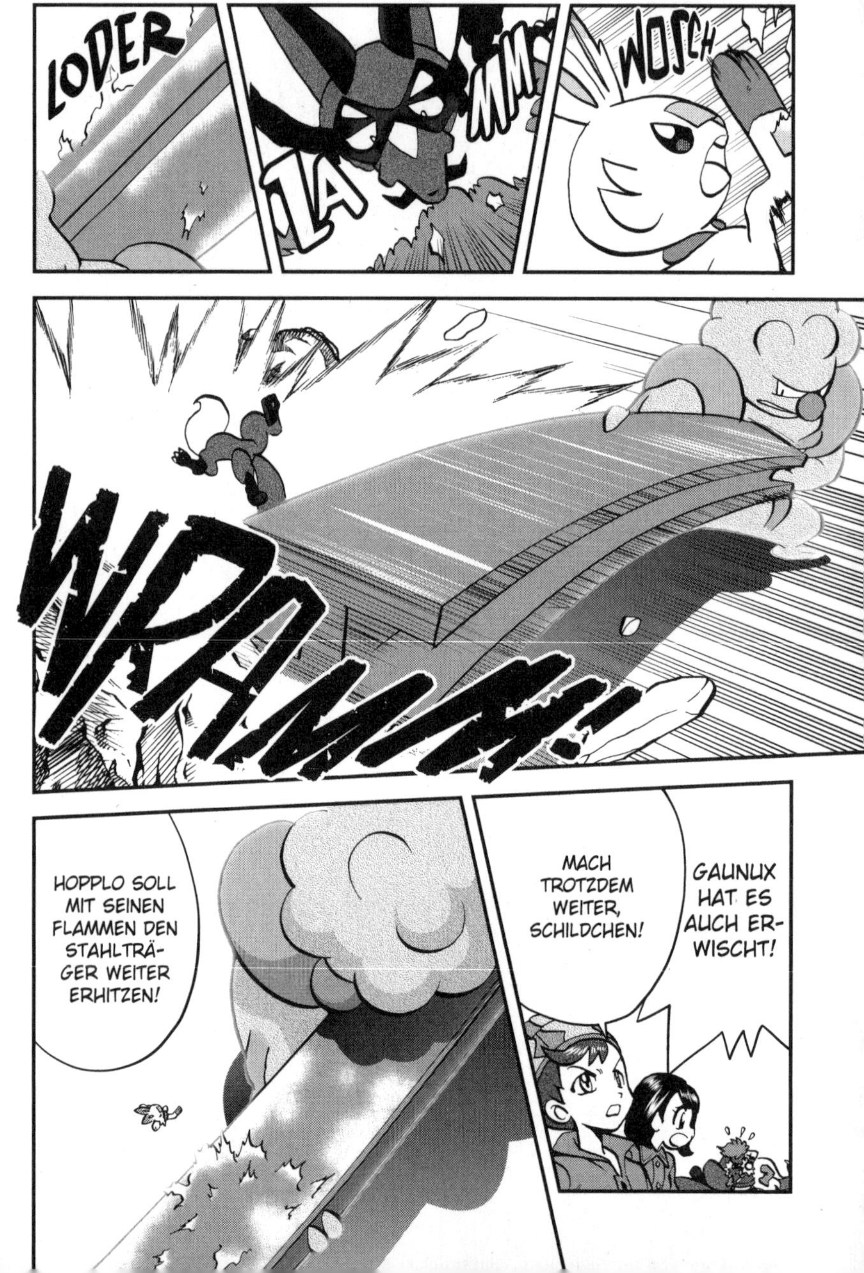

LODER
ZLABAMM
WOSCH
WRAMM!
HOPPLO SOLL MIT SEINEN FLAMMEN DEN STAHLTRÄGER WEITER ERHITZEN!
GAUNUX HAT ES AUCH ERWISCHT!
MACH TROTZDEM WEITER, SCHILDCHEN!

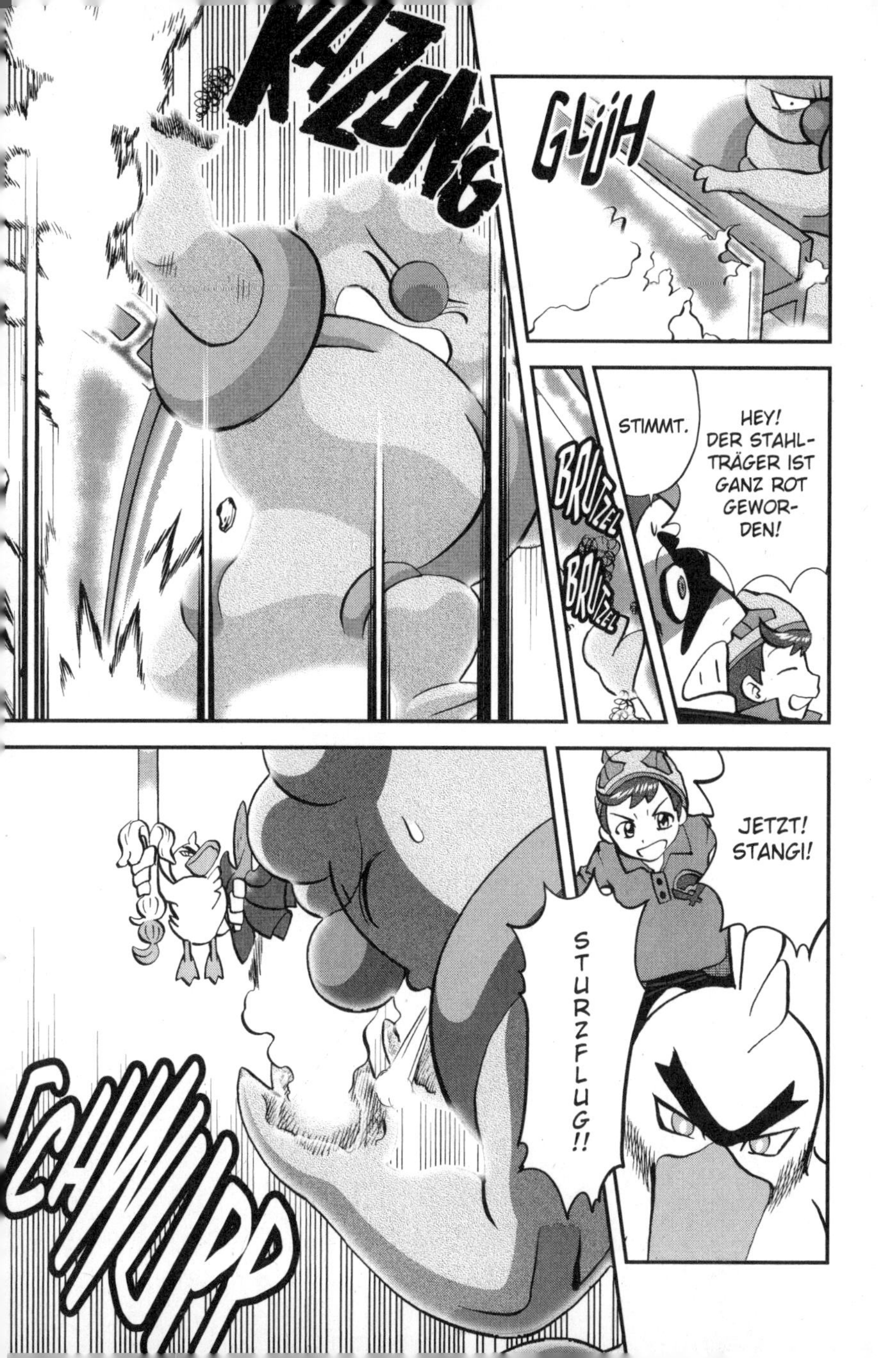
KAZONG
GLÜH
HEY! DER STAHLTRÄGER IST GANZ ROT GEWORDEN!
STIMMT.
BRUTZEL
BRUTZEL
JETZT! STANGI!
STURZFLUG!!
SCHWUPP

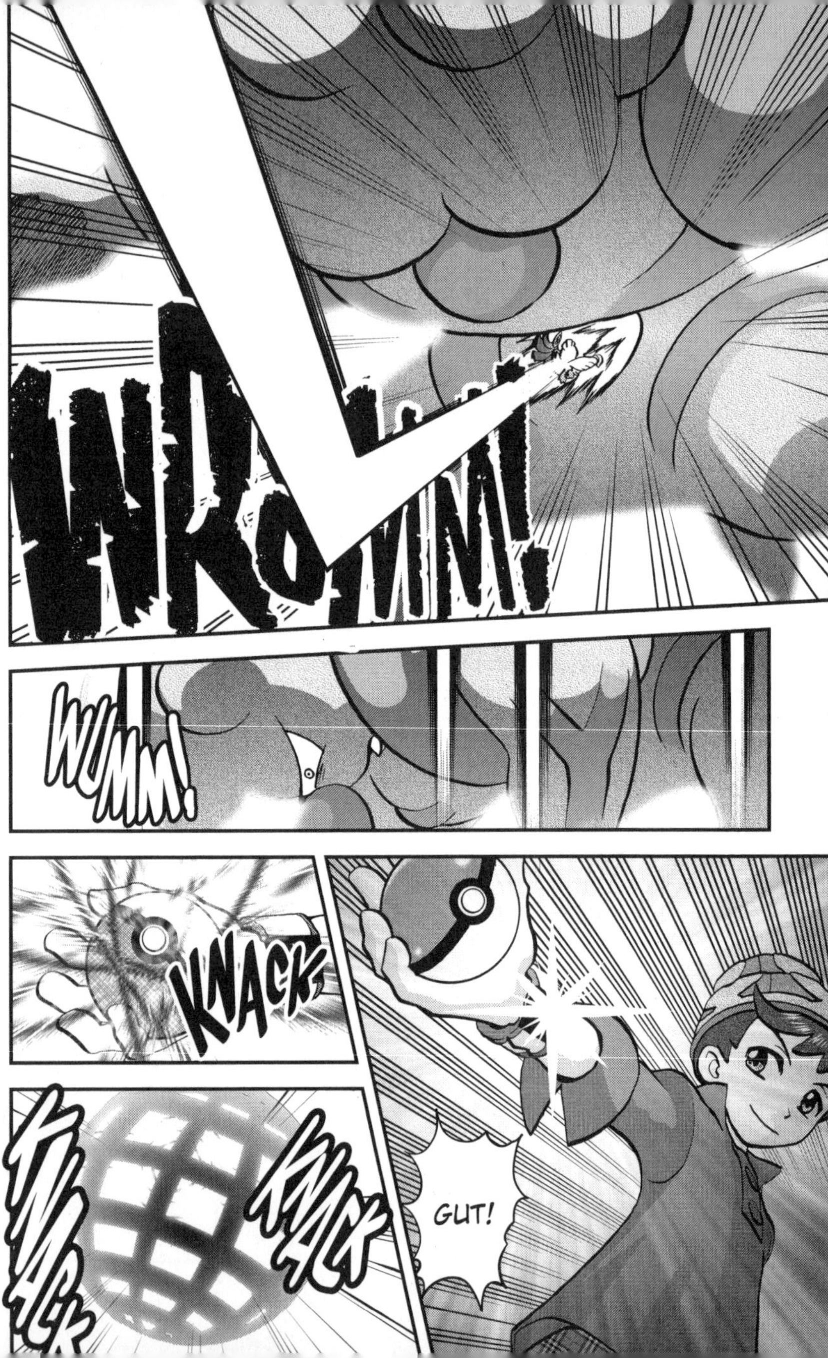
WROMM!
WUMM!
KNACK
GUT!
KNACK
KNACK

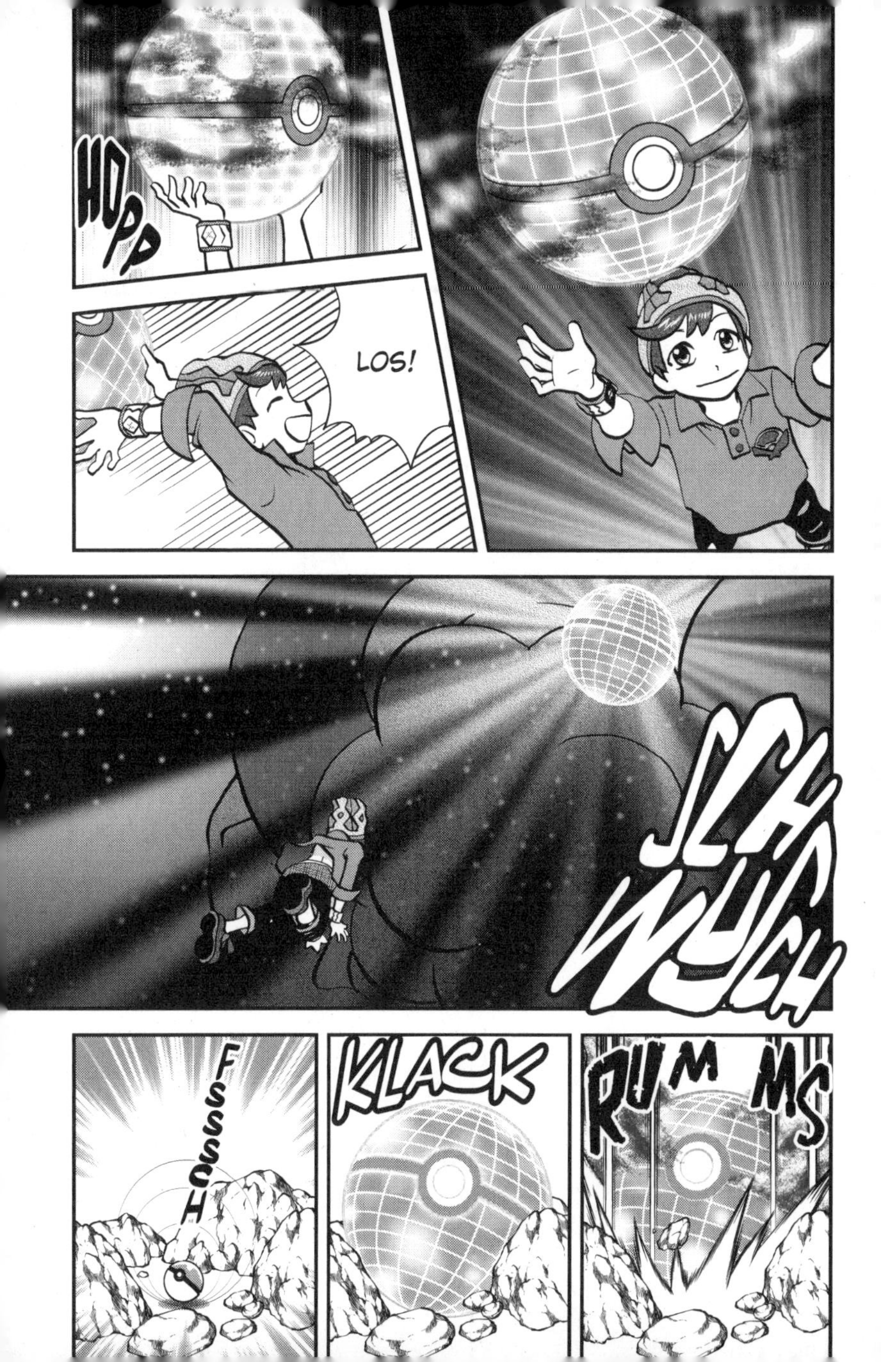
HOPP
LOS!
SCHWUCH
FSSSSCH
KLACK
RUMMS

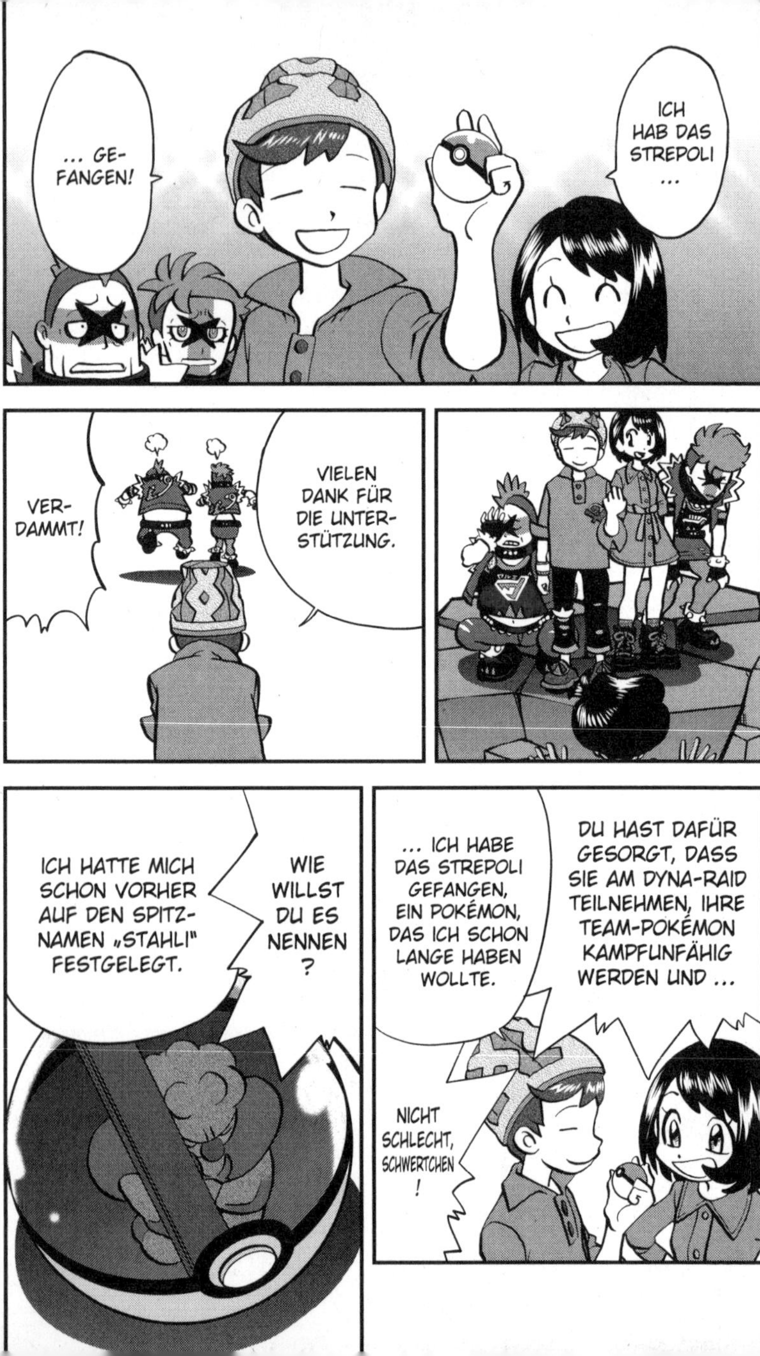
ICH HAB DAS STREPOLI …
… GEFANGEN!
VIELEN DANK FÜR DIE UNTERSTÜTZUNG.
VERDAMMT!
DU HAST DAFÜR GESORGT, DASS SIE AM DYNA-RAID TEILNEHMEN, IHRE TEAM-POKÉMON KAMPFUNFÄHIG WERDEN UND …
… ICH HABE DAS STREPOLI GEFANGEN, EIN POKÉMON, DAS ICH SCHON LANGE HABEN WOLLTE.
NICHT SCHLECHT, SCHWERTCHEN!
WIE WILLST DU ES NENNEN?
ICH HATTE MICH SCHON VORHER AUF DEN SPITZNAMEN „STAHLI" FESTGELEGT.

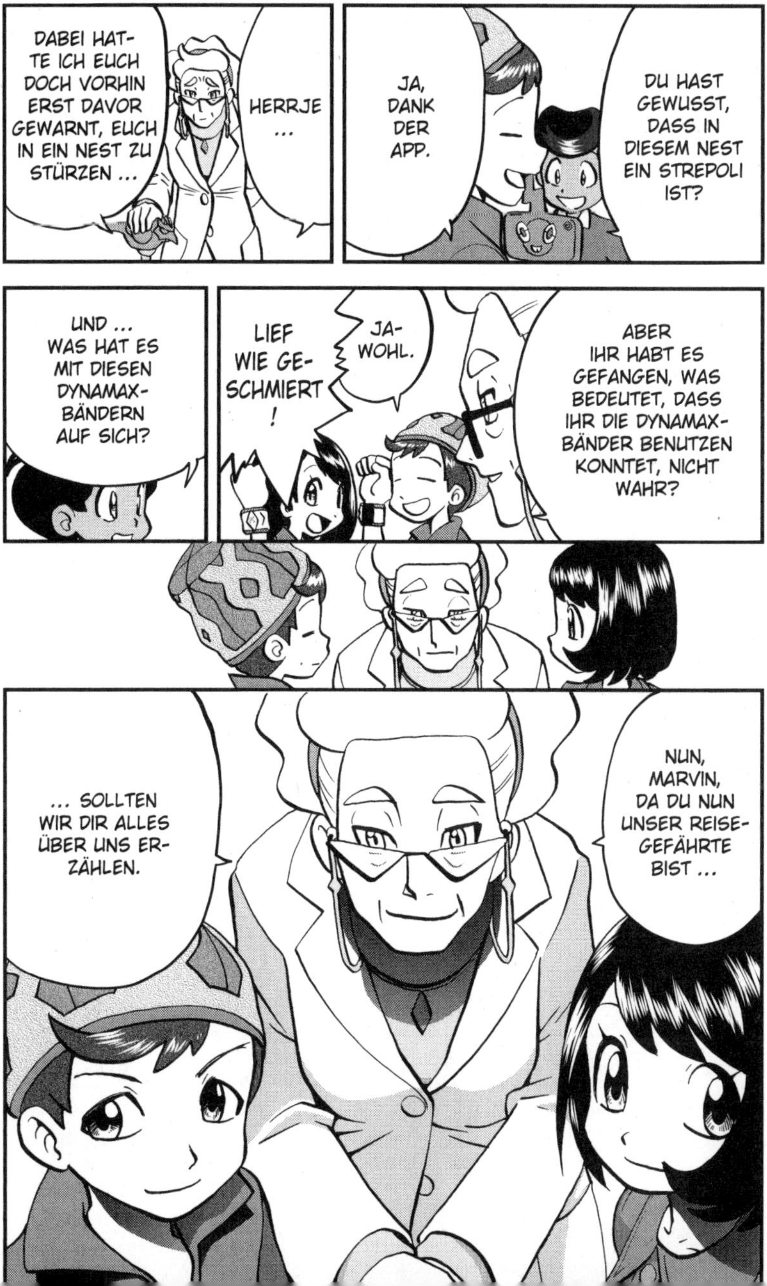
DU HAST GEWUSST, DASS IN DIESEM NEST EIN STREPOLI IST?
JA, DANK DER APP.
HERRJE …
DABEI HATTE ICH EUCH DOCH VORHIN ERST DAVOR GEWARNT, EUCH IN EIN NEST ZU STÜRZEN …
ABER IHR HABT ES GEFANGEN, WAS BEDEUTET, DASS IHR DIE DYNAMAX-BÄNDER BENUTZEN KONNTET, NICHT WAHR?
JA-WOHL.
LIEF WIE GESCHMIERT!
UND … WAS HAT ES MIT DIESEN DYNAMAXBÄNDERN AUF SICH?
NUN, MARVIN, DA DU NUN UNSER REISEGEFÄHRTE BIST …
… SOLLTEN WIR DIR ALLES ÜBER UNS ERZÄHLEN.

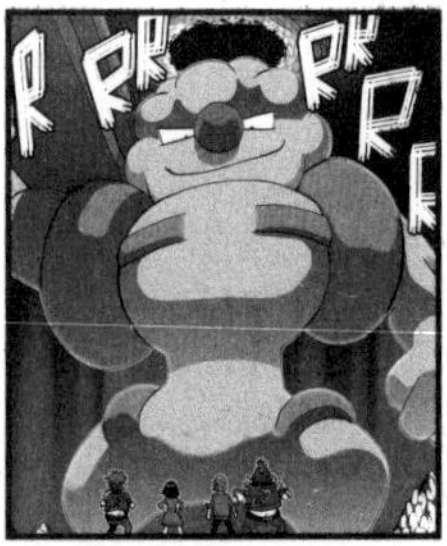

▲ MAN MUSS GROSSEN MUT AUFBRINGEN, UM EIN SOLCHES NEST ZU BETRETEN ... DENN DORT ERWARTET EINEN EIN KAMPF MIT EINEM RIESIGEN GEGNER.

NESTER

UNTER DEN ROTEN LICHTSÄULEN BEFINDET SICH JEWEILS EIN SOGENANNTES NEST. DARIN WARTET EIN DURCH DAS DYNAMAX-PHÄNOMEN ERSTARKTES POKÉMON AUF SEINE BESUCHER!!

DYNAMAX-GEHEIMNIS 4

EPISODE 5 LEGENDÄRE WERKZEUGE

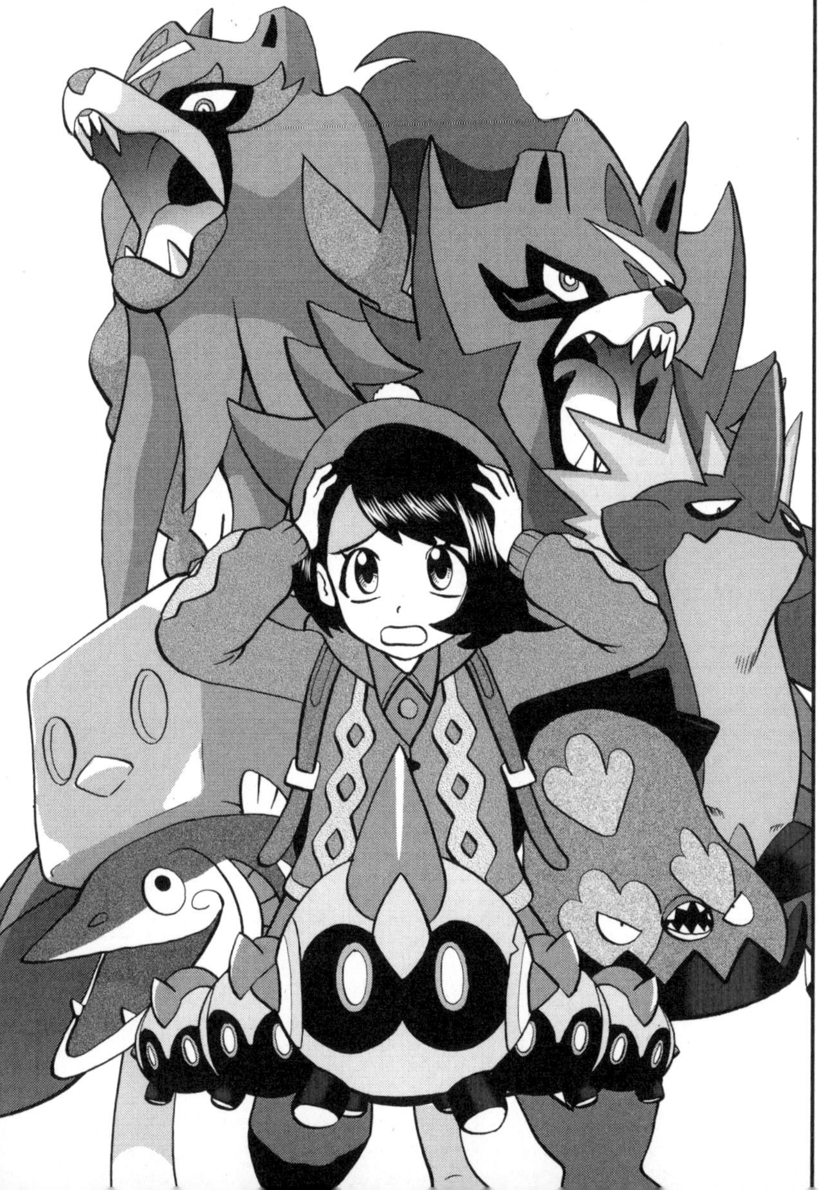

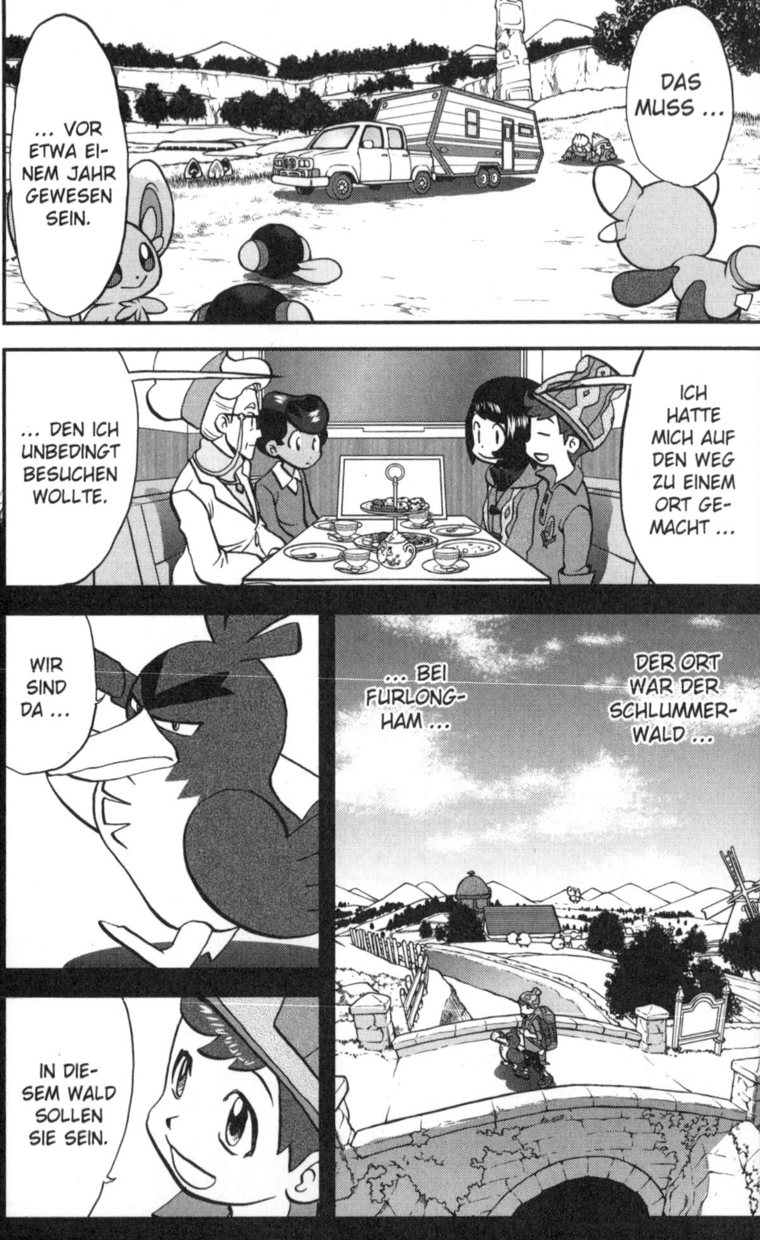

DAS MUSS …
… VOR ETWA EINEM JAHR GEWESEN SEIN.
ICH HATTE MICH AUF DEN WEG ZU EINEM ORT GEMACHT …
… DEN ICH UNBEDINGT BESUCHEN WOLLTE.
DER ORT WAR DER SCHLUMMERWALD …
… BEI FURLONGHAM …
WIR SIND DA …
IN DIESEM WALD SOLLEN SIE SEIN.

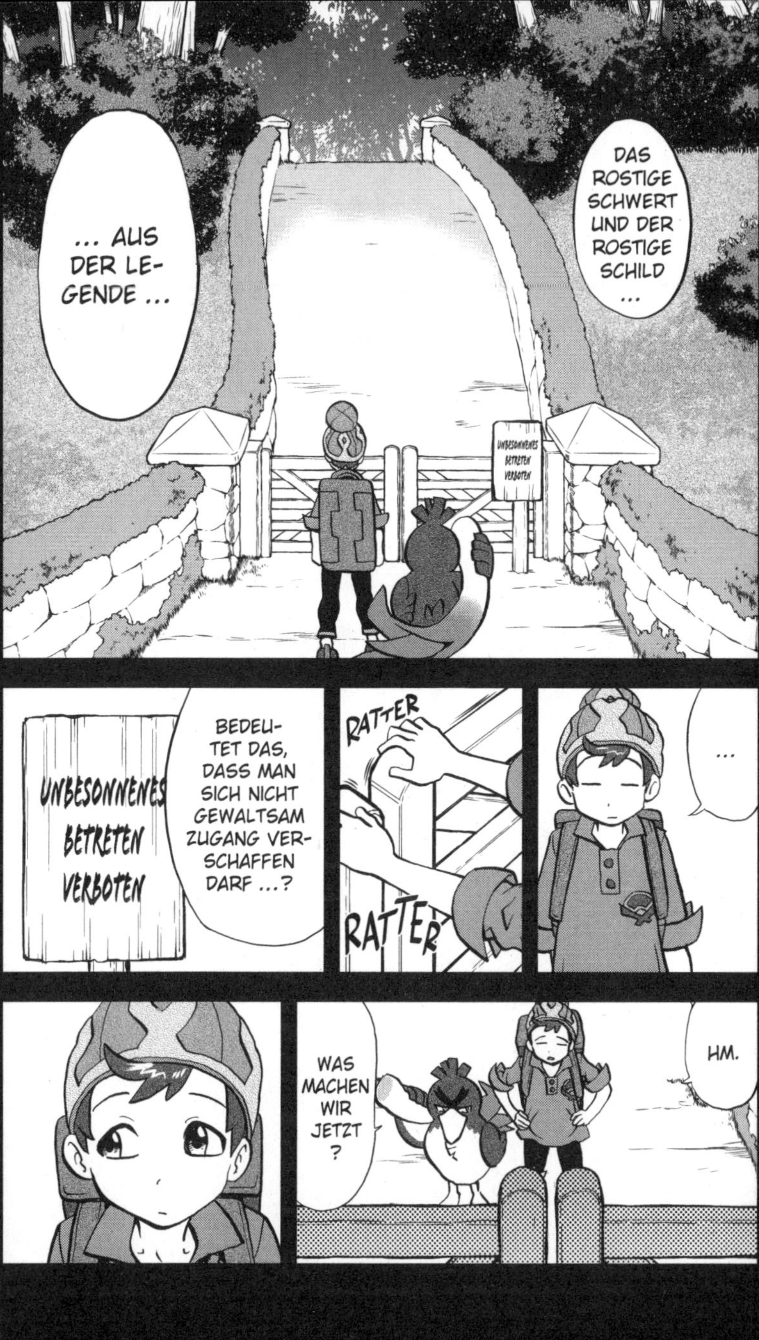

DAS ROSTIGE SCHWERT UND DER ROSTIGE SCHILD …
… AUS DER LE-GENDE …
UNBESONNENES BETRETEN VERBOTEN
UNBESONNENES BETRETEN VERBOTEN
BEDEU-TET DAS, DASS MAN SICH NICHT GEWALTSAM ZUGANG VER-SCHAFFEN DARF …?
RATTER
RATTER
…
HM.
WAS MACHEN WIR JETZT ?

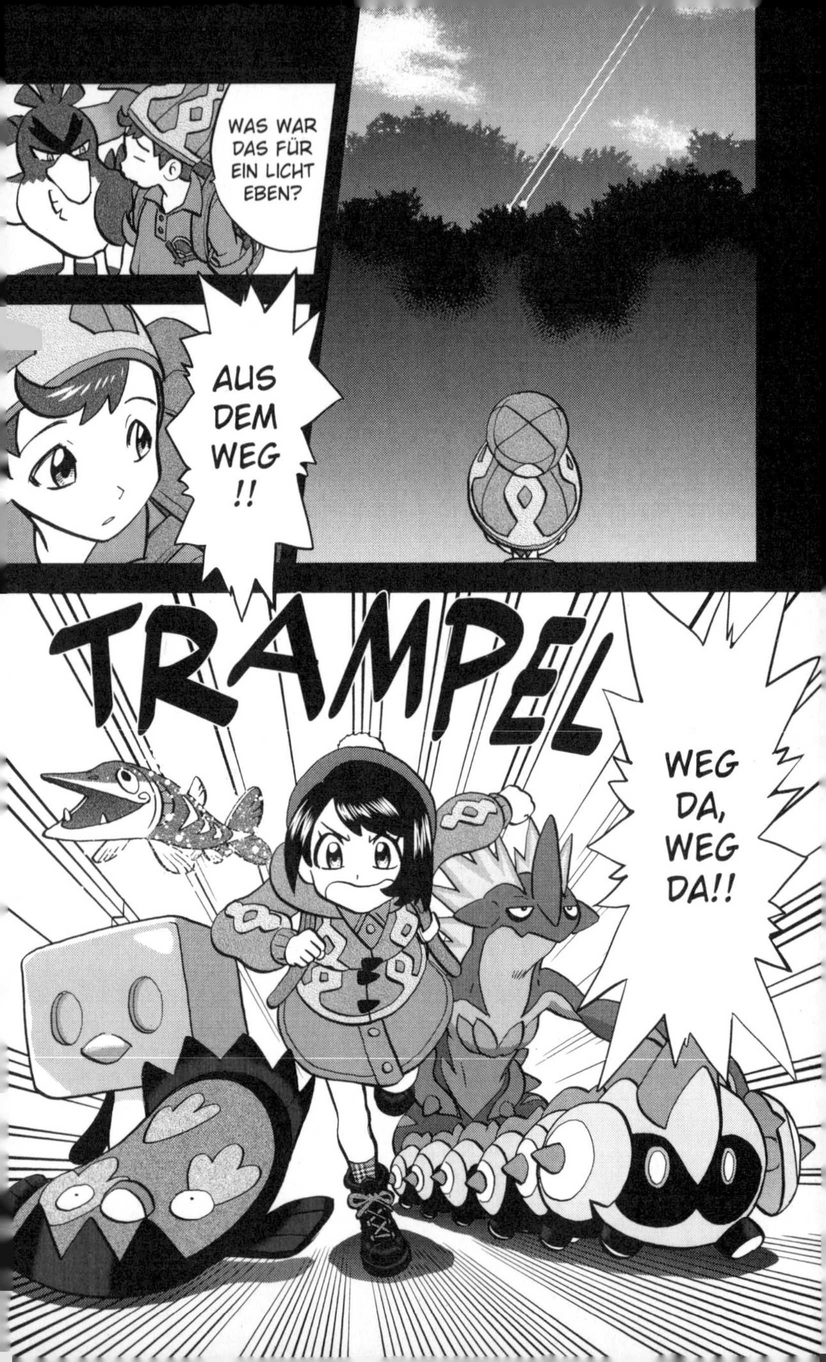
WAS WAR DAS FÜR EIN LICHT EBEN?
AUS DEM WEG !!
TRAMPEL
WEG DA, WEG DA!!

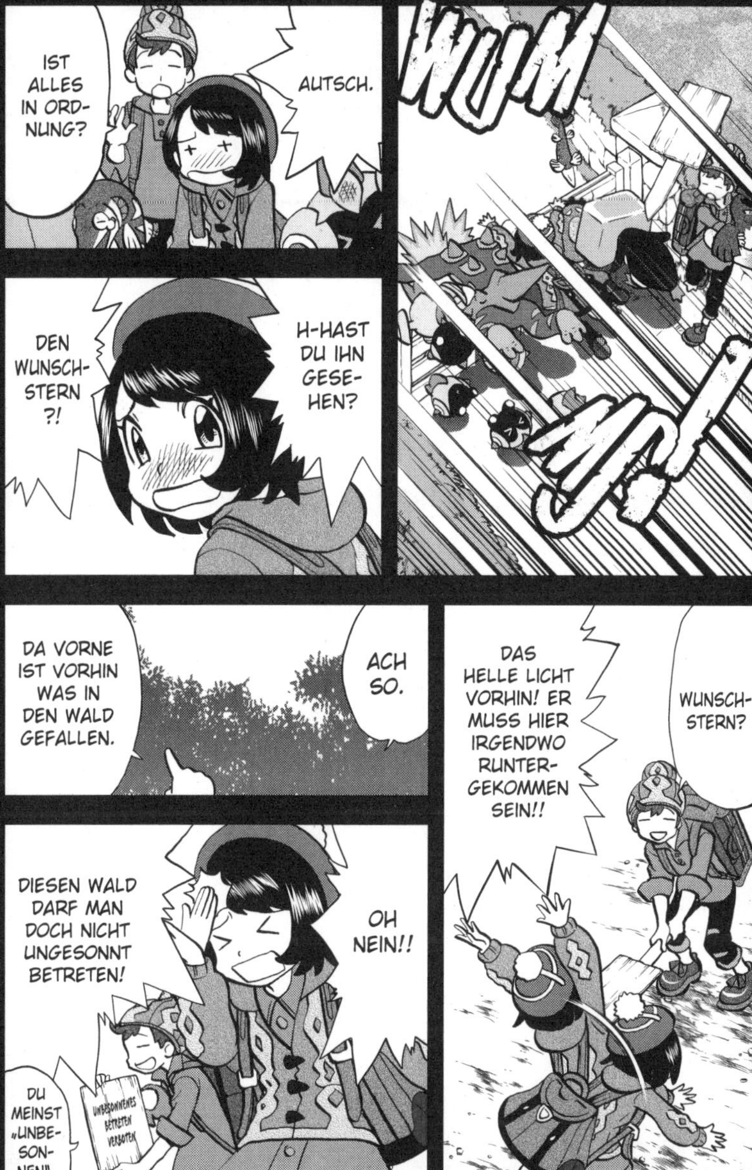
WUM
AUTSCH.
IST ALLES IN ORD-NUNG?
H-HAST DU IHN GESE-HEN?
DEN WUNSCH-STERN ?!
WUNSCH-STERN?
DAS HELLE LICHT VORHIN! ER MUSS HIER IRGENDWO RUNTER-GEKOMMEN SEIN!!
ACH SO.
DA VORNE IST VORHIN WAS IN DEN WALD GEFALLEN.
OH NEIN!!
DIESEN WALD DARF MAN DOCH NICHT UNGESONNT BETRETEN!
UNBESONNENES BETRETEN VERBOTEN
DU MEINST „UNBE-SON-NEN".

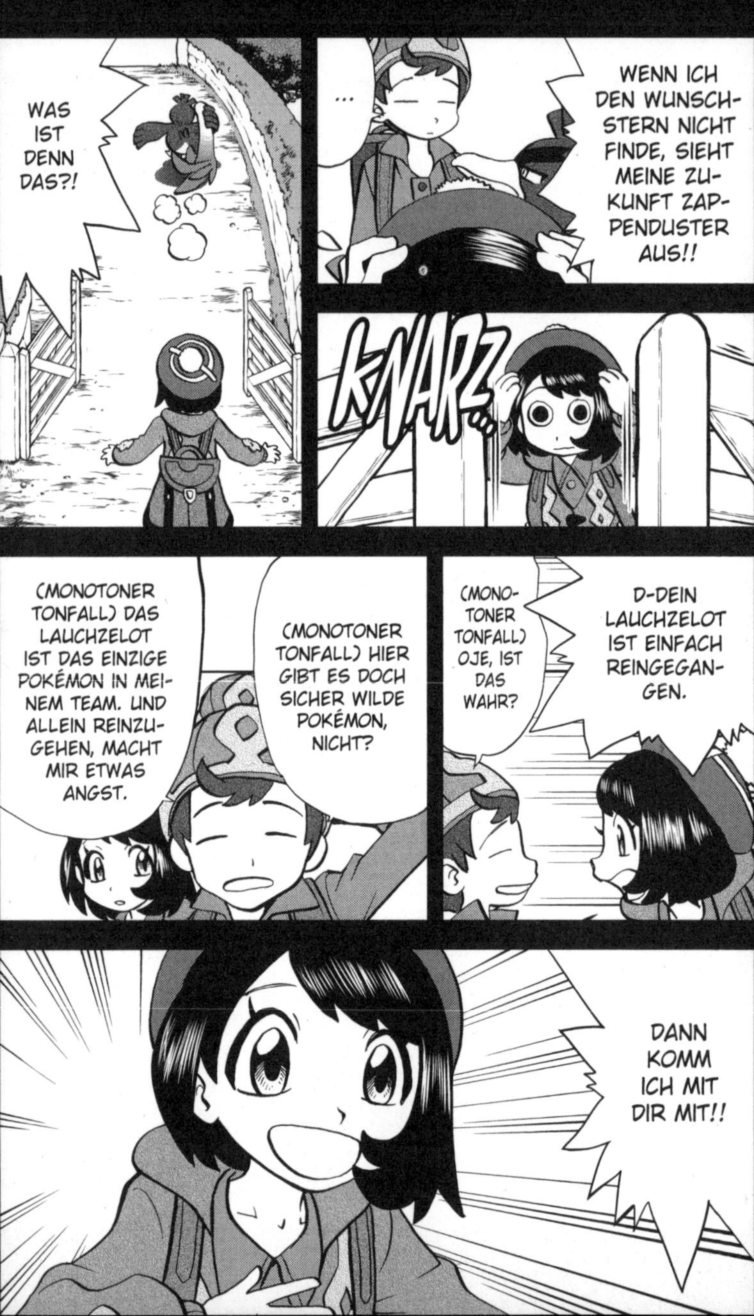

WENN ICH DEN WUNSCHSTERN NICHT FINDE, SIEHT MEINE ZUKUNFT ZAPPENDUSTER AUS!!
...
WAS IST DENN DAS?!
KNARZ
D-DEIN LAUCHZELOT IST EINFACH REINGEGANGEN.
(MONOTONER TONFALL) OJE, IST DAS WAHR?
(MONOTONER TONFALL) HIER GIBT ES DOCH SICHER WILDE POKÉMON, NICHT?
(MONOTONER TONFALL) DAS LAUCHZELOT IST DAS EINZIGE POKÉMON IN MEINEM TEAM. UND ALLEIN REINZUGEHEN, MACHT MIR ETWAS ANGST.
DANN KOMM ICH MIT DIR MIT!!

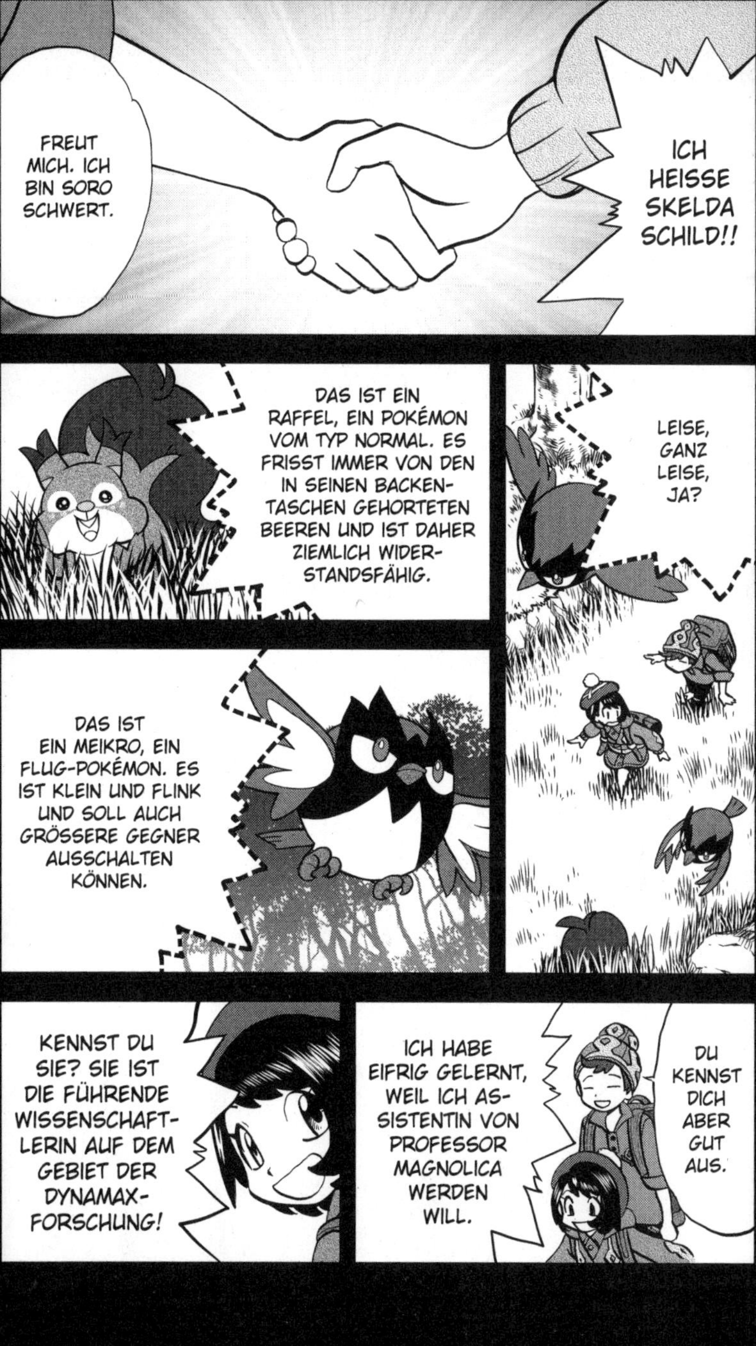
ICH HEISSE SKELDA SCHILD!!
FREUT MICH. ICH BIN SORO SCHWERT.
LEISE, GANZ LEISE, JA?
DAS IST EIN RAFFEL, EIN POKÉMON VOM TYP NORMAL. ES FRISST IMMER VON DEN IN SEINEN BACKEN-TASCHEN GEHORTETEN BEEREN UND IST DAHER ZIEMLICH WIDER-STANDSFÄHIG.
DAS IST EIN MEIKRO, EIN FLUG-POKÉMON. ES IST KLEIN UND FLINK UND SOLL AUCH GRÖSSERE GEGNER AUSSCHALTEN KÖNNEN.
DU KENNST DICH ABER GUT AUS.
ICH HABE EIFRIG GELERNT, WEIL ICH AS-SISTENTIN VON PROFESSOR MAGNOLICA WERDEN WILL.
KENNST DU SIE? SIE IST DIE FÜHRENDE WISSENSCHAFT-LERIN AUF DEM GEBIET DER DYNAMAX-FORSCHUNG!

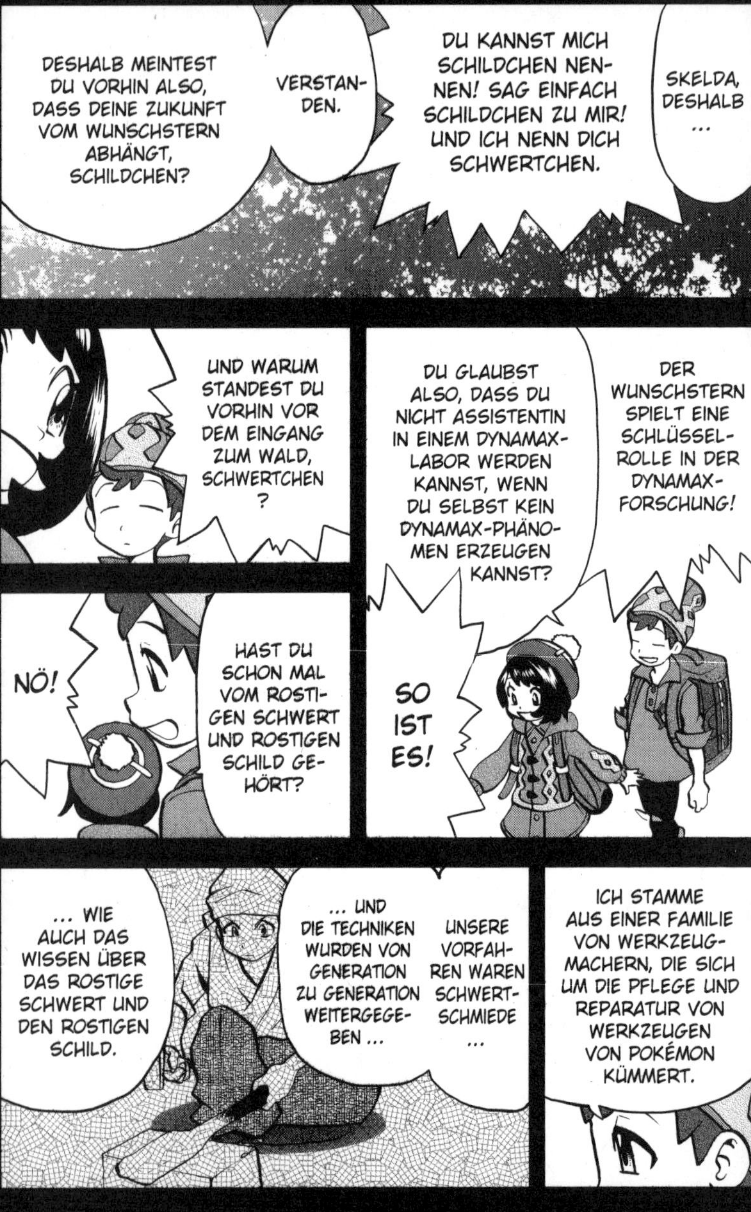
SKELDA, DESHALB …
DU KANNST MICH SCHILDCHEN NENNEN! SAG EINFACH SCHILDCHEN ZU MIR! UND ICH NENN DICH SCHWERTCHEN.
VERSTANDEN.
DESHALB MEINTEST DU VORHIN ALSO, DASS DEINE ZUKUNFT VOM WUNSCHSTERN ABHÄNGT, SCHILDCHEN?
DER WUNSCHSTERN SPIELT EINE SCHLÜSSELROLLE IN DER DYNAMAXFORSCHUNG!
DU GLAUBST ALSO, DASS DU NICHT ASSISTENTIN IN EINEM DYNAMAXLABOR WERDEN KANNST, WENN DU SELBST KEIN DYNAMAX-PHÄNOMEN ERZEUGEN KANNST?
SO IST ES!
UND WARUM STANDEST DU VORHIN VOR DEM EINGANG ZUM WALD, SCHWERTCHEN ?
HAST DU SCHON MAL VOM ROSTIGEN SCHWERT UND ROSTIGEN SCHILD GEHÖRT?
NÖ!
ICH STAMME AUS EINER FAMILIE VON WERKZEUGMACHERN, DIE SICH UM DIE PFLEGE UND REPARATUR VON WERKZEUGEN VON POKÉMON KÜMMERT.
UNSERE VORFAHREN WAREN SCHWERTSCHMIEDE …
… UND DIE TECHNIKEN WURDEN VON GENERATION ZU GENERATION WEITERGEGEBEN …
… WIE AUCH DAS WISSEN ÜBER DAS ROSTIGE SCHWERT UND DEN ROSTIGEN SCHILD.

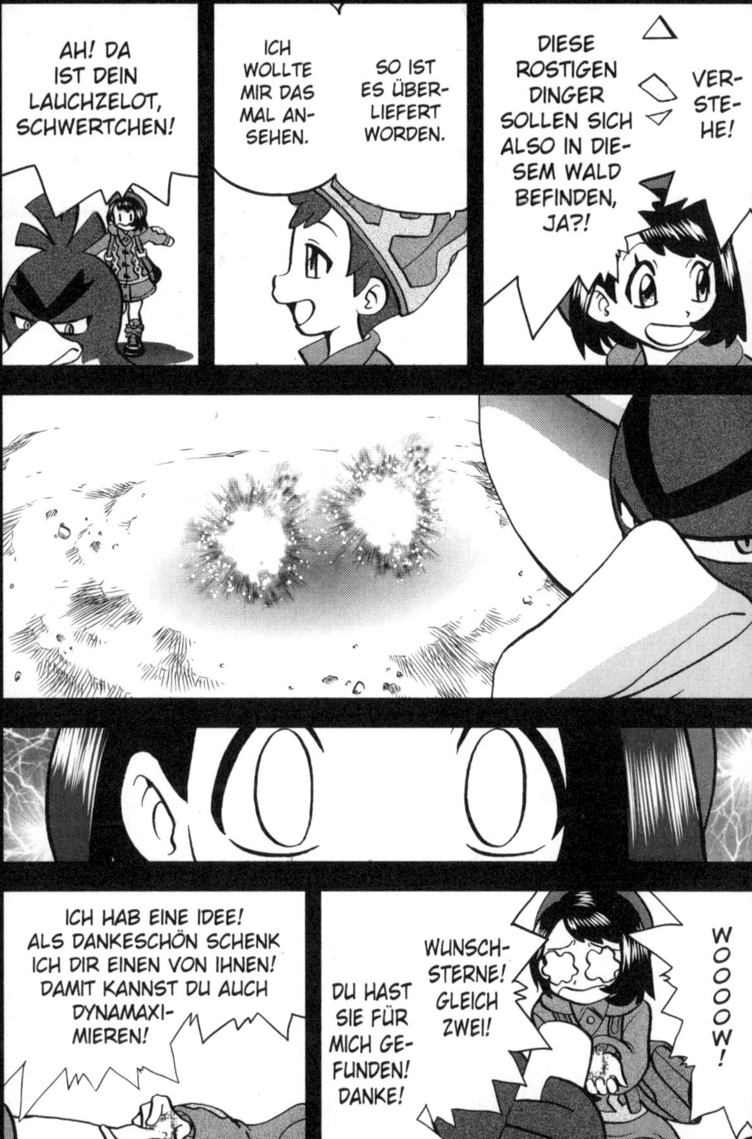
VER-
STE-
HE!
DIESE ROSTIGEN DINGER SOLLEN SICH ALSO IN DIESEM WALD BEFINDEN, JA?!
SO IST ES ÜBERLIEFERT WORDEN.
ICH WOLLTE MIR DAS MAL ANSEHEN.
AH! DA IST DEIN LAUCHZELOT, SCHWERTCHEN!
WOOOOOW!
WUNSCHSTERNE! GLEICH ZWEI!
DU HAST SIE FÜR MICH GEFUNDEN! DANKE!
ICH HAB EINE IDEE! ALS DANKESCHÖN SCHENK ICH DIR EINEN VON IHNEN! DAMIT KANNST DU AUCH DYNAMAXIMIEREN!

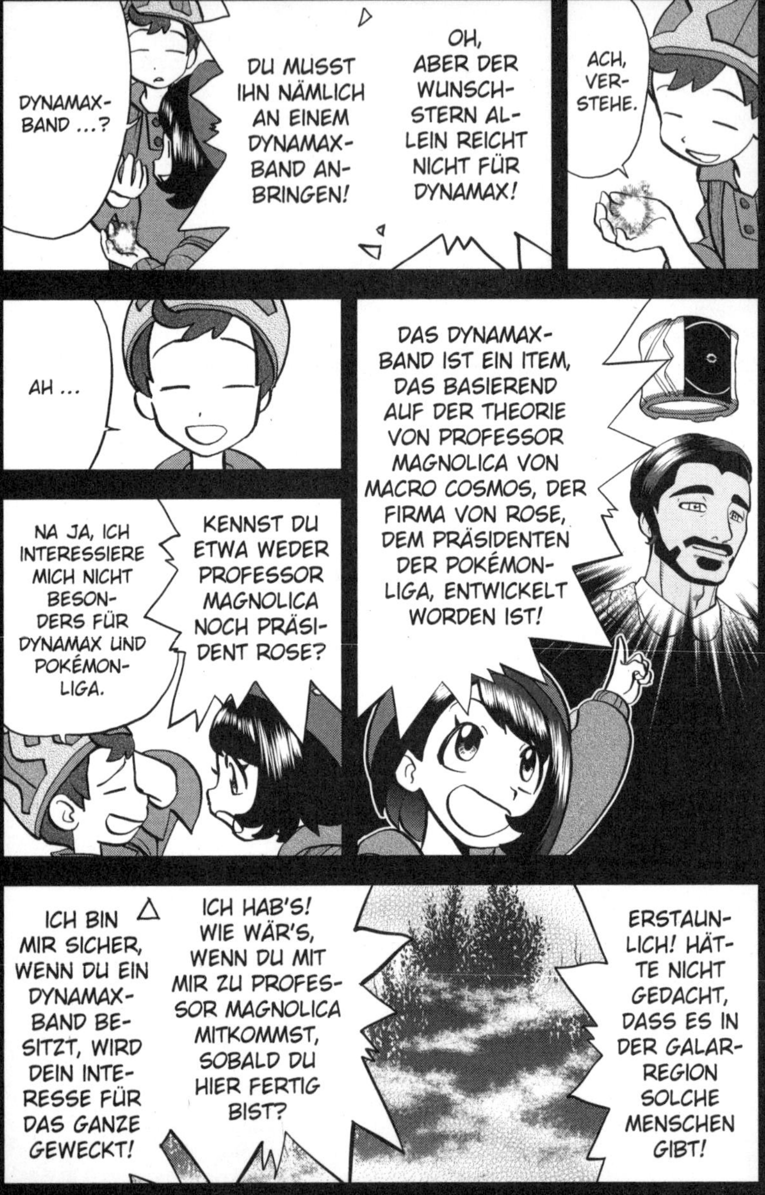

ACH, VERSTEHE.
OH, ABER DER WUNSCHSTERN ALLEIN REICHT NICHT FÜR DYNAMAX!
DU MUSST IHN NÄMLICH AN EINEM DYNAMAX-BAND ANBRINGEN!
DYNAMAX-BAND …?
DAS DYNAMAX-BAND IST EIN ITEM, DAS BASIEREND AUF DER THEORIE VON PROFESSOR MAGNOLICA VON MACRO COSMOS, DER FIRMA VON ROSE, DEM PRÄSIDENTEN DER POKÉMON-LIGA, ENTWICKELT WORDEN IST!
AH …
KENNST DU ETWA WEDER PROFESSOR MAGNOLICA NOCH PRÄSIDENT ROSE?
NA JA, ICH INTERESSIERE MICH NICHT BESONDERS FÜR DYNAMAX UND POKÉMON-LIGA.
ERSTAUNLICH! HÄTTE NICHT GEDACHT, DASS ES IN DER GALAR-REGION SOLCHE MENSCHEN GIBT!
ICH HAB'S! WIE WÄR'S, WENN DU MIT MIR ZU PROFESSOR MAGNOLICA MITKOMMST, SOBALD DU HIER FERTIG BIST?
ICH BIN MIR SICHER, WENN DU EIN DYNAMAX-BAND BESITZT, WIRD DEIN INTERESSE FÜR DAS GANZE GEWECKT!

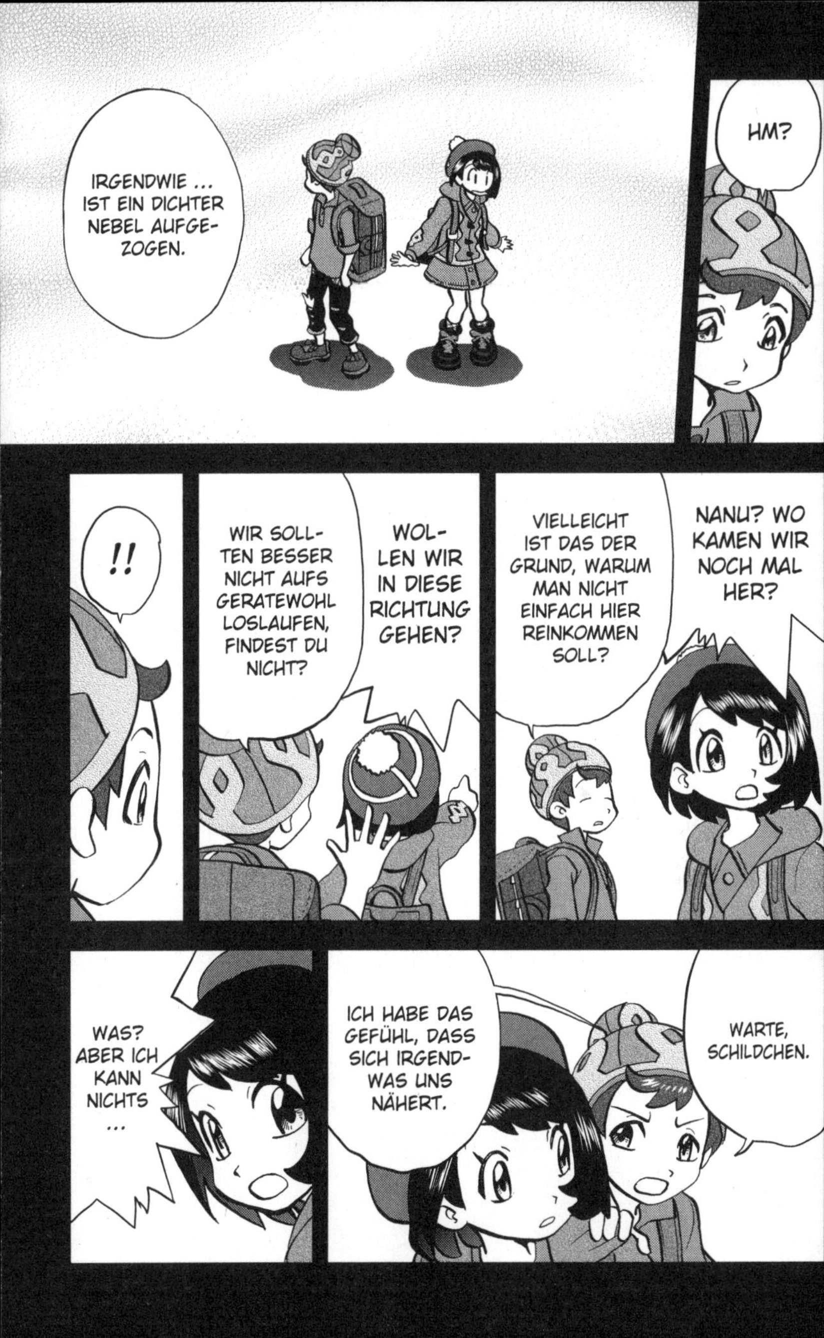
HM?
IRGENDWIE … IST EIN DICHTER NEBEL AUFGE-ZOGEN.
NANU? WO KAMEN WIR NOCH MAL HER?
VIELLEICHT IST DAS DER GRUND, WARUM MAN NICHT EINFACH HIER REINKOMMEN SOLL?
WOL-LEN WIR IN DIESE RICHTUNG GEHEN?
WIR SOLL-TEN BESSER NICHT AUFS GERATEWOHL LOSLAUFEN, FINDEST DU NICHT?
!!
WARTE, SCHILDCHEN.
ICH HABE DAS GEFÜHL, DASS SICH IRGEND-WAS UNS NÄHERT.
WAS? ABER ICH KANN NICHTS …

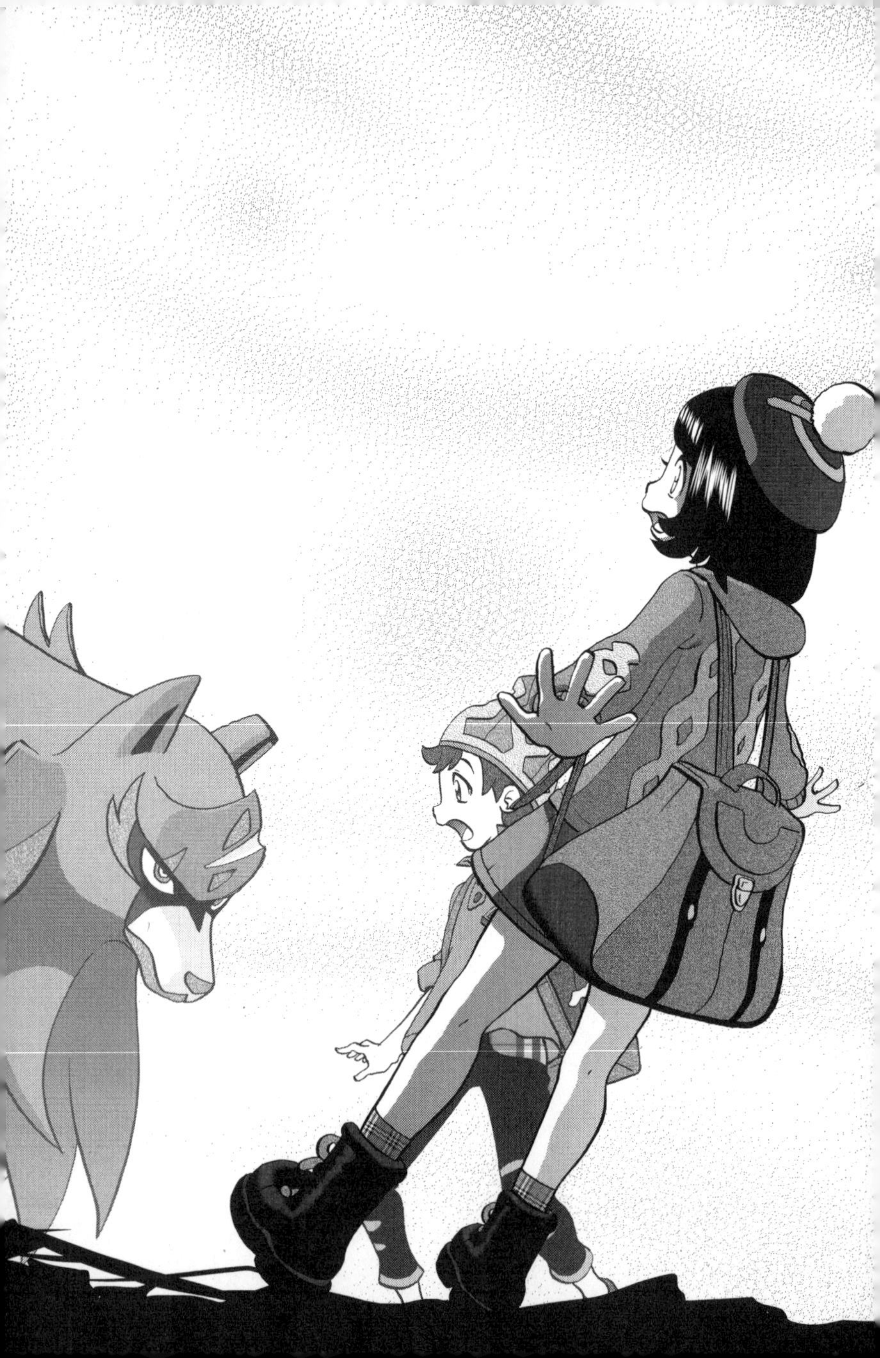

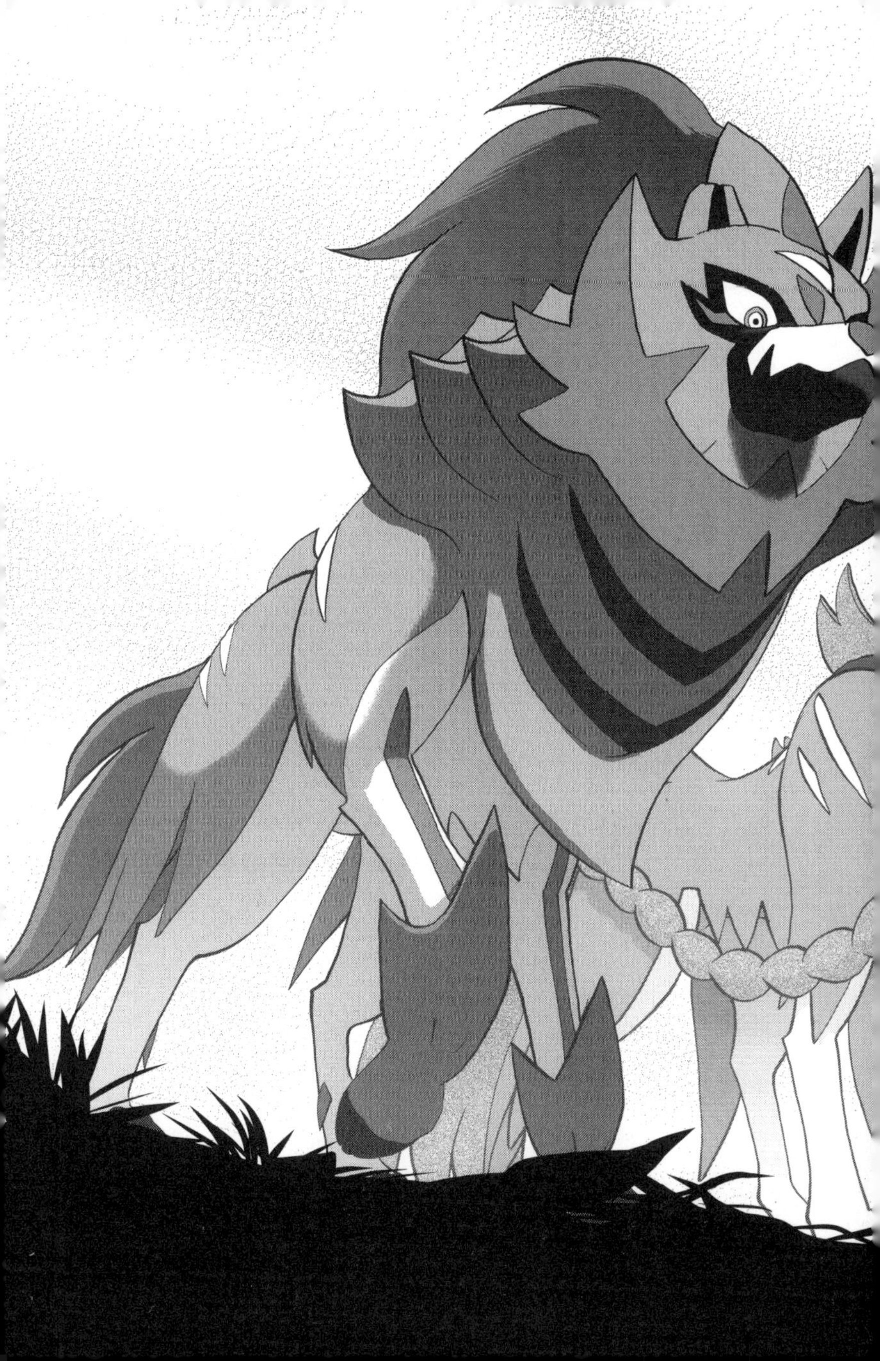

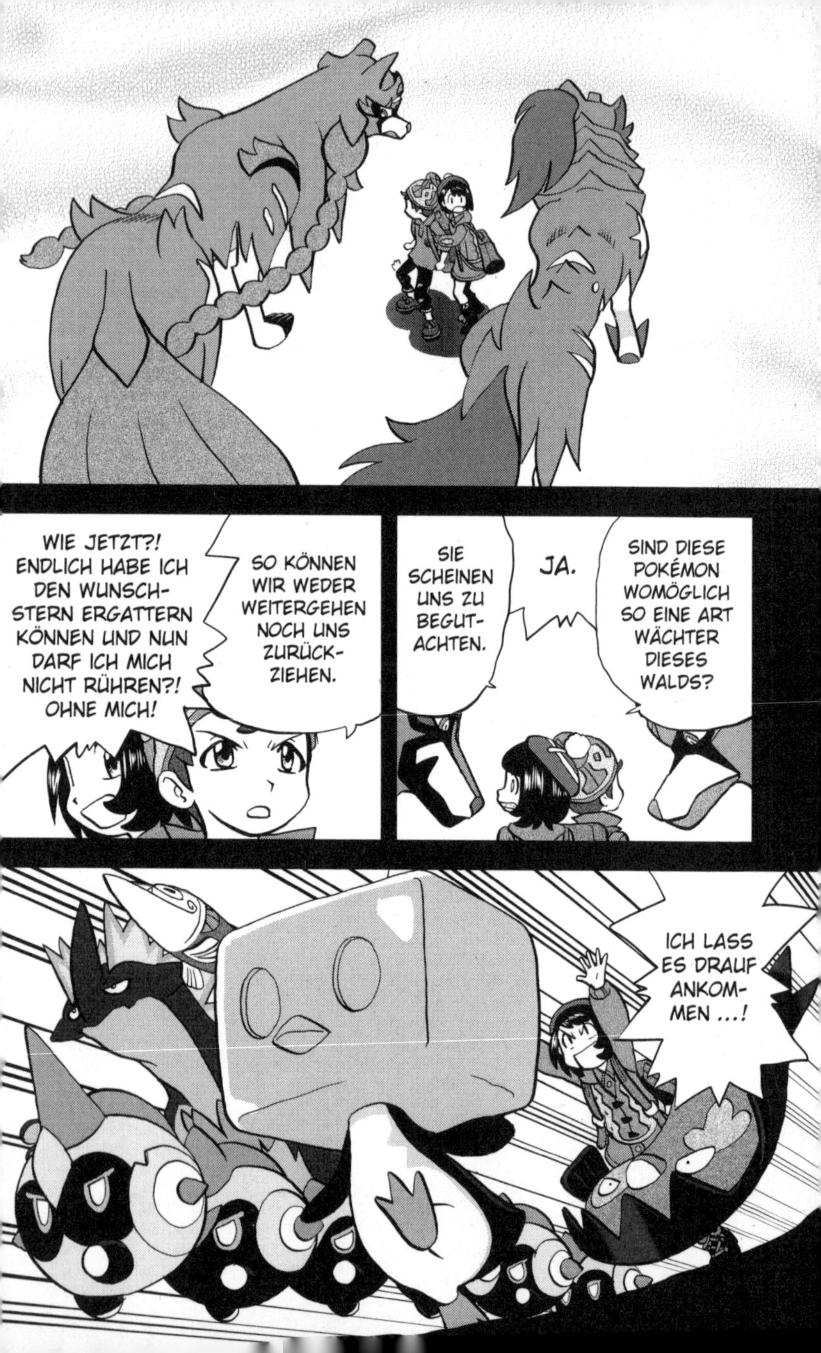
SIND DIESE POKÉMON WOMÖGLICH SO EINE ART WÄCHTER DIESES WALDS?
JA.
SIE SCHEINEN UNS ZU BEGUT-ACHTEN.
SO KÖNNEN WIR WEDER WEITERGEHEN NOCH UNS ZURÜCK-ZIEHEN.
WIE JETZT?! ENDLICH HABE ICH DEN WUNSCH-STERN ERGATTERN KÖNNEN UND NUN DARF ICH MICH NICHT RÜHREN?! OHNE MICH!
ICH LASS ES DRAUF ANKOM-MEN ...!

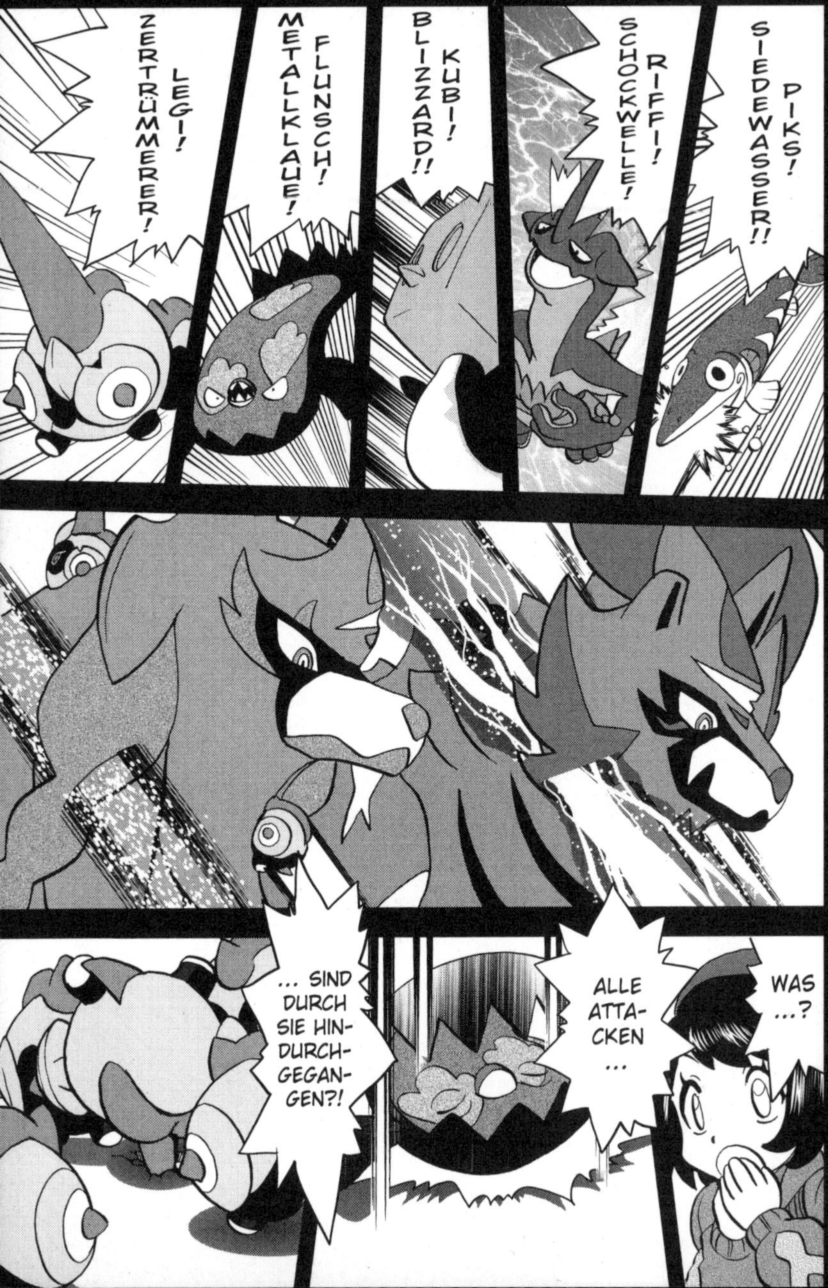
PIKS! SIEDEWASSER!!
RIFFI! SCHOCKWELLE!
KUBI! BLIZZARD!!
FLUNSCH! METALLKLAUE!
LEGI! ZERTRÜMMERER!
WAS …?
ALLE ATTA-CKEN …
… SIND DURCH SIE HIN-DURCH-GEGAN-GEN?!

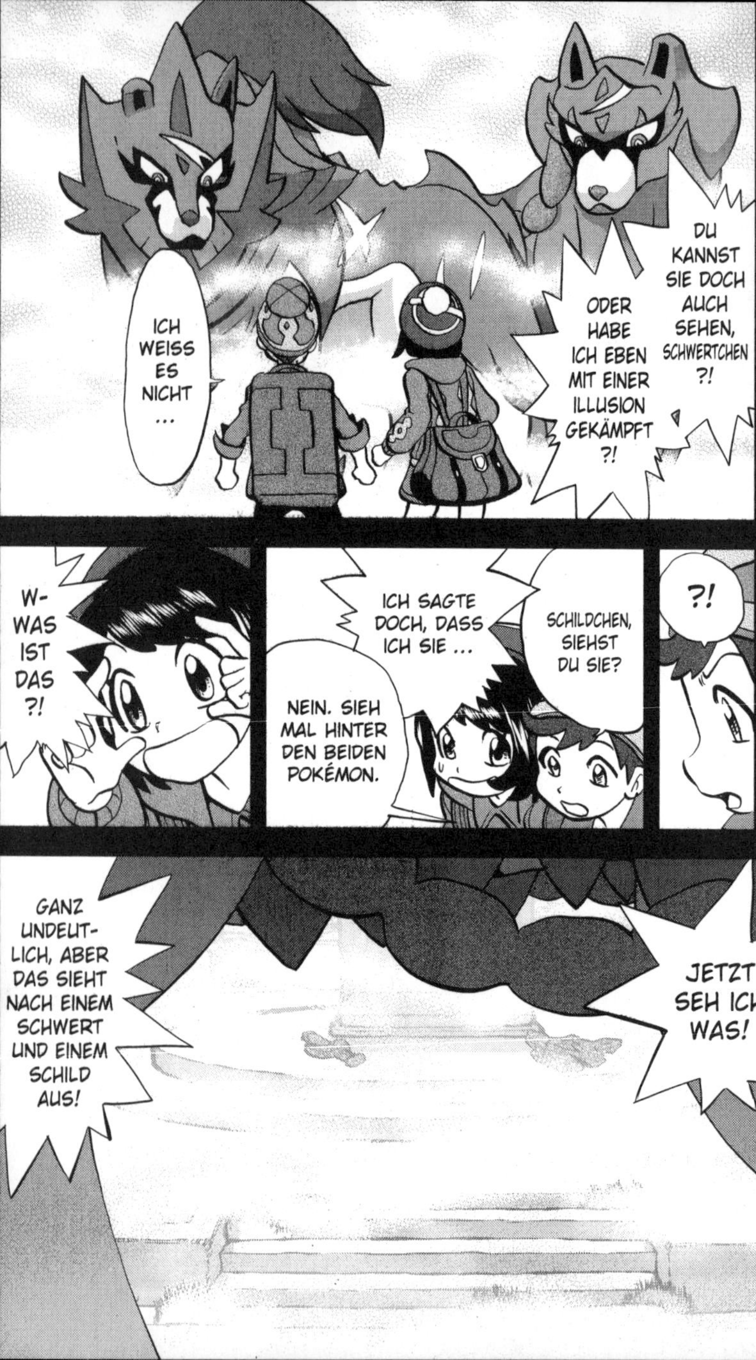
DU KANNST SIE DOCH AUCH SEHEN, SCHWERTCHEN ?!
ODER HABE ICH EBEN MIT EINER ILLUSION GEKÄMPFT ?!
ICH WEISS ES NICHT …
?!
SCHILDCHEN, SIEHST DU SIE?
ICH SAGTE DOCH, DASS ICH SIE …
NEIN. SIEH MAL HINTER DEN BEIDEN POKÉMON.
W-WAS IST DAS ?!
JETZT SEH ICH WAS!
GANZ UNDEUT-LICH, ABER DAS SIEHT NACH EINEM SCHWERT UND EINEM SCHILD AUS!

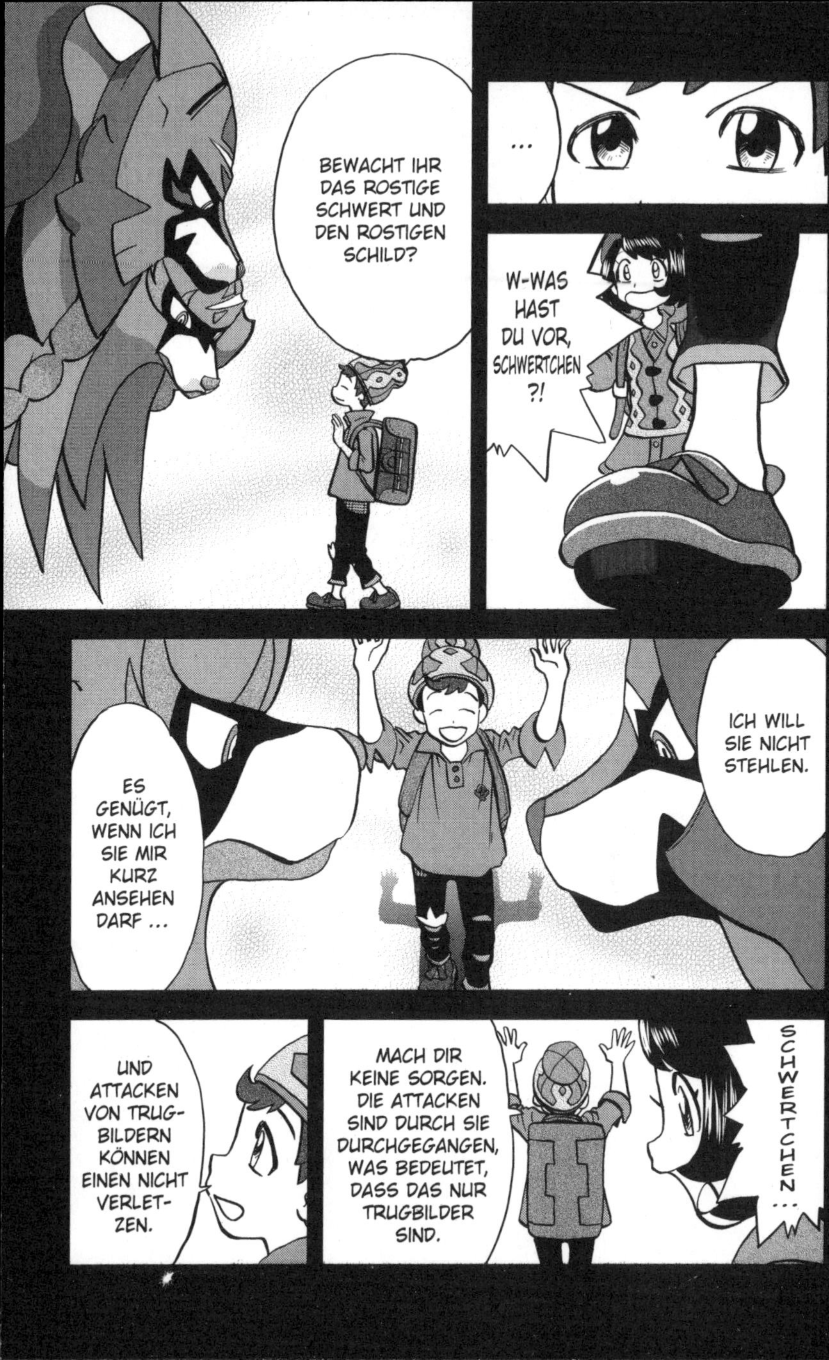
BEWACHT IHR DAS ROSTIGE SCHWERT UND DEN ROSTIGEN SCHILD?
...
W-WAS HAST DU VOR, SCHWERTCHEN ?!
ICH WILL SIE NICHT STEHLEN.
ES GENÜGT, WENN ICH SIE MIR KURZ ANSEHEN DARF ...
UND ATTACKEN VON TRUG-BILDERN KÖNNEN EINEN NICHT VERLET-ZEN.
MACH DIR KEINE SORGEN. DIE ATTACKEN SIND DURCH SIE DURCHGEGANGEN, WAS BEDEUTET, DASS DAS NUR TRUGBILDER SIND.
SCHWERTCHEN ...

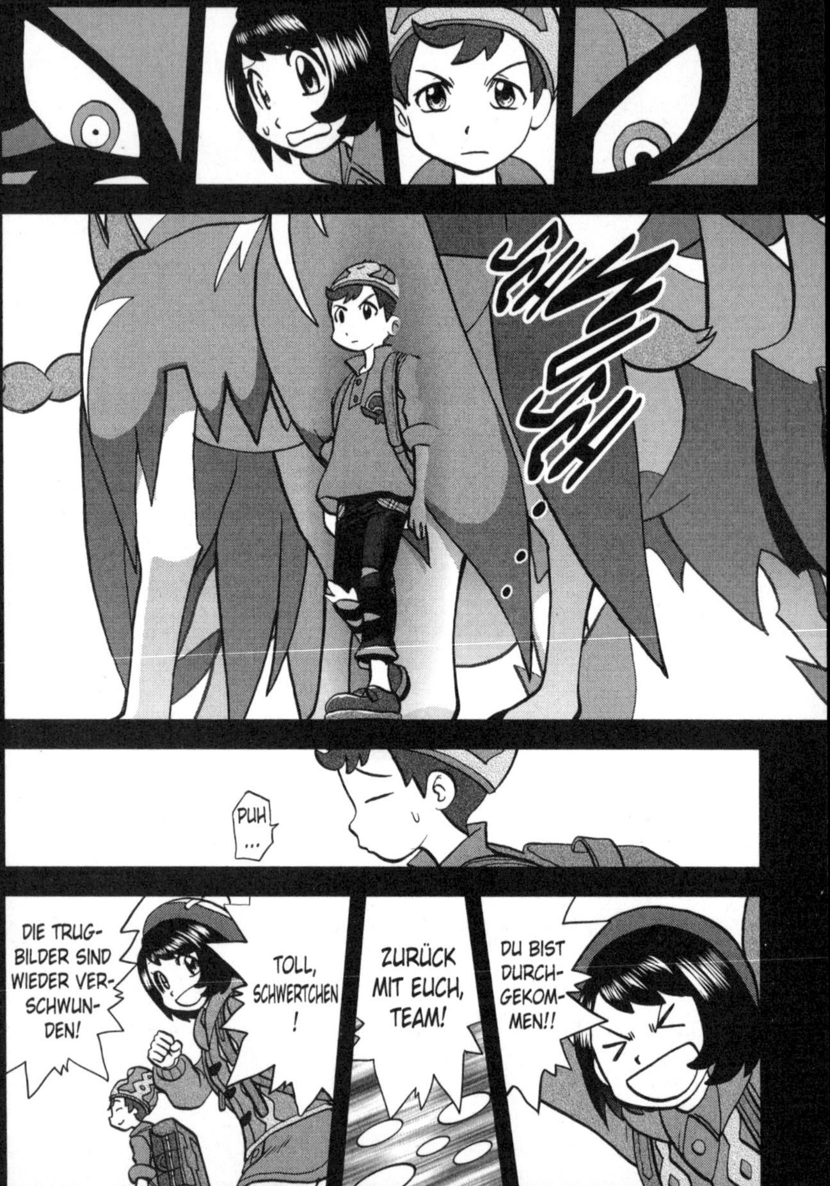
SCHWUSCH!
PUH …
DU BIST DURCHGEKOMMEN!!
ZURÜCK MIT EUCH, TEAM!
TOLL, SCHWERTCHEN!
DIE TRUGBILDER SIND WIEDER VERSCHWUNDEN!

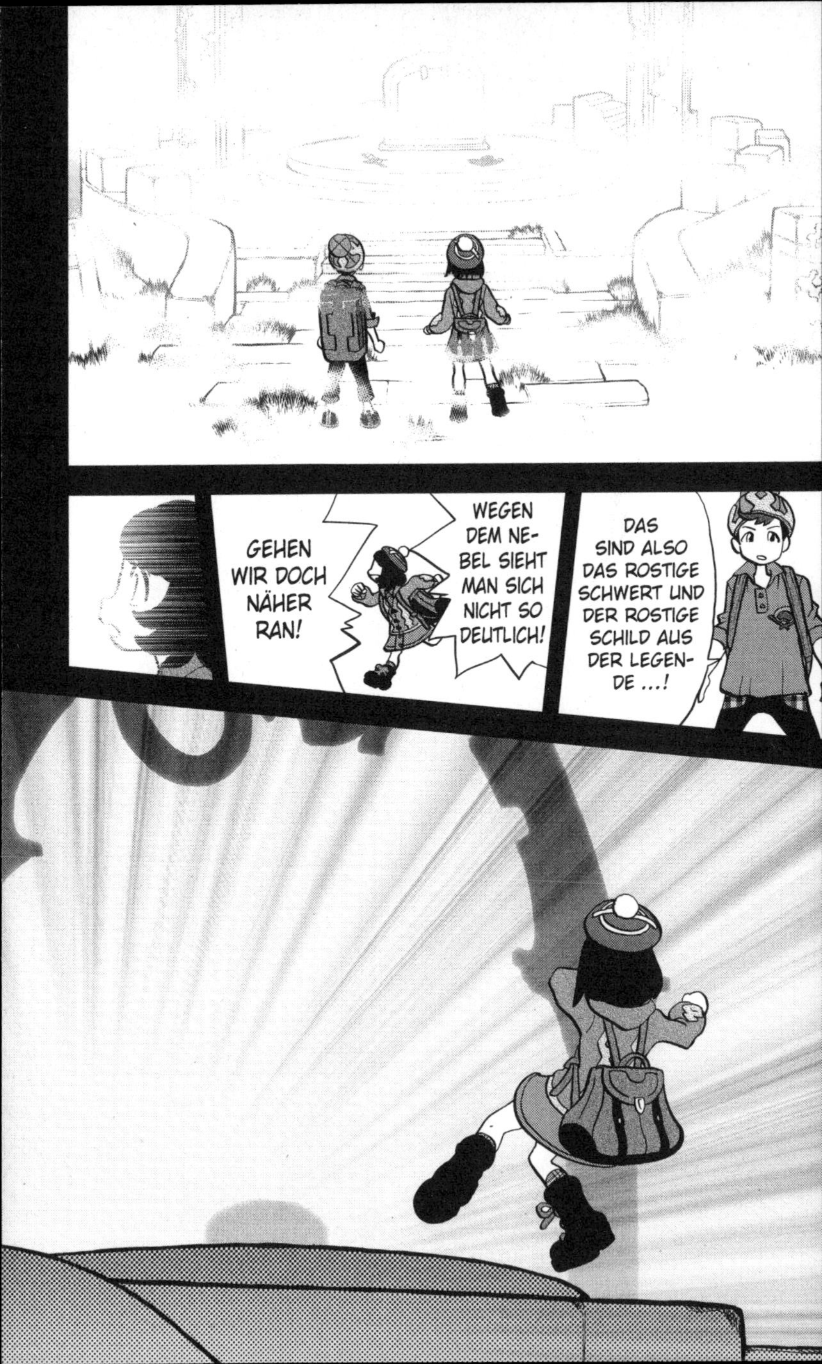

DAS SIND ALSO DAS ROSTIGE SCHWERT UND DER ROSTIGE SCHILD AUS DER LEGENDE ...!
WEGEN DEM NEBEL SIEHT MAN SICH NICHT SO DEUTLICH!
GEHEN WIR DOCH NÄHER RAN!

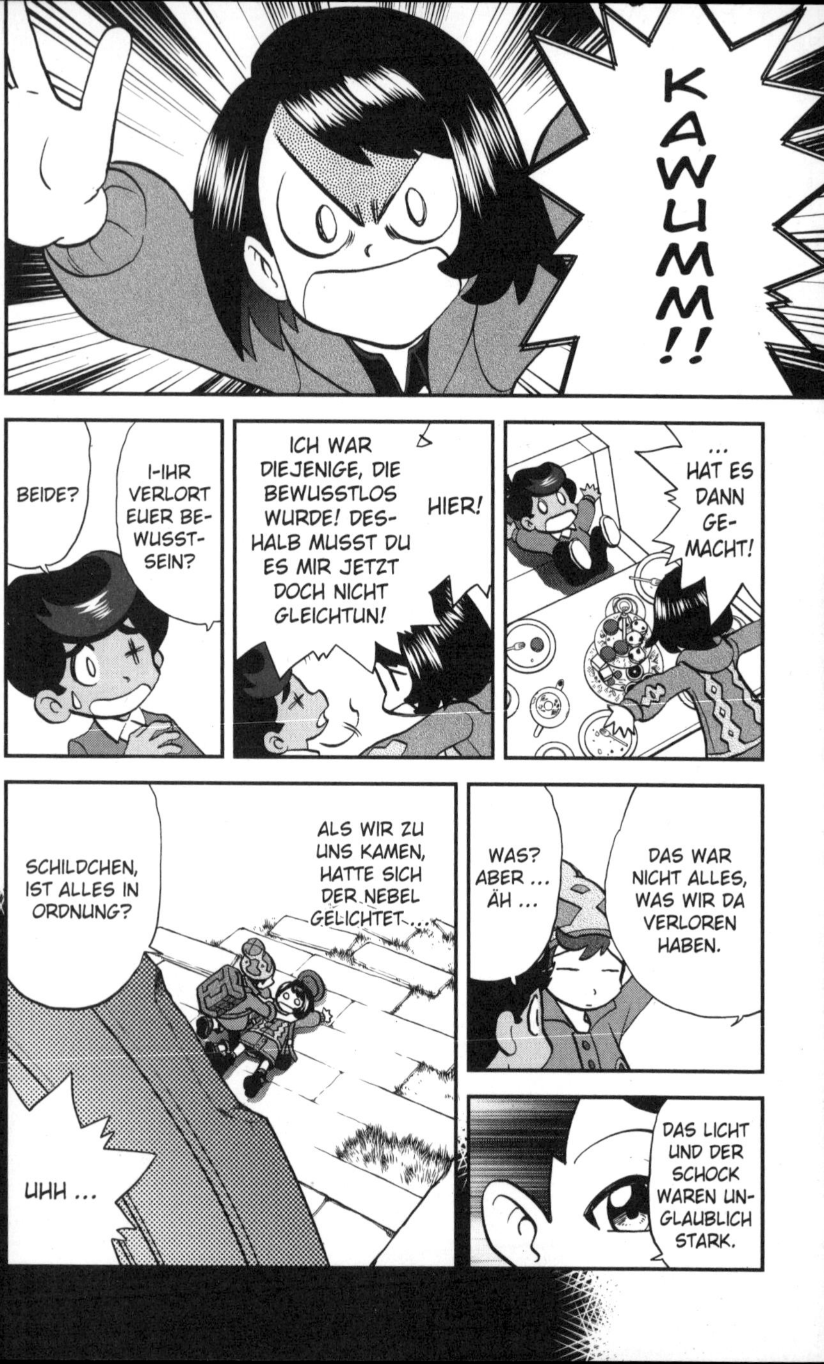
KAWUMM!!
... HAT ES DANN GEMACHT!
HIER!
ICH WAR DIEJENIGE, DIE BEWUSSTLOS WURDE! DESHALB MUSST DU ES MIR JETZT DOCH NICHT GLEICHTUN!
I-IHR VERLORT EUER BEWUSSTSEIN?
BEIDE?
DAS WAR NICHT ALLES, WAS WIR DA VERLOREN HABEN.
WAS? ABER ... ÄH ...
DAS LICHT UND DER SCHOCK WAREN UNGLAUBLICH STARK.
ALS WIR ZU UNS KAMEN, HATTE SICH DER NEBEL GELICHTET ...
SCHILDCHEN, IST ALLES IN ORDNUNG?
UHH ...

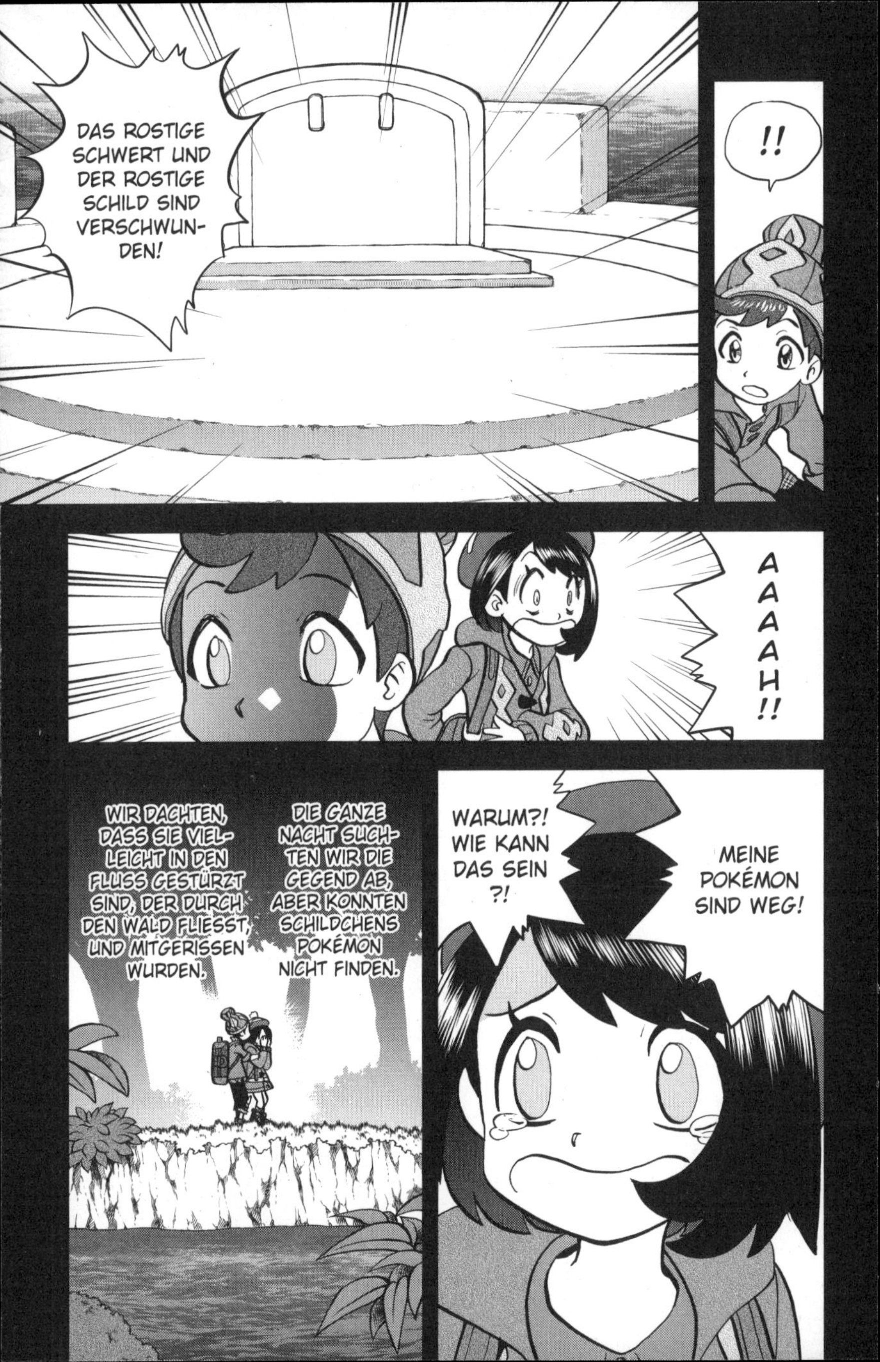
!!
DAS ROSTIGE SCHWERT UND DER ROSTIGE SCHILD SIND VERSCHWUNDEN!
AAAAAH!!
MEINE POKÉMON SIND WEG!
WARUM?! WIE KANN DAS SEIN?!
DIE GANZE NACHT SUCHTEN WIR DIE GEGEND AB, ABER KONNTEN SCHILDCHENS POKÉMON NICHT FINDEN.
WIR DACHTEN, DASS SIE VIELLEICHT IN DEN FLUSS GESTÜRZT SIND, DER DURCH DEN WALD FLIESST, UND MITGERISSEN WURDEN.

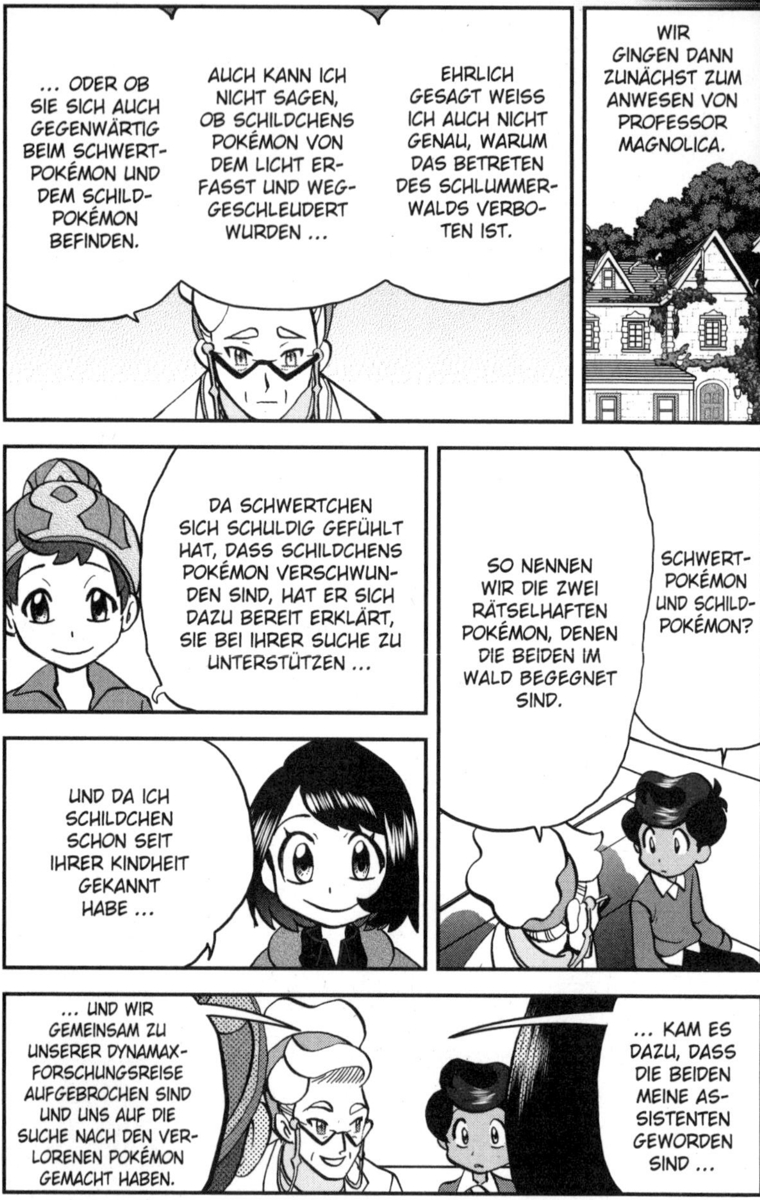
WIR GINGEN DANN ZUNÄCHST ZUM ANWESEN VON PROFESSOR MAGNOLICA.
EHRLICH GESAGT WEISS ICH AUCH NICHT GENAU, WARUM DAS BETRETEN DES SCHLUMMERWALDS VERBOTEN IST.
AUCH KANN ICH NICHT SAGEN, OB SCHILDCHENS POKÉMON VON DEM LICHT ERFASST UND WEGGESCHLEUDERT WURDEN …
… ODER OB SIE SICH AUCH GEGENWÄRTIG BEIM SCHWERT-POKÉMON UND DEM SCHILD-POKÉMON BEFINDEN.
SCHWERT-POKÉMON UND SCHILD-POKÉMON?
SO NENNEN WIR DIE ZWEI RÄTSELHAFTEN POKÉMON, DENEN DIE BEIDEN IM WALD BEGEGNET SIND.
DA SCHWERTCHEN SICH SCHULDIG GEFÜHLT HAT, DASS SCHILDCHENS POKÉMON VERSCHWUNDEN SIND, HAT ER SICH DAZU BEREIT ERKLÄRT, SIE BEI IHRER SUCHE ZU UNTERSTÜTZEN …
UND DA ICH SCHILDCHEN SCHON SEIT IHRER KINDHEIT GEKANNT HABE …
… KAM ES DAZU, DASS DIE BEIDEN MEINE ASSISTENTEN GEWORDEN SIND …
… UND WIR GEMEINSAM ZU UNSERER DYNAMAX-FORSCHUNGSREISE AUFGEBROCHEN SIND UND UNS AUF DIE SUCHE NACH DEN VERLORENEN POKÉMON GEMACHT HABEN.

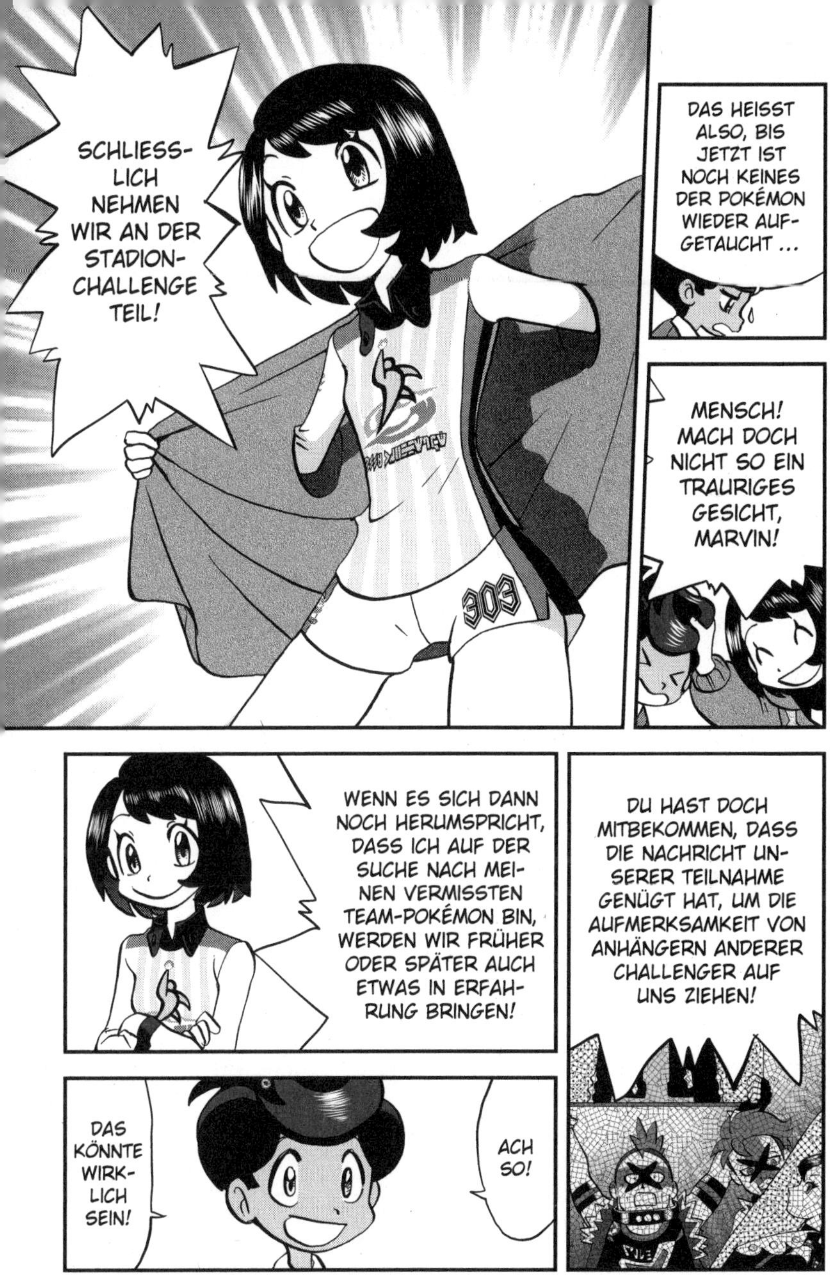
DAS HEISST ALSO, BIS JETZT IST NOCH KEINES DER POKÉMON WIEDER AUF-GETAUCHT …
MENSCH! MACH DOCH NICHT SO EIN TRAURIGES GESICHT, MARVIN!
SCHLIESS-LICH NEHMEN WIR AN DER STADION-CHALLENGE TEIL!
303
DU HAST DOCH MITBEKOMMEN, DASS DIE NACHRICHT UN-SERER TEILNAHME GENÜGT HAT, UM DIE AUFMERKSAMKEIT VON ANHÄNGERN ANDERER CHALLENGER AUF UNS ZIEHEN!
WENN ES SICH DANN NOCH HERUMSPRICHT, DASS ICH AUF DER SUCHE NACH MEI-NEN VERMISSTEN TEAM-POKÉMON BIN, WERDEN WIR FRÜHER ODER SPÄTER AUCH ETWAS IN ERFAH-RUNG BRINGEN!
ACH SO!
DAS KÖNNTE WIRK-LICH SEIN!

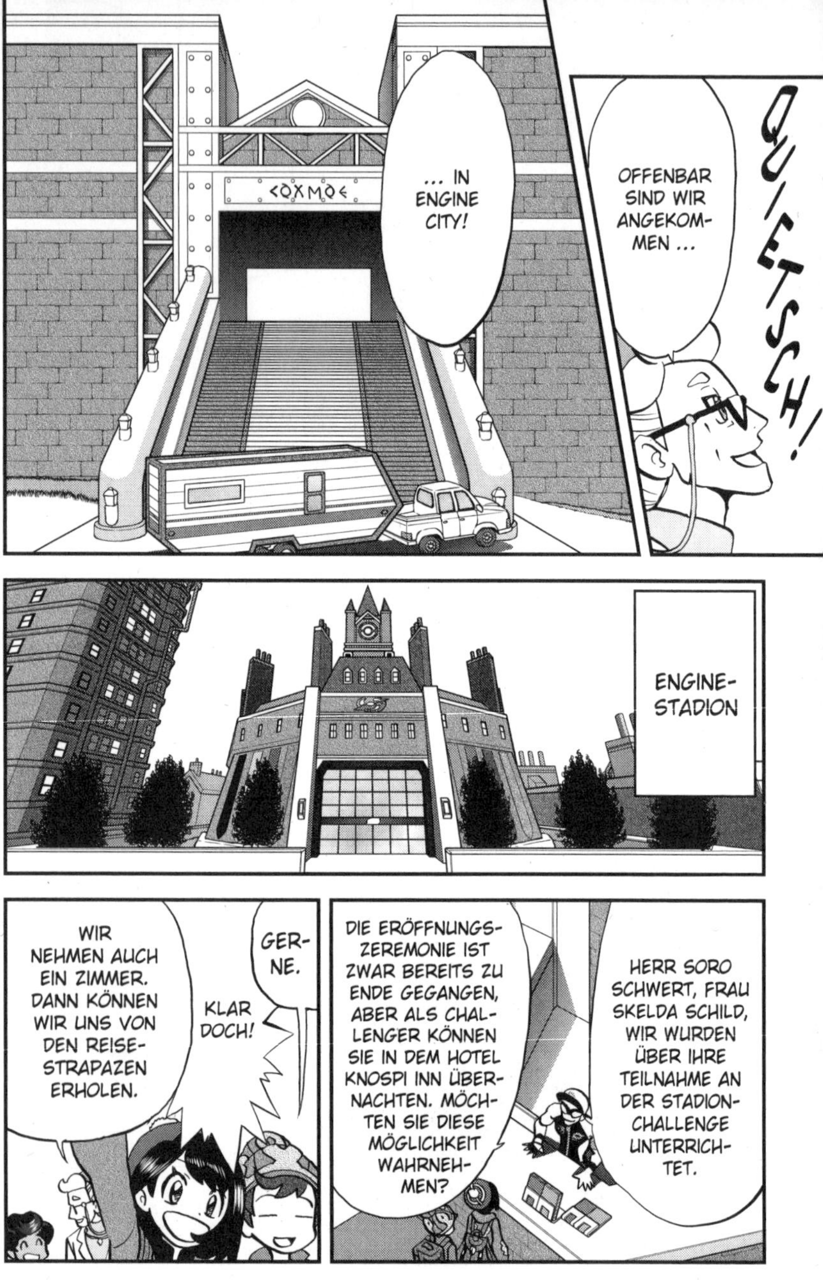

<OXMO<
... IN ENGINE CITY!
OFFENBAR SIND WIR ANGEKOMMEN ...
QUIETSCH!
ENGINE-STADION
WIR NEHMEN AUCH EIN ZIMMER. DANN KÖNNEN WIR UNS VON DEN REISESTRAPAZEN ERHOLEN.
GERNE.
KLAR DOCH!
HERR SORO SCHWERT, FRAU SKELDA SCHILD, WIR WURDEN ÜBER IHRE TEILNAHME AN DER STADION-CHALLENGE UNTERRICHTET.
DIE ERÖFFNUNGSZEREMONIE IST ZWAR BEREITS ZU ENDE GEGANGEN, ABER ALS CHALLENGER KÖNNEN SIE IN DEM HOTEL KNOSPI INN ÜBERNACHTEN. MÖCHTEN SIE DIESE MÖGLICHKEIT WAHRNEHMEN?

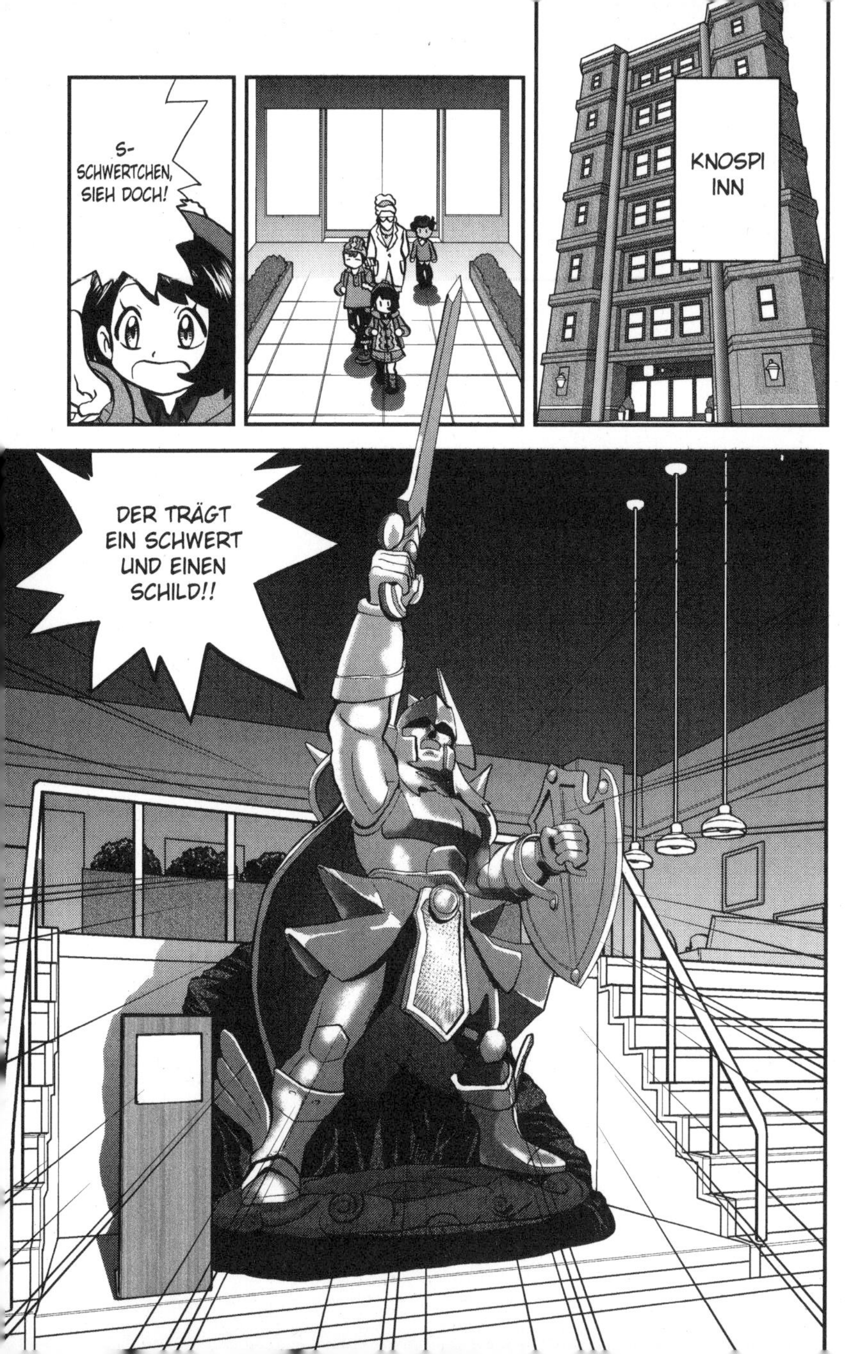
KNOSPI INN
S-SCHWERTCHEN, SIEH DOCH!
DER TRÄGT EIN SCHWERT UND EINEN SCHILD!!

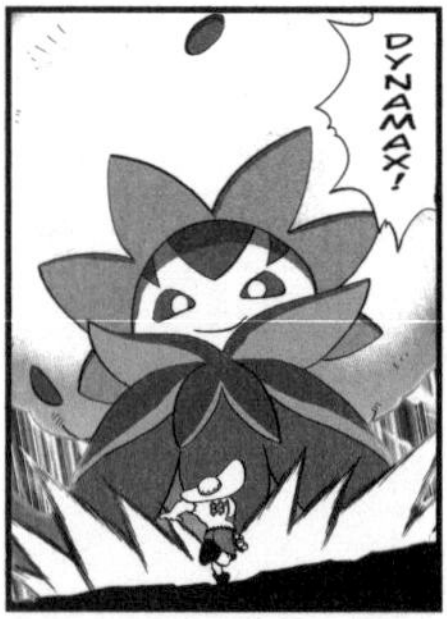

▲ EIN BEREITS STARKER GEGNER VERWANDELT SICH IN EINEN NOCH STÄRKEREN ...!

STADIEN

AUCH AUSSERHALB DER NATURZONE EXISTIEREN ENERGIEQUELLEN. DA DIE STADIEN IN DER REGION ÜBER SOLCHEN ENERGIEQUELLEN ERRICHTET WORDEN SIND, IST AUCH WÄHREND DER STADIONKÄMPFE EINE DYNAMAXIMIERUNG MÖGLICH.

DYNAMAX-GEHEIMNIS 5

EPISODE 6 AUFTRITT DER RIVALEN

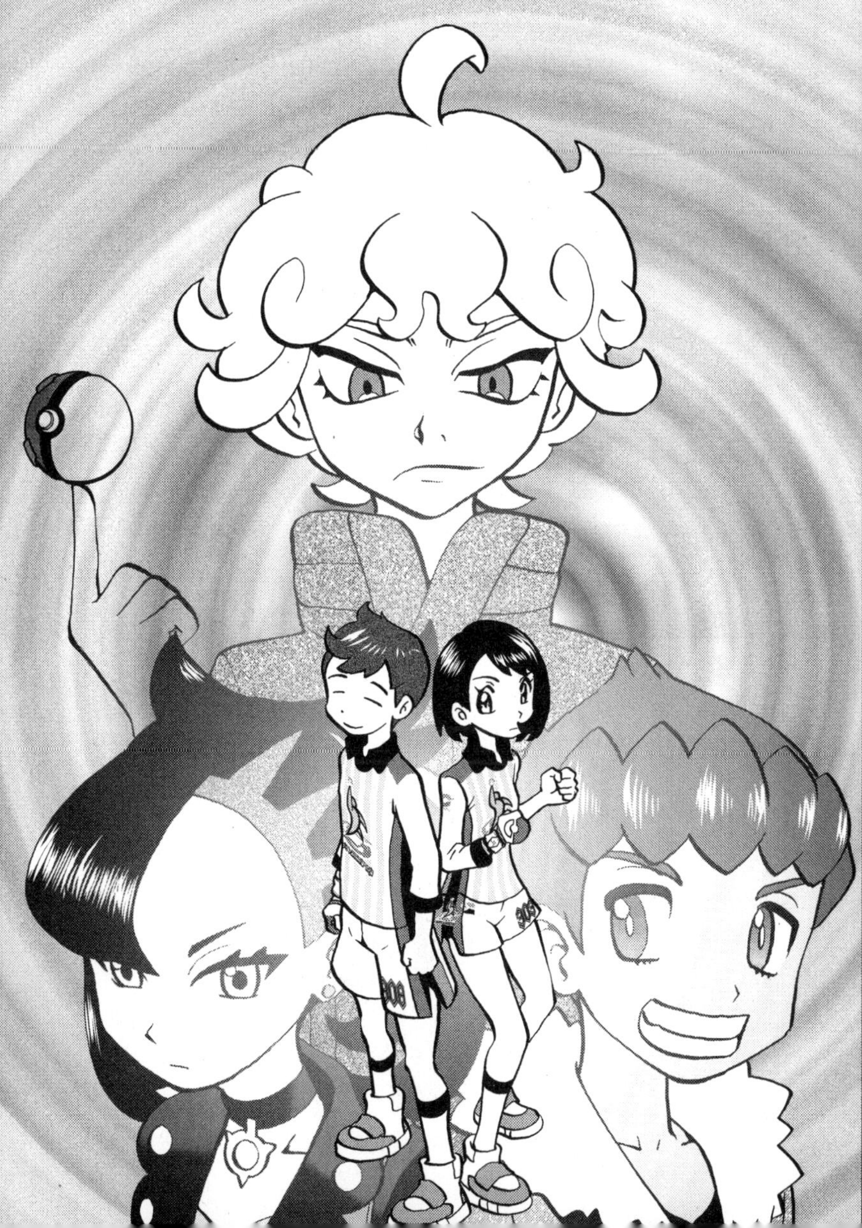

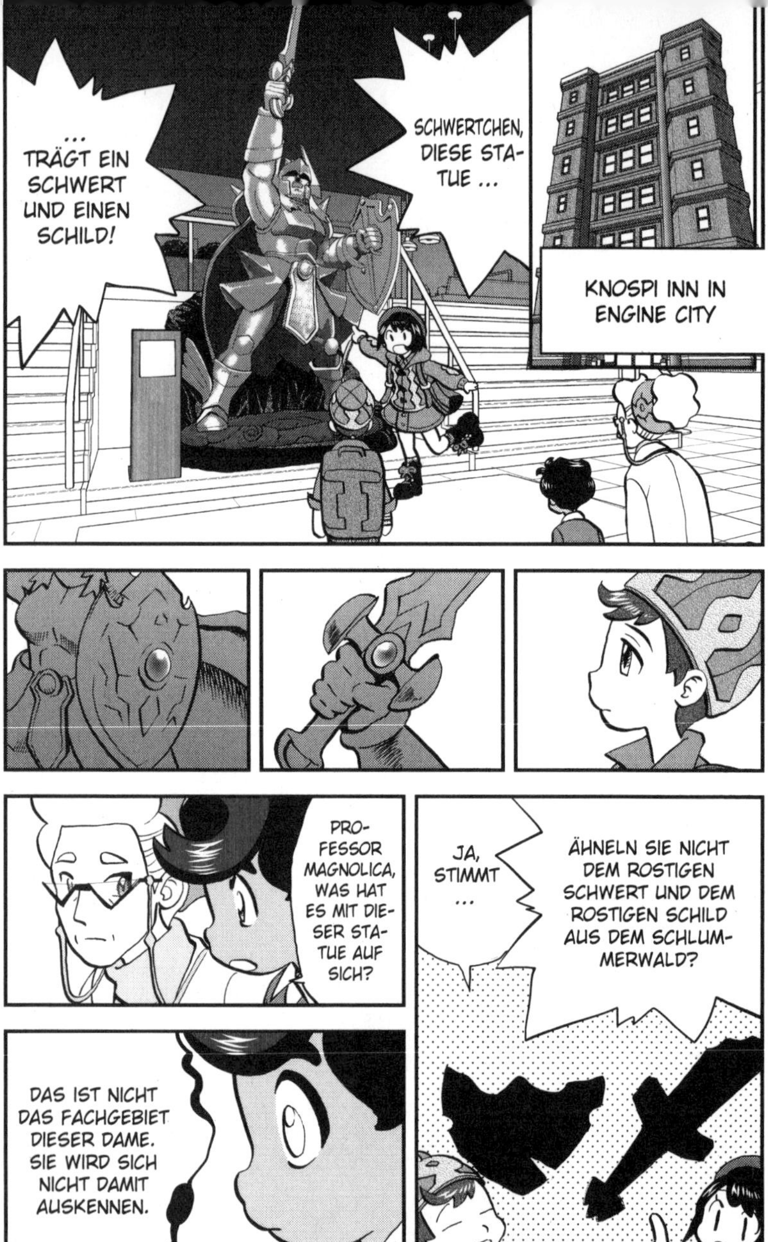
KNOSPI INN IN ENGINE CITY
SCHWERTCHEN, DIESE STATUE …
… TRÄGT EIN SCHWERT UND EINEN SCHILD!
PROFESSOR MAGNOLICA, WAS HAT ES MIT DIESER STATUE AUF SICH?
ÄHNELN SIE NICHT DEM ROSTIGEN SCHWERT UND DEM ROSTIGEN SCHILD AUS DEM SCHLUMMERWALD?
JA, STIMMT …
DAS IST NICHT DAS FACHGEBIET DIESER DAME. SIE WIRD SICH NICHT DAMIT AUSKENNEN.

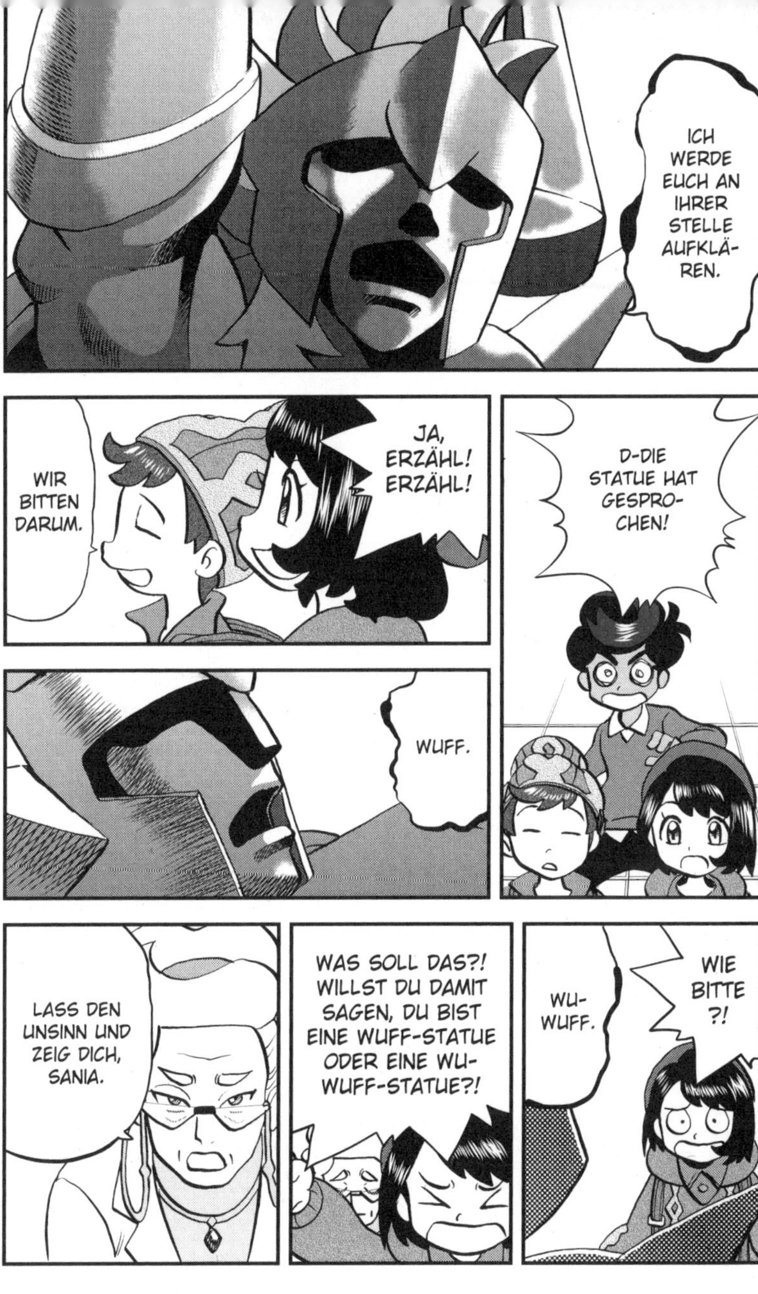
ICH WERDE EUCH AN IHRER STELLE AUFKLÄ-REN.
JA, ERZÄHL! ERZÄHL!
WIR BITTEN DARUM.
D-DIE STATUE HAT GESPRO-CHEN!
WUFF.
WIE BITTE ?!
WU-WUFF.
WAS SOLL DAS?! WILLST DU DAMIT SAGEN, DU BIST EINE WUFF-STATUE ODER EINE WU-WUFF-STATUE?!
LASS DEN UNSINN UND ZEIG DICH, SANIA.

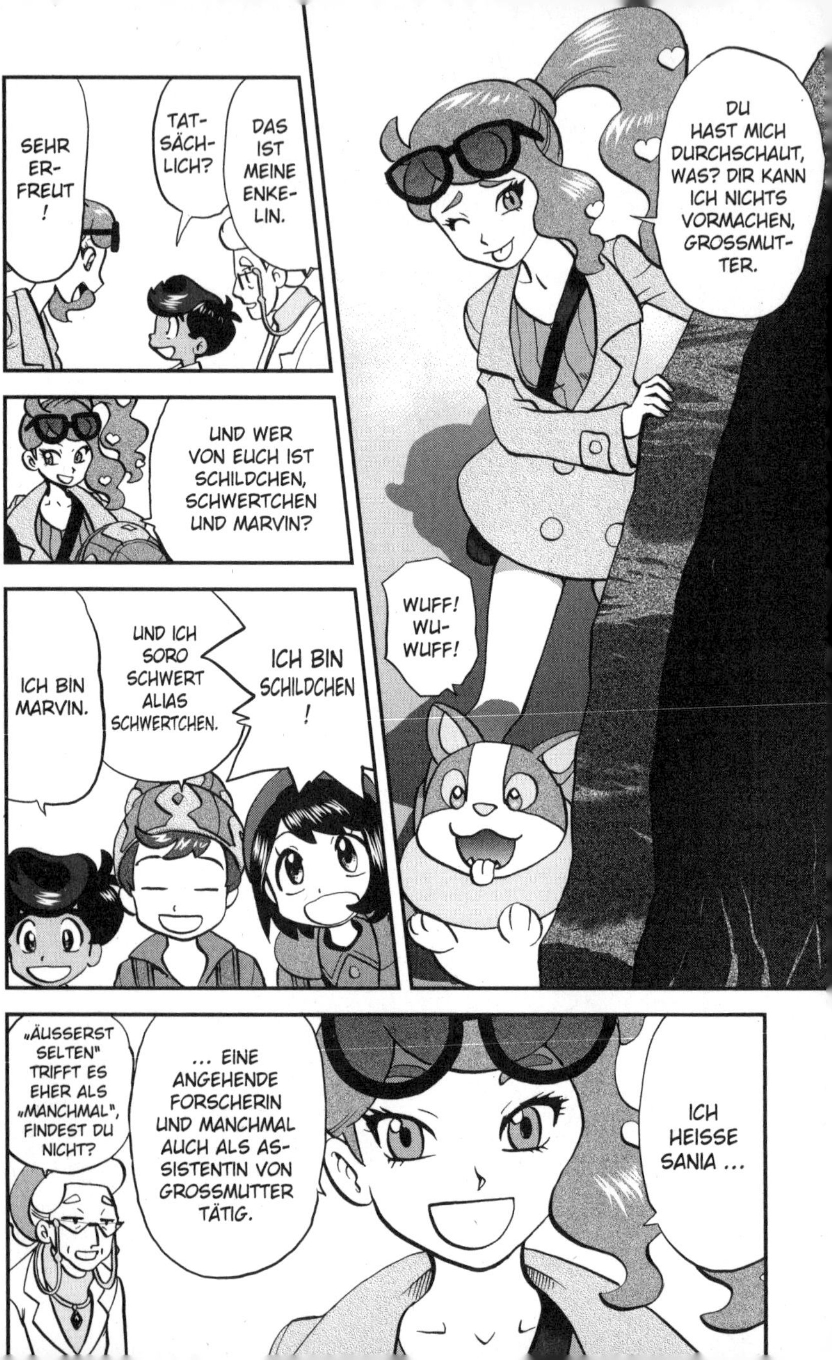
DU HAST MICH DURCHSCHAUT, WAS? DIR KANN ICH NICHTS VORMACHEN, GROSSMUTTER.
WUFF! WU-WUFF!
DAS IST MEINE ENKELIN.
TATSÄCHLICH?
SEHR ERFREUT!
UND WER VON EUCH IST SCHILDCHEN, SCHWERTCHEN UND MARVIN?
ICH BIN SCHILDCHEN!
UND ICH SORO SCHWERT ALIAS SCHWERTCHEN.
ICH BIN MARVIN.
ICH HEISSE SANIA …
… EINE ANGEHENDE FORSCHERIN UND MANCHMAL AUCH ALS ASSISTENTIN VON GROSSMUTTER TÄTIG.
„ÄUSSERST SELTEN" TRIFFT ES EHER ALS „MANCHMAL", FINDEST DU NICHT?

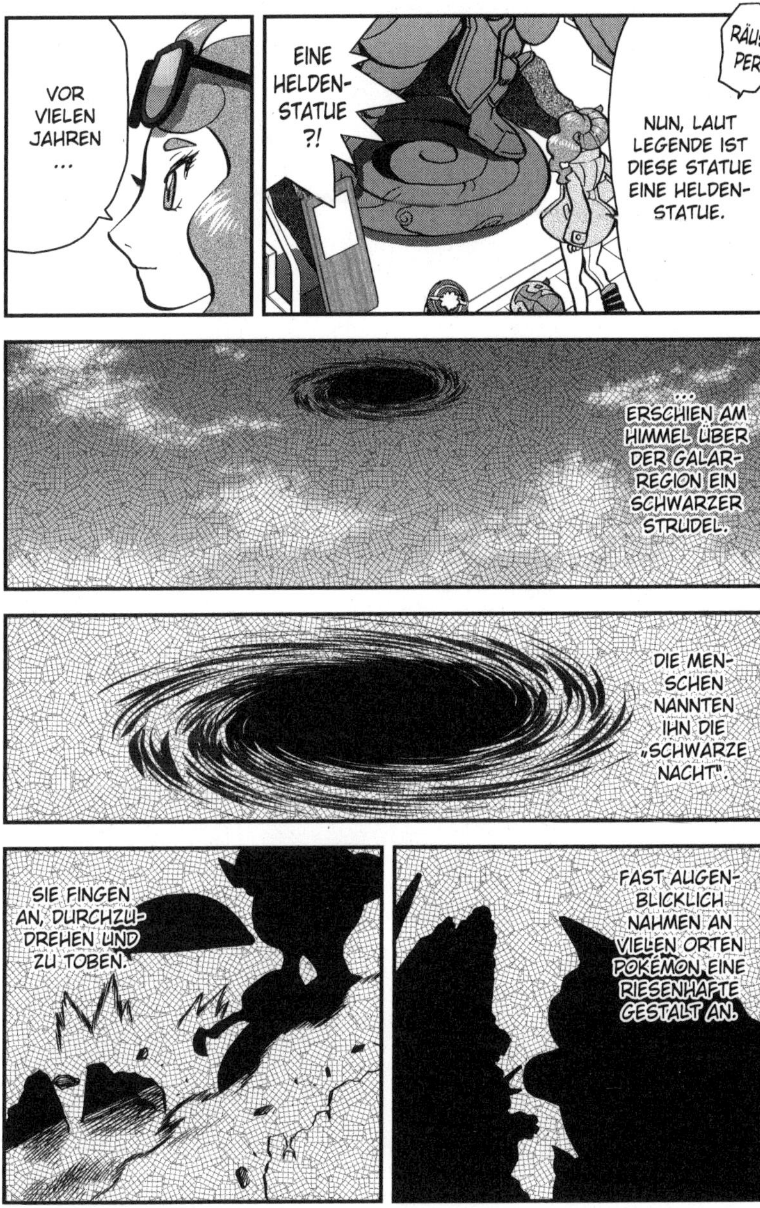
VOR VIELEN JAHREN …
EINE HELDEN-STATUE ?!
RÄUS-PER
NUN, LAUT LEGENDE IST DIESE STATUE EINE HELDEN-STATUE.
… ERSCHIEN AM HIMMEL ÜBER DER GALAR-REGION EIN SCHWARZER STRUDEL.
DIE MEN-SCHEN NANNTEN IHN DIE „SCHWARZE NACHT".
SIE FINGEN AN, DURCHZU-DREHEN UND ZU TOBEN.
FAST AUGEN-BLICKLICH NAHMEN AN VIELEN ORTEN POKÉMON EINE RIESENHAFTE GESTALT AN.

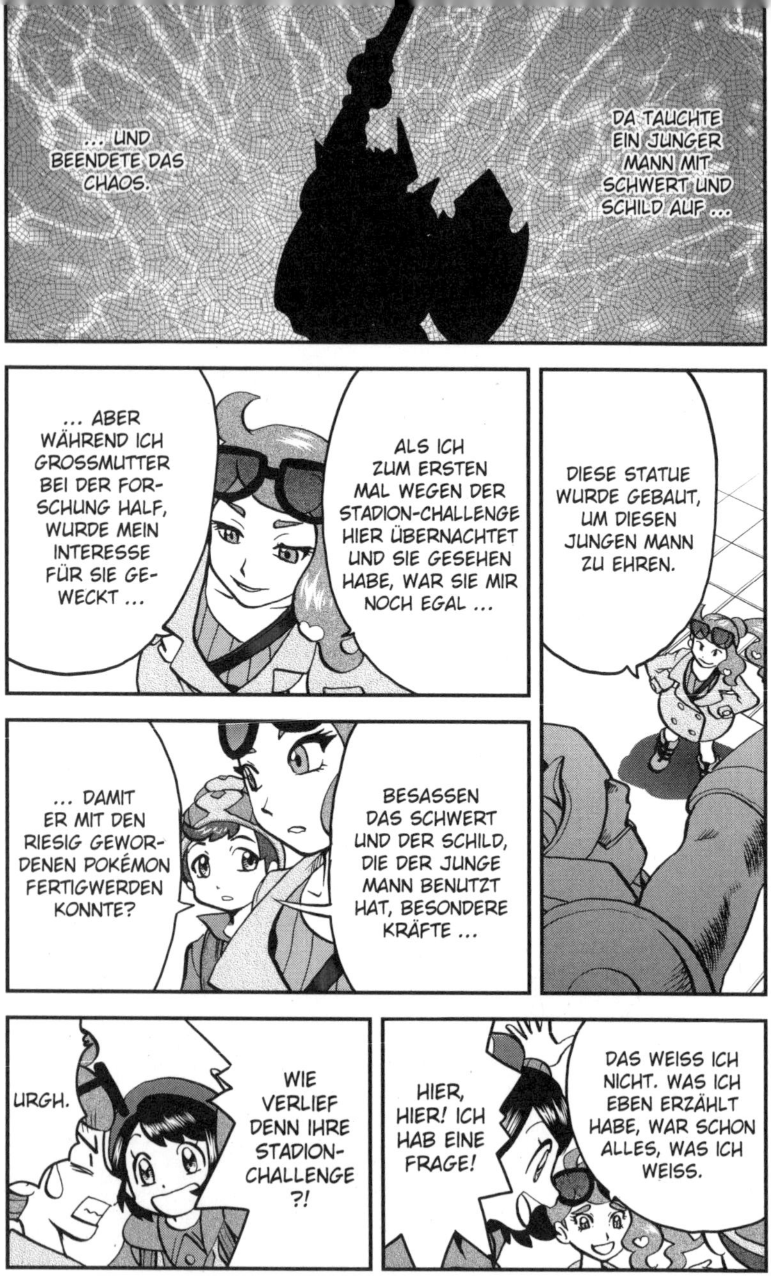
DA TAUCHTE EIN JUNGER MANN MIT SCHWERT UND SCHILD AUF …
… UND BEENDETE DAS CHAOS.
DIESE STATUE WURDE GEBAUT, UM DIESEN JUNGEN MANN ZU EHREN.
ALS ICH ZUM ERSTEN MAL WEGEN DER STADION-CHALLENGE HIER ÜBERNACHTET UND SIE GESEHEN HABE, WAR SIE MIR NOCH EGAL …
… ABER WÄHREND ICH GROSSMUTTER BEI DER FOR-SCHUNG HALF, WURDE MEIN INTERESSE FÜR SIE GE-WECKT …
BESASSEN DAS SCHWERT UND DER SCHILD, DIE DER JUNGE MANN BENUTZT HAT, BESONDERE KRÄFTE …
… DAMIT ER MIT DEN RIESIG GEWOR-DENEN POKÉMON FERTIGWERDEN KONNTE?
DAS WEISS ICH NICHT. WAS ICH EBEN ERZÄHLT HABE, WAR SCHON ALLES, WAS ICH WEISS.
HIER, HIER! ICH HAB EINE FRAGE!
WIE VERLIEF DENN IHRE STADION-CHALLENGE ?!
URGH.

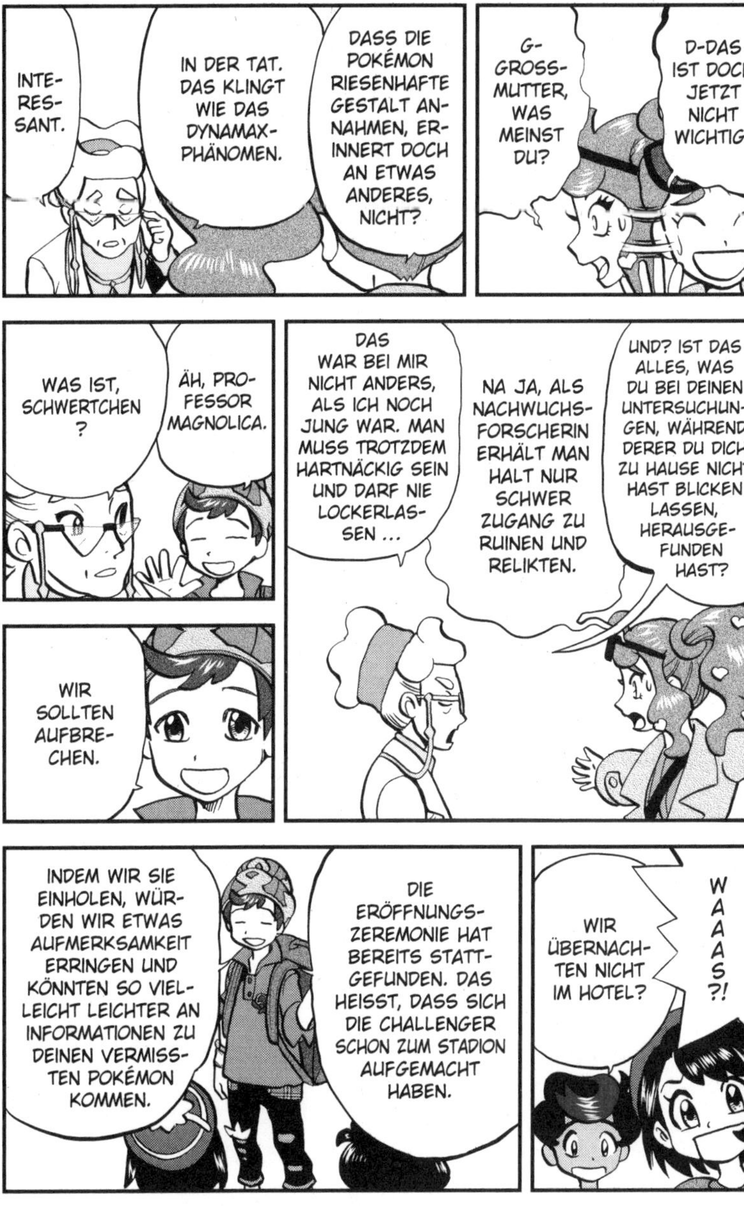
D-DAS IST DOCH JETZT NICHT WICHTIG.
G-GROSSMUTTER, WAS MEINST DU?
DASS DIE POKÉMON RIESENHAFTE GESTALT ANNAHMEN, ERINNERT DOCH AN ETWAS ANDERES, NICHT?
IN DER TAT. DAS KLINGT WIE DAS DYNAMAX-PHÄNOMEN.
INTERESSANT.
UND? IST DAS ALLES, WAS DU BEI DEINEN UNTERSUCHUNGEN, WÄHREND DERER DU DICH ZU HAUSE NICHT HAST BLICKEN LASSEN, HERAUSGEFUNDEN HAST?
NA JA, ALS NACHWUCHSFORSCHERIN ERHÄLT MAN HALT NUR SCHWER ZUGANG ZU RUINEN UND RELIKTEN.
DAS WAR BEI MIR NICHT ANDERS, ALS ICH NOCH JUNG WAR. MAN MUSS TROTZDEM HARTNÄCKIG SEIN UND DARF NIE LOCKERLASSEN …
ÄH, PROFESSOR MAGNOLICA.
WAS IST, SCHWERTCHEN?
WIR SOLLTEN AUFBRECHEN.
WAAAAS?!
WIR ÜBERNACHTEN NICHT IM HOTEL?
DIE ERÖFFNUNGSZEREMONIE HAT BEREITS STATTGEFUNDEN. DAS HEISST, DASS SICH DIE CHALLENGER SCHON ZUM STADION AUFGEMACHT HABEN.
INDEM WIR SIE EINHOLEN, WÜRDEN WIR ETWAS AUFMERKSAMKEIT ERRINGEN UND KÖNNTEN SO VIELLEICHT LEICHTER AN INFORMATIONEN ZU DEINEN VERMISSTEN POKÉMON KOMMEN.

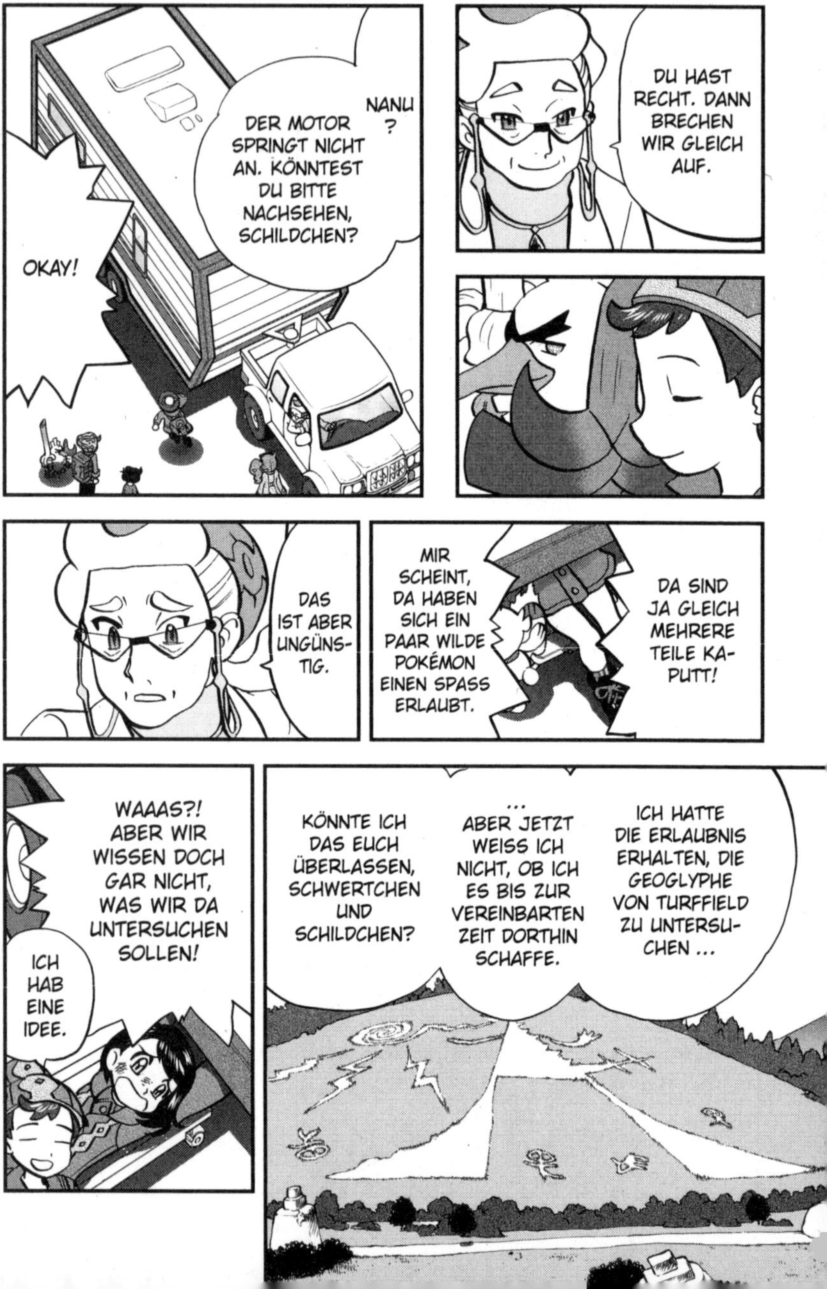
DU HAST RECHT. DANN BRECHEN WIR GLEICH AUF.
NANU?
DER MOTOR SPRINGT NICHT AN. KÖNNTEST DU BITTE NACHSEHEN, SCHILDCHEN?
OKAY!
DA SIND JA GLEICH MEHRERE TEILE KAPUTT!
MIR SCHEINT, DA HABEN SICH EIN PAAR WILDE POKÉMON EINEN SPASS ERLAUBT.
DAS IST ABER UNGÜNSTIG.
ICH HATTE DIE ERLAUBNIS ERHALTEN, DIE GEOGLYPHE VON TURFFIELD ZU UNTERSUCHEN …
… ABER JETZT WEISS ICH NICHT, OB ICH ES BIS ZUR VEREINBARTEN ZEIT DORTHIN SCHAFFE.
KÖNNTE ICH DAS EUCH ÜBERLASSEN, SCHWERTCHEN UND SCHILDCHEN?
WAAAS?! ABER WIR WISSEN DOCH GAR NICHT, WAS WIR DA UNTERSUCHEN SOLLEN!
ICH HAB EINE IDEE.

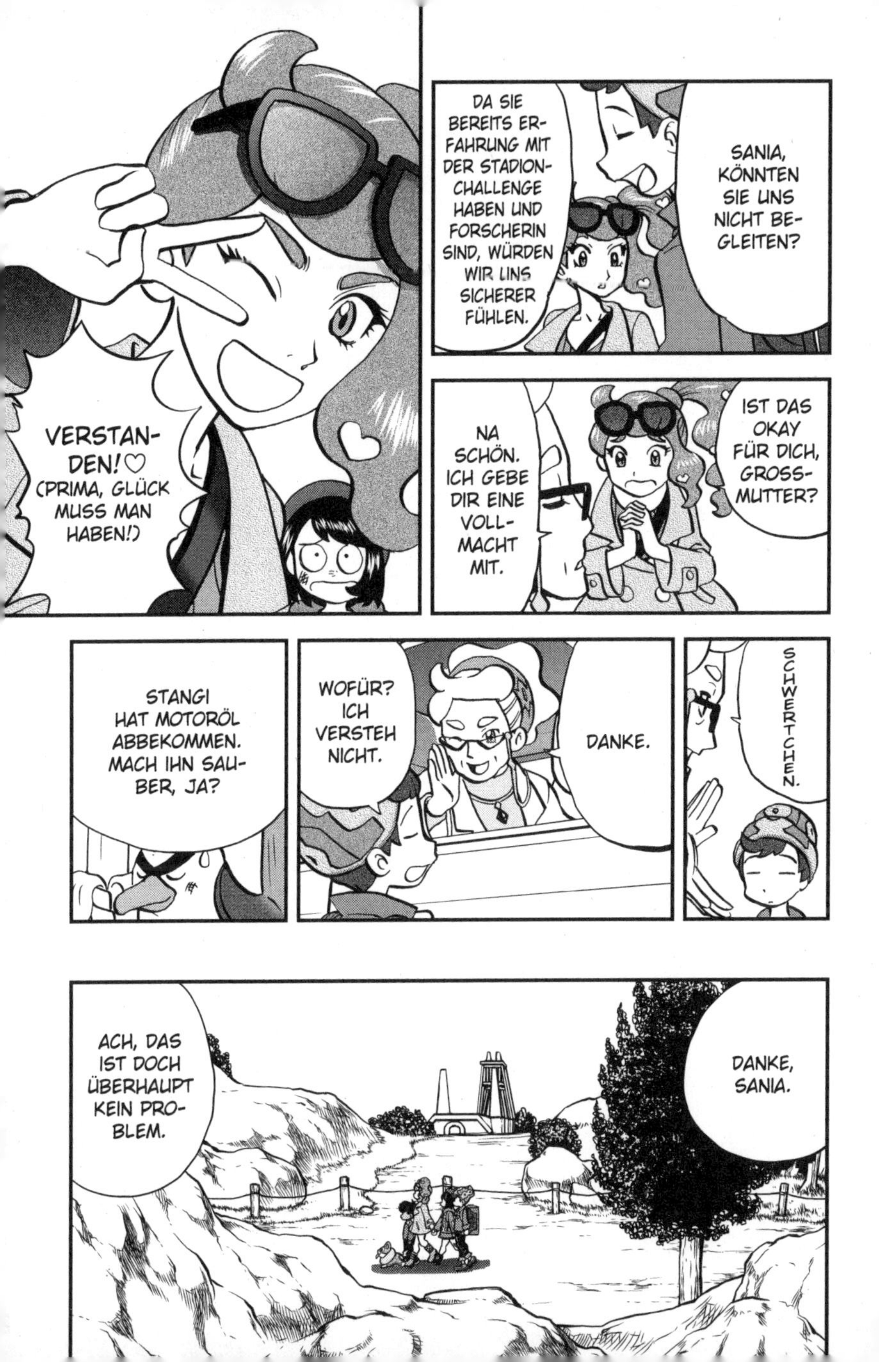
SANIA, KÖNNTEN SIE UNS NICHT BEGLEITEN?
DA SIE BEREITS ERFAHRUNG MIT DER STADION-CHALLENGE HABEN UND FORSCHERIN SIND, WÜRDEN WIR UNS SICHERER FÜHLEN.
VERSTANDEN!♡ (PRIMA, GLÜCK MUSS MAN HABEN!)
IST DAS OKAY FÜR DICH, GROSSMUTTER?
NA SCHÖN. ICH GEBE DIR EINE VOLLMACHT MIT.
SCHWERTCHEN.
DANKE.
WOFÜR? ICH VERSTEH NICHT.
STANGI HAT MOTORÖL ABBEKOMMEN. MACH IHN SAUBER, JA?
DANKE, SANIA.
ACH, DAS IST DOCH ÜBERHAUPT KEIN PROBLEM.

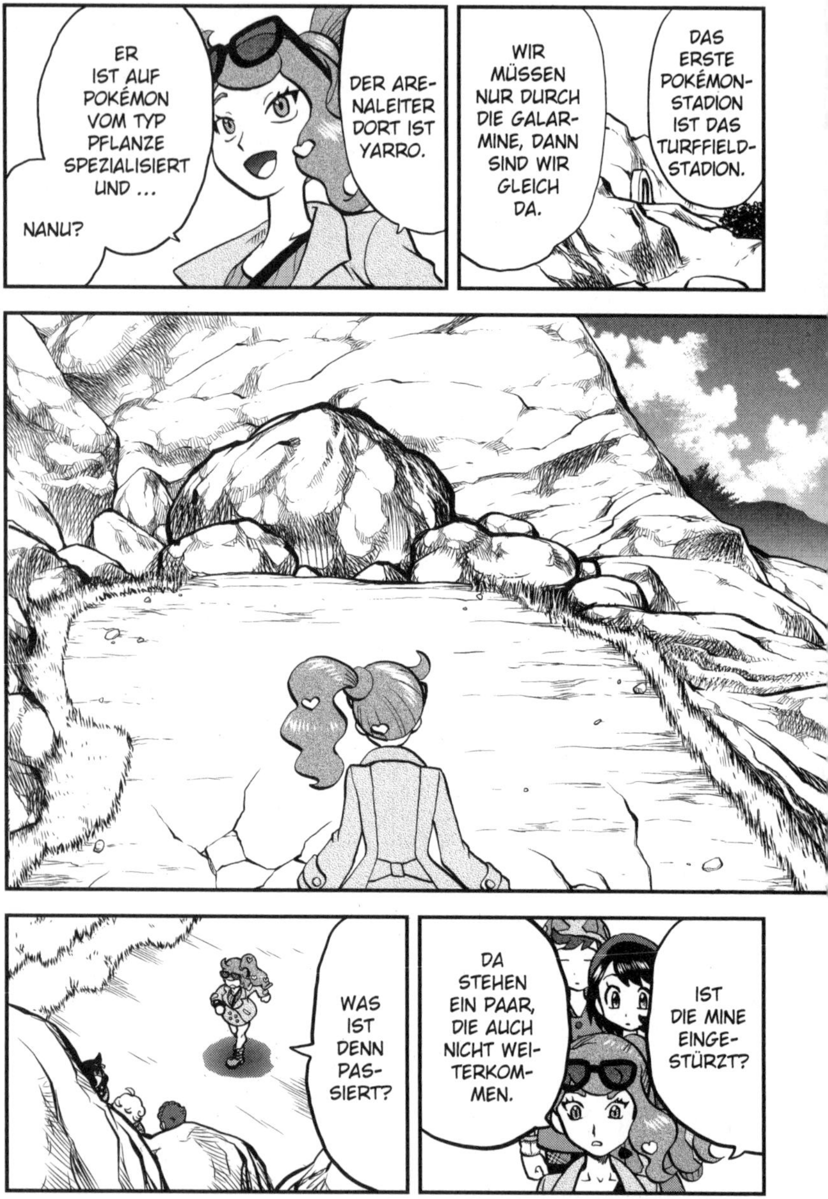
DAS ERSTE POKÉMON-STADION IST DAS TURFFIELD-STADION.
WIR MÜSSEN NUR DURCH DIE GALAR-MINE, DANN SIND WIR GLEICH DA.
DER ARENALEITER DORT IST YARRO.
ER IST AUF POKÉMON VOM TYP PFLANZE SPEZIALISIERT UND …
NANU?
IST DIE MINE EINGESTÜRZT?
DA STEHEN EIN PAAR, DIE AUCH NICHT WEITERKOMMEN.
WAS IST DENN PASSIERT?

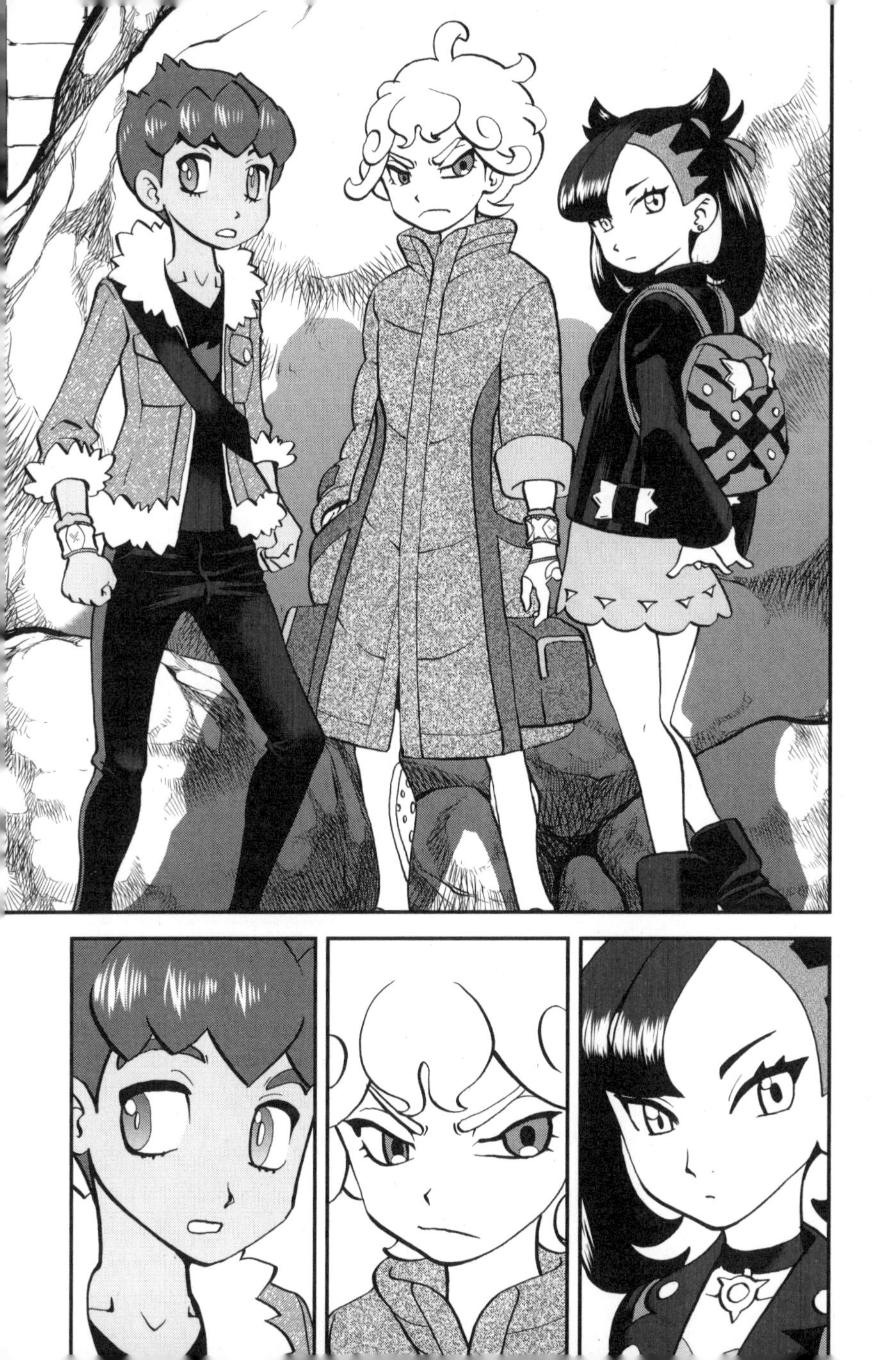

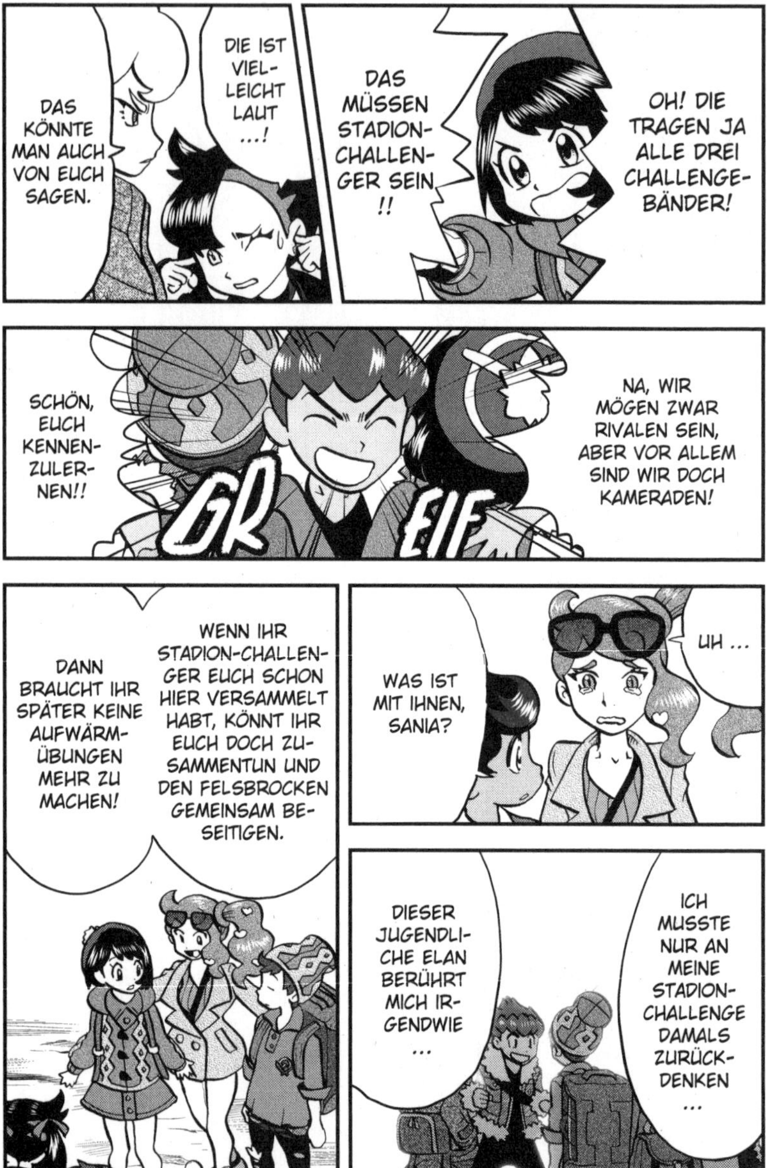
OH! DIE TRAGEN JA ALLE DREI CHALLENGEBÄNDER!
DAS MÜSSEN STADIONCHALLENGER SEIN!!
DIE IST VIELLEICHT LAUT …!
DAS KÖNNTE MAN AUCH VON EUCH SAGEN.
NA, WIR MÖGEN ZWAR RIVALEN SEIN, ABER VOR ALLEM SIND WIR DOCH KAMERADEN!
SCHÖN, EUCH KENNENZULERNEN!!
GR EIF
UH …
WAS IST MIT IHNEN, SANIA?
ICH MUSSTE NUR AN MEINE STADION-CHALLENGE DAMALS ZURÜCKDENKEN …
DIESER JUGENDLICHE ELAN BERÜHRT MICH IRGENDWIE …
WENN IHR STADION-CHALLENGER EUCH SCHON HIER VERSAMMELT HABT, KÖNNT IHR EUCH DOCH ZUSAMMENTUN UND DEN FELSBROCKEN GEMEINSAM BESEITIGEN.
DANN BRAUCHT IHR SPÄTER KEINE AUFWÄRMÜBUNGEN MEHR ZU MACHEN!

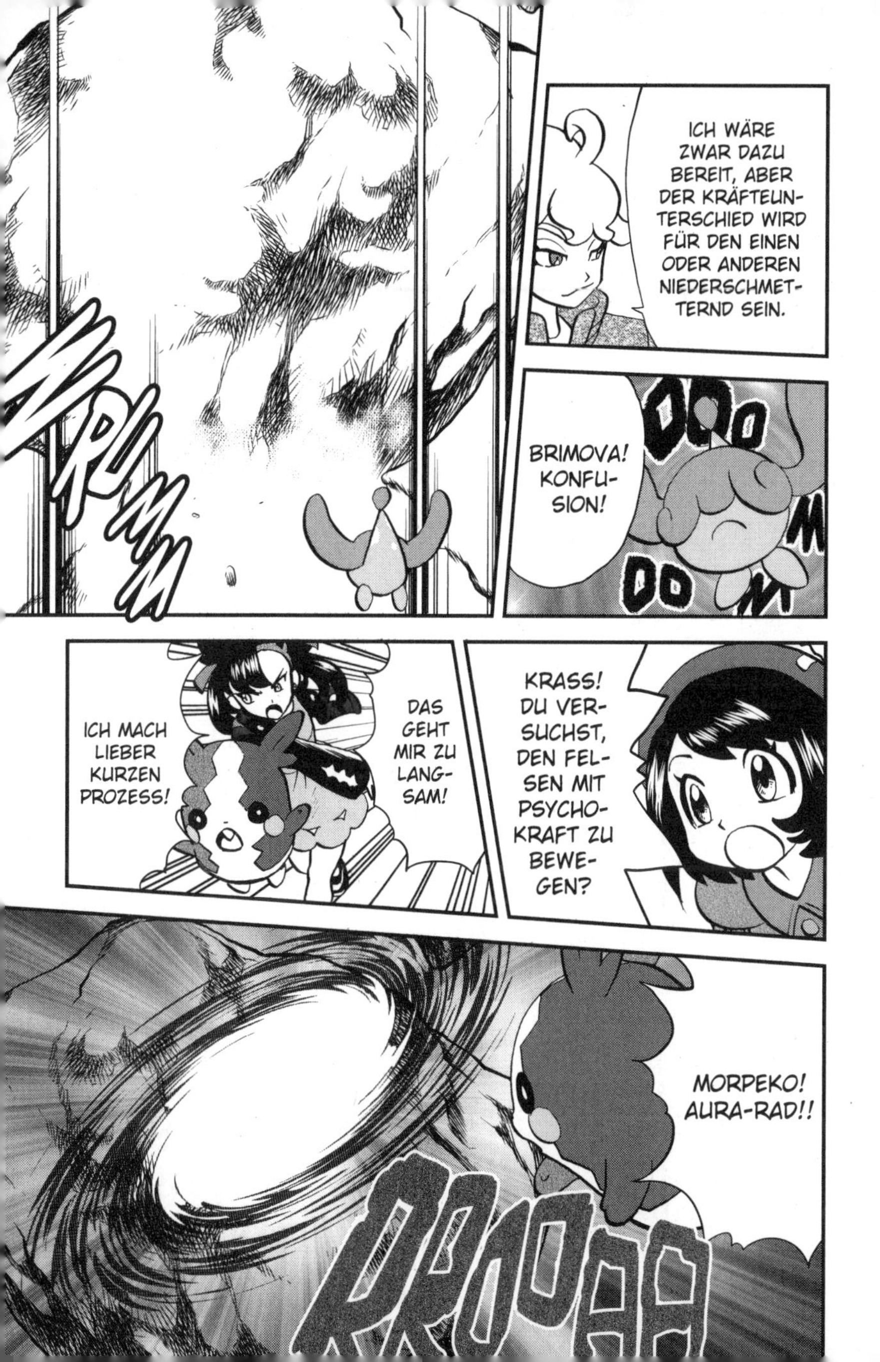

ICH WÄRE ZWAR DAZU BEREIT, ABER DER KRÄFTEUN-TERSCHIED WIRD FÜR DEN EINEN ODER ANDEREN NIEDERSCHMET-TERND SEIN.
BRIMOVA! KONFU-SION!
KRASS! DU VER-SUCHST, DEN FEL-SEN MIT PSYCHO-KRAFT ZU BEWE-GEN?
DAS GEHT MIR ZU LANG-SAM!
ICH MACH LIEBER KURZEN PROZESS!
MORPEKO! AURA-RAD!!

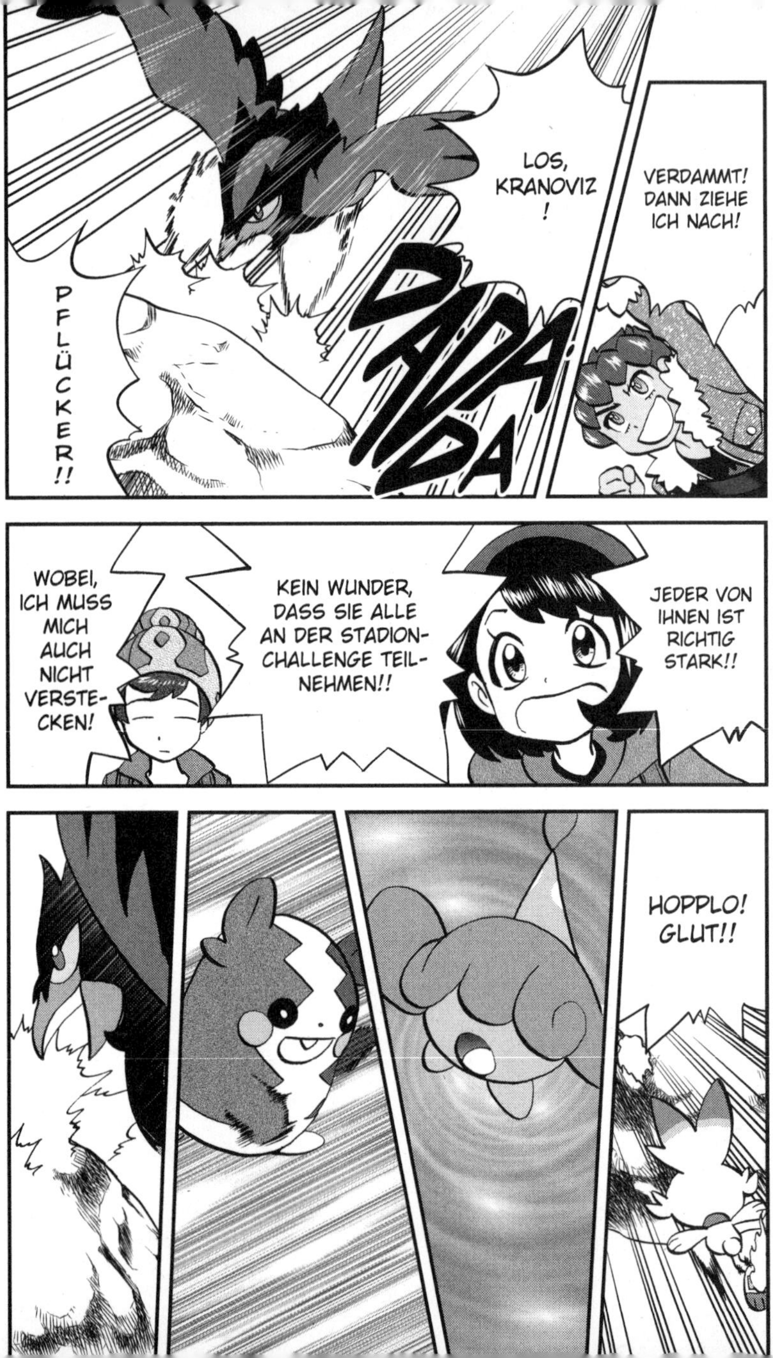
VERDAMMT! DANN ZIEHE ICH NACH!
LOS, KRANOVIZ!
DADADADA
PFLÜCKER!!
JEDER VON IHNEN IST RICHTIG STARK!!
KEIN WUNDER, DASS SIE ALLE AN DER STADION-CHALLENGE TEIL-NEHMEN!!
WOBEI, ICH MUSS MICH AUCH NICHT VERSTE-CKEN!
HOPPLO! GLUT!!

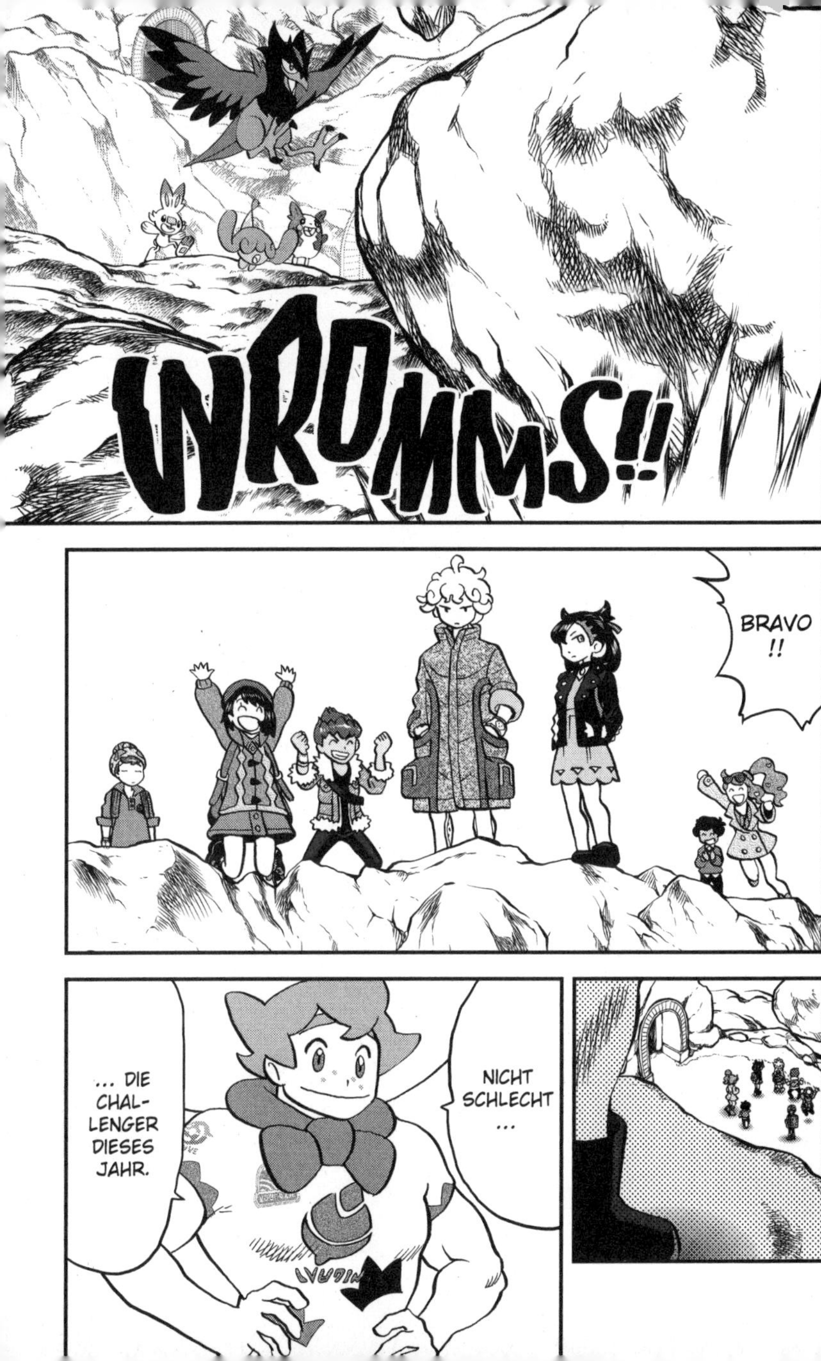
WROMMS!!
BRAVO !!
NICHT SCHLECHT ...
... DIE CHAL-LENGER DIESES JAHR.

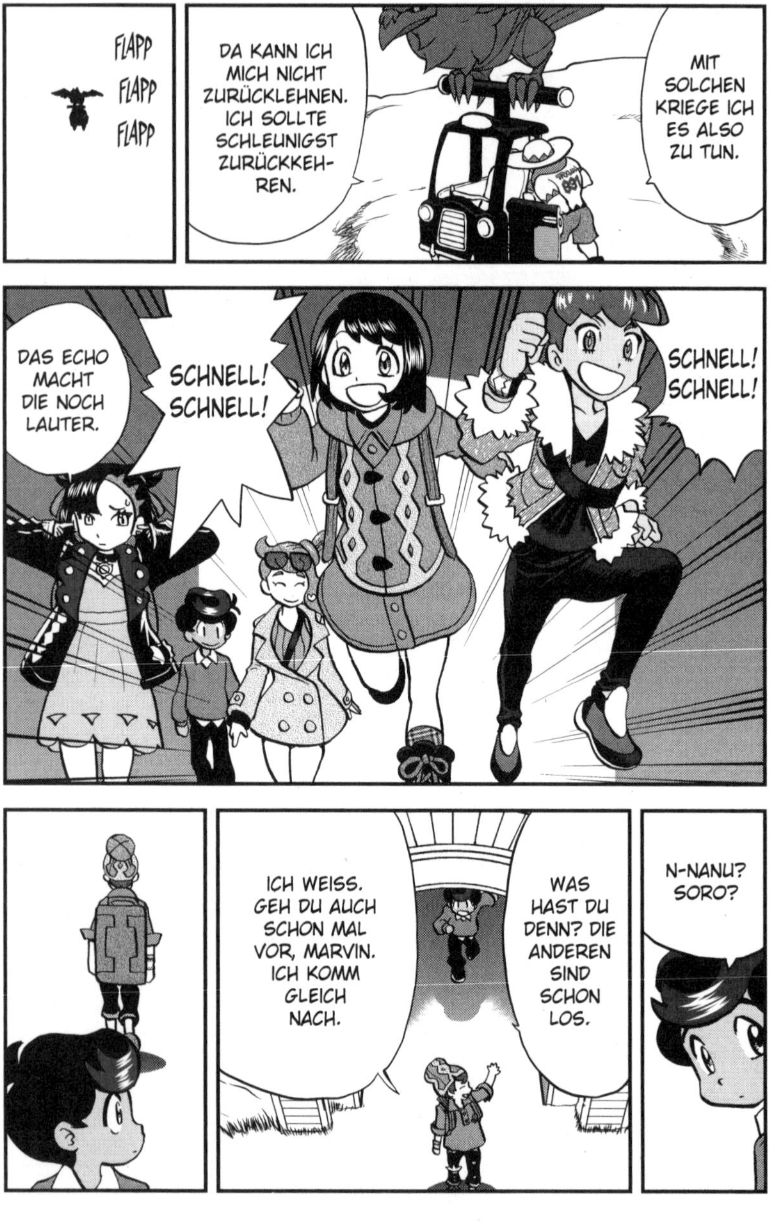
FLAPP
FLAPP
FLAPP
MIT SOLCHEN KRIEGE ICH ES ALSO ZU TUN.
DA KANN ICH MICH NICHT ZURÜCKLEHNEN. ICH SOLLTE SCHLEUNIGST ZURÜCKKEH-REN.
SCHNELL! SCHNELL!
SCHNELL! SCHNELL!
DAS ECHO MACHT DIE NOCH LAUTER.
N-NANU? SORO?
WAS HAST DU DENN? DIE ANDEREN SIND SCHON LOS.
ICH WEISS. GEH DU AUCH SCHON MAL VOR, MARVIN. ICH KOMM GLEICH NACH.

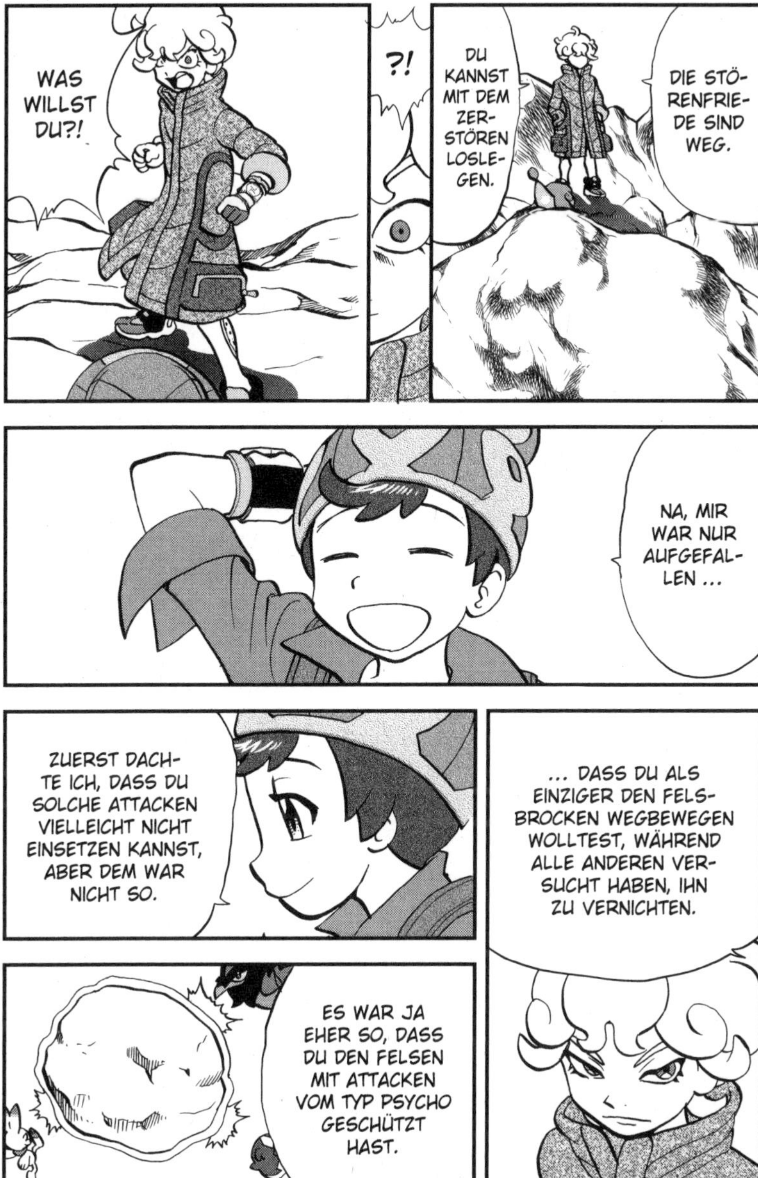
WAS WILLST DU?!
?!
DU KANNST MIT DEM ZERSTÖREN LOSLEGEN.
DIE STÖRENFRIEDE SIND WEG.
NA, MIR WAR NUR AUFGEFALLEN ...
ZUERST DACHTE ICH, DASS DU SOLCHE ATTACKEN VIELLEICHT NICHT EINSETZEN KANNST, ABER DEM WAR NICHT SO.
... DASS DU ALS EINZIGER DEN FELSBROCKEN WEGBEWEGEN WOLLTEST, WÄHREND ALLE ANDEREN VERSUCHT HABEN, IHN ZU VERNICHTEN.
ES WAR JA EHER SO, DASS DU DEN FELSEN MIT ATTACKEN VOM TYP PSYCHO GESCHÜTZT HAST.

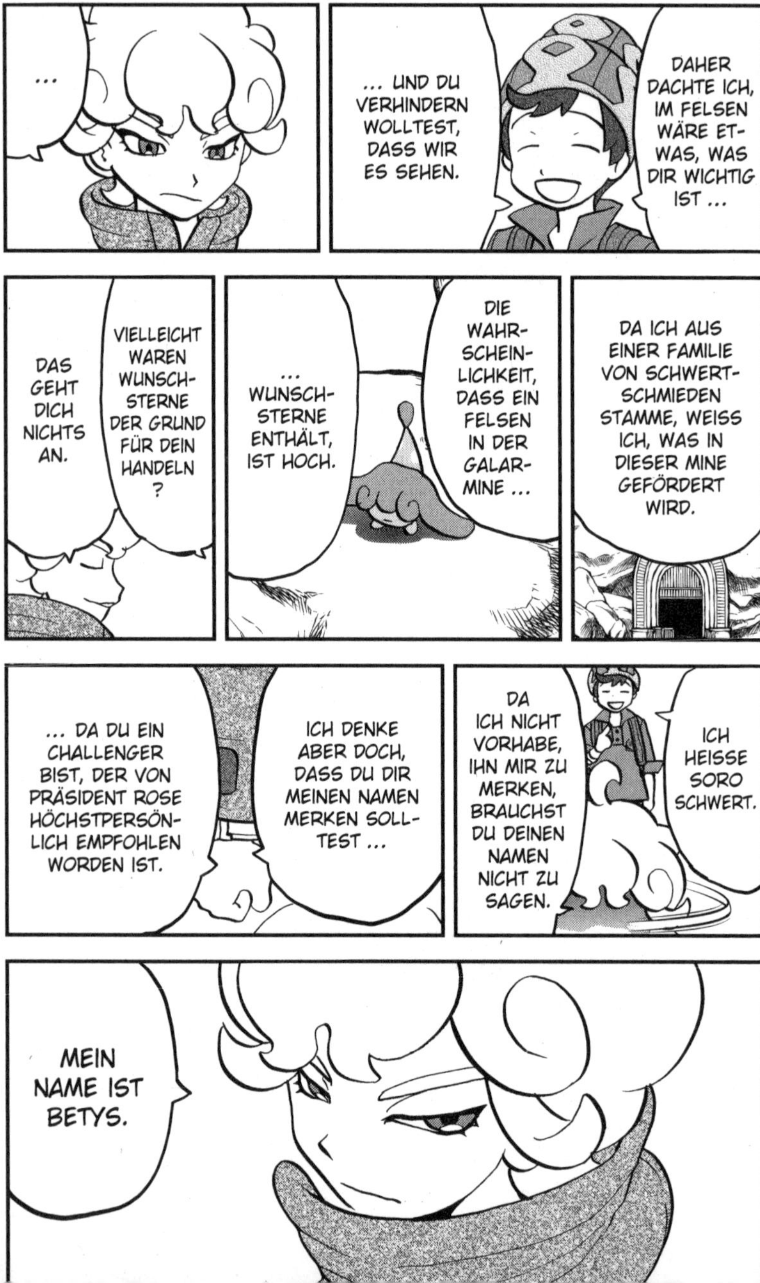
DAHER DACHTE ICH, IM FELSEN WÄRE ETWAS, WAS DIR WICHTIG IST …
… UND DU VERHINDERN WOLLTEST, DASS WIR ES SEHEN.
…
DA ICH AUS EINER FAMILIE VON SCHWERTSCHMIEDEN STAMME, WEISS ICH, WAS IN DIESER MINE GEFÖRDERT WIRD.
DIE WAHRSCHEINLICHKEIT, DASS EIN FELSEN IN DER GALAR-MINE …
… WUNSCHSTERNE ENTHÄLT, IST HOCH.
VIELLEICHT WAREN WUNSCHSTERNE DER GRUND FÜR DEIN HANDELN ?
DAS GEHT DICH NICHTS AN.
ICH HEISSE SORO SCHWERT.
DA ICH NICHT VORHABE, IHN MIR ZU MERKEN, BRAUCHST DU DEINEN NAMEN NICHT ZU SAGEN.
ICH DENKE ABER DOCH, DASS DU DIR MEINEN NAMEN MERKEN SOLLTEST …
… DA DU EIN CHALLENGER BIST, DER VON PRÄSIDENT ROSE HÖCHSTPERSÖNLICH EMPFOHLEN WORDEN IST.
MEIN NAME IST BETYS.

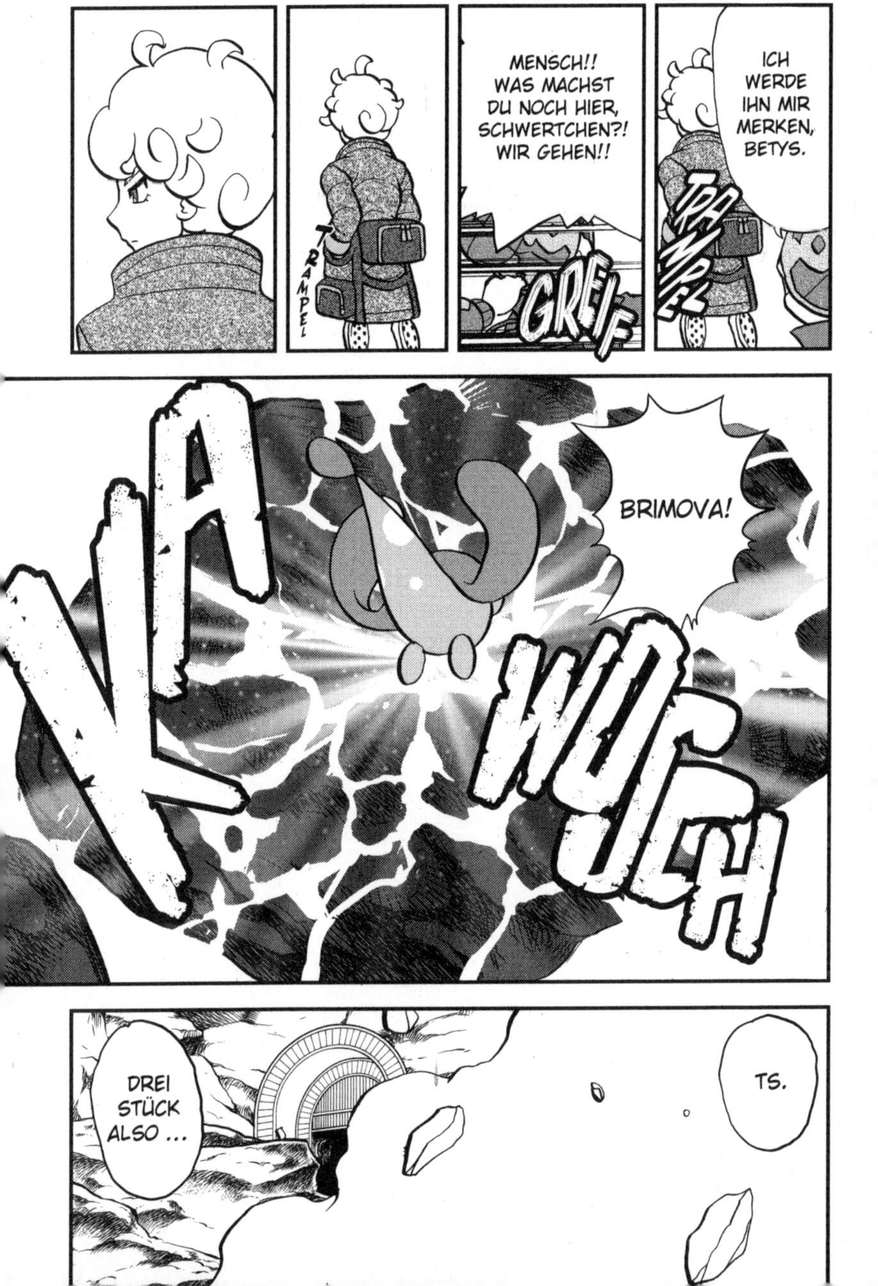
TRAMPEL
MENSCH!! WAS MACHST DU NOCH HIER, SCHWERTCHEN?! WIR GEHEN!!
GREIF
ICH WERDE IHN MIR MERKEN, BETYS.
TRAMPEL
BRIMOVA!
KAWUMMCH
DREI STÜCK ALSO …
TS.

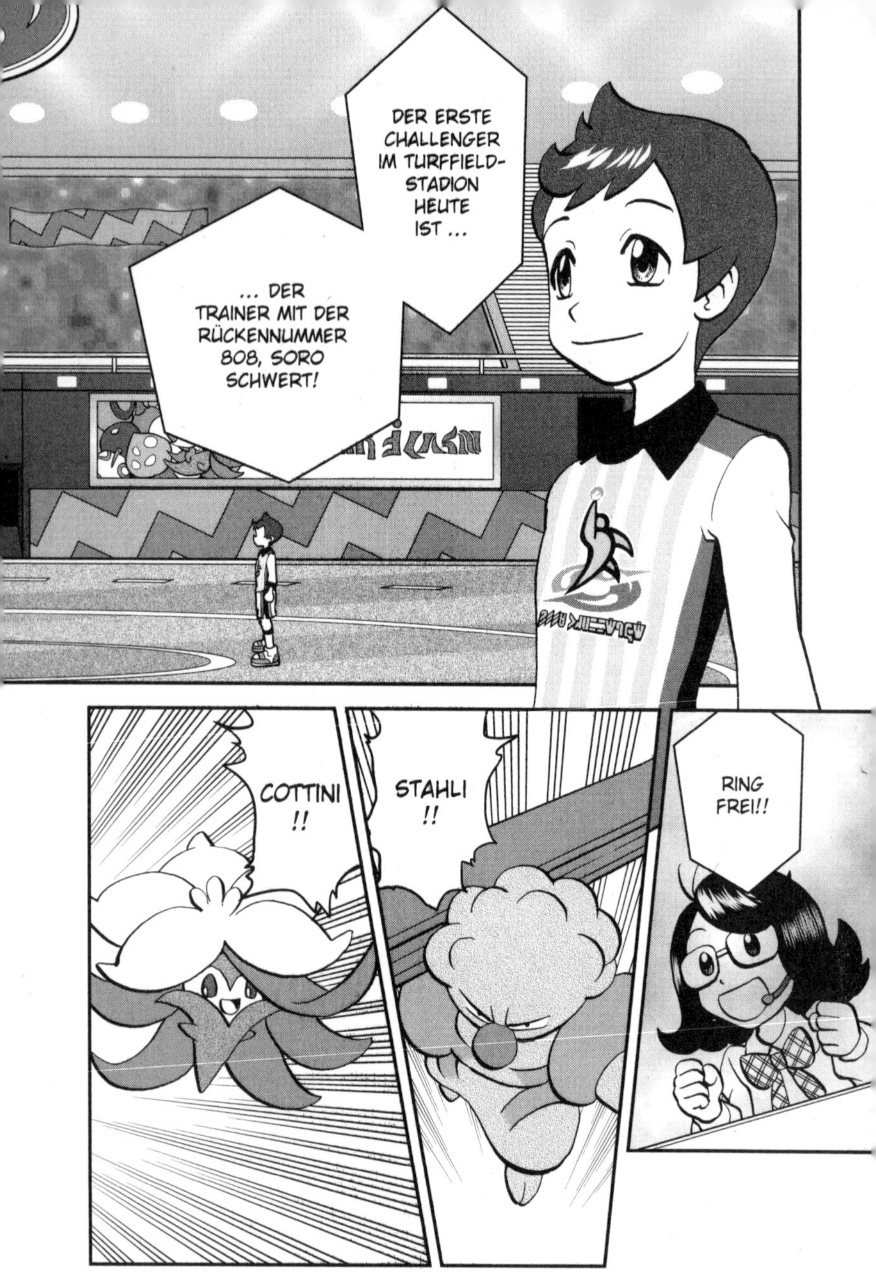
DER ERSTE CHALLENGER IM TURFFIELD-STADION HEUTE IST …
… DER TRAINER MIT DER RÜCKENNUMMER 808, SORO SCHWERT!
RING FREI!!
STAHLI!!
COTTINI!!

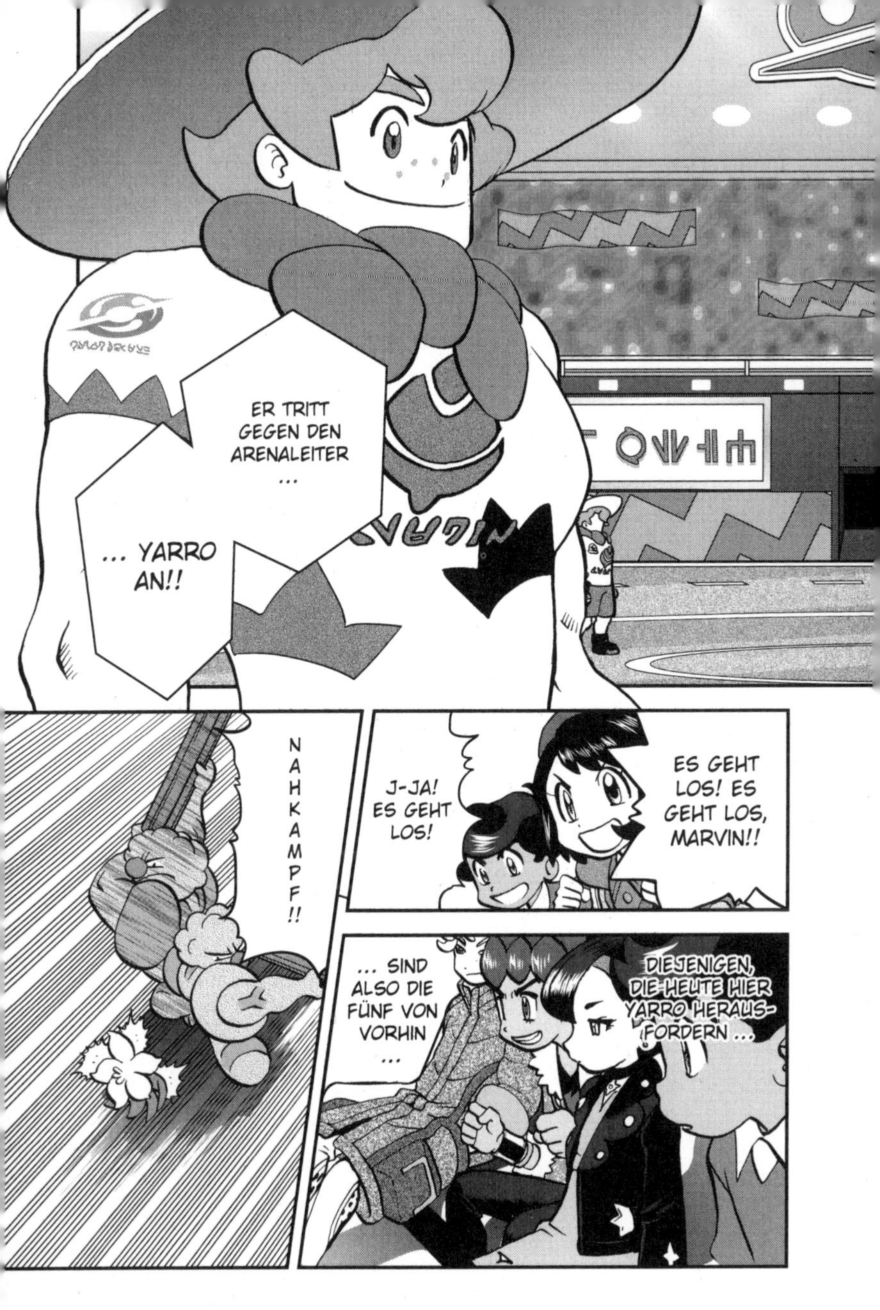
ER TRITT GEGEN DEN ARENALEITER ...
... YARRO AN!!
ES GEHT LOS! ES GEHT LOS, MARVIN!!
J-JA! ES GEHT LOS!
NAHKAMPF!!
DIEJENIGEN, DIE HEUTE HIER YARRO HERAUSFORDERN ...
... SIND ALSO DIE FÜNF VON VORHIN ...

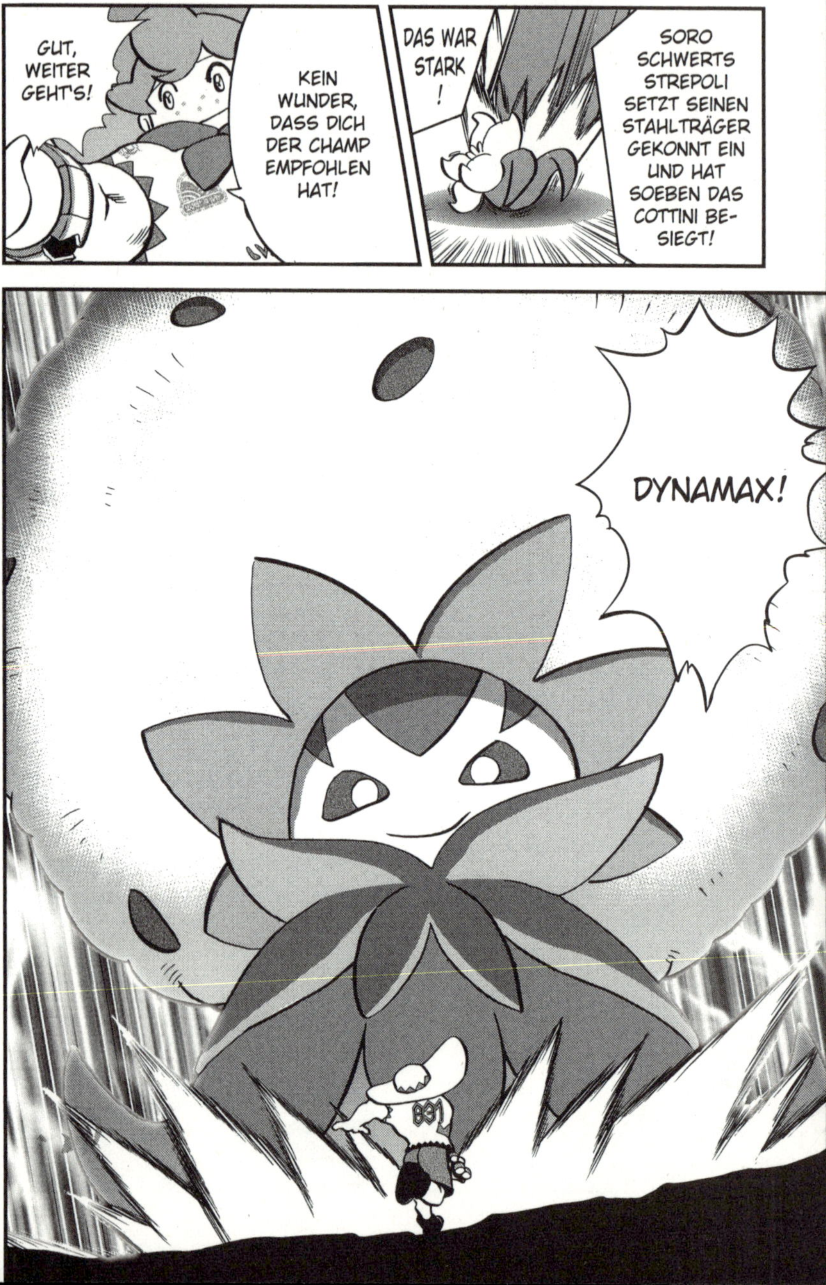
GUT, WEITER GEHT'S!
KEIN WUNDER, DASS DICH DER CHAMP EMPFOHLEN HAT!
DAS WAR STARK!
SORO SCHWERTS STREPOLI SETZT SEINEN STAHLTRÄGER GEKONNT EIN UND HAT SOEBEN DAS COTTINI BE-SIEGT!
DYNAMAX!

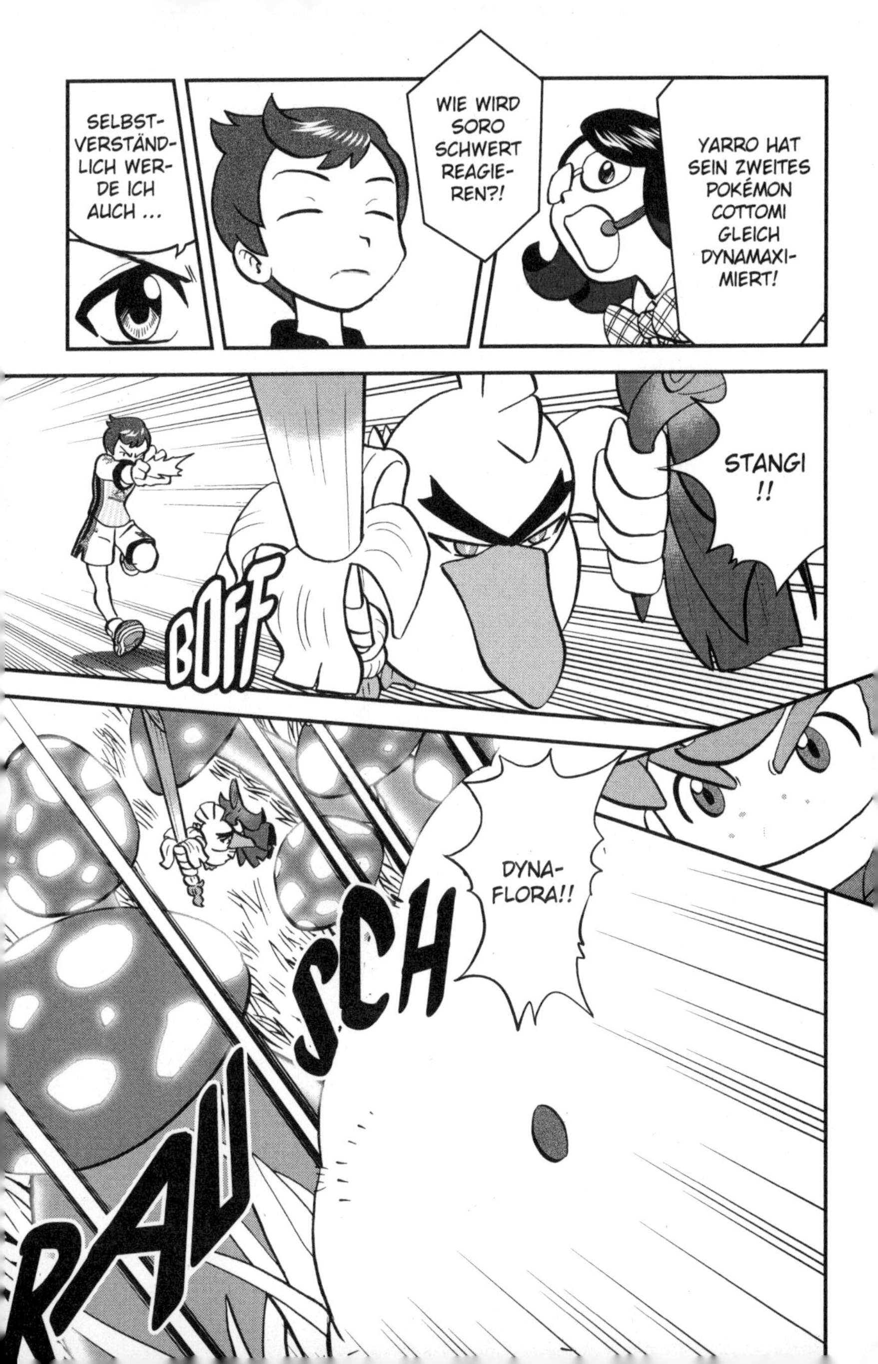

YARRO HAT SEIN ZWEITES POKÉMON COTTOMI GLEICH DYNAMAXIMIERT!
WIE WIRD SORO SCHWERT REAGIEREN?!
SELBSTVERSTÄNDLICH WERDE ICH AUCH ...
STANGI !!
BOFF
DYNAFLORA!!
SCH
RAU

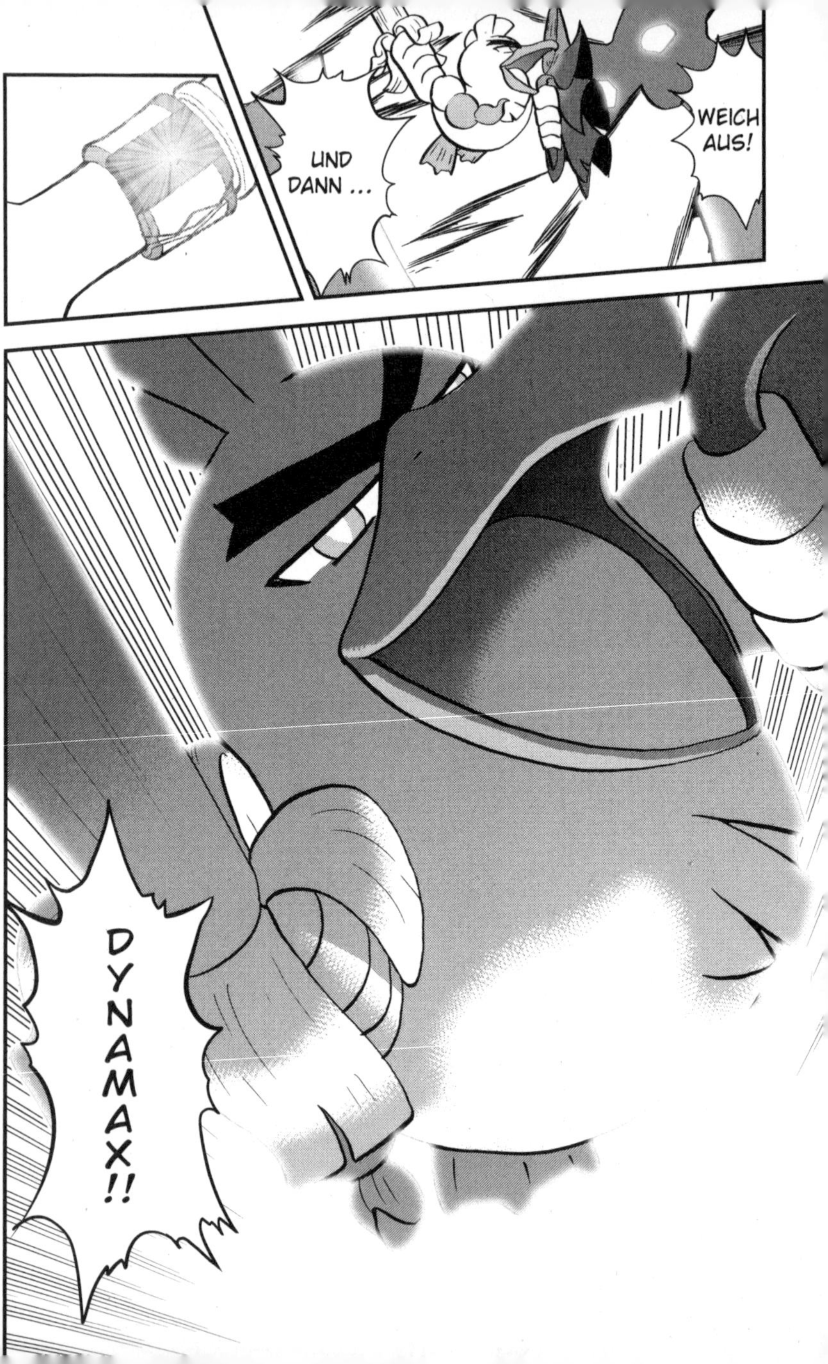
WEICH AUS!
UND DANN ...
DYNAMAX!!

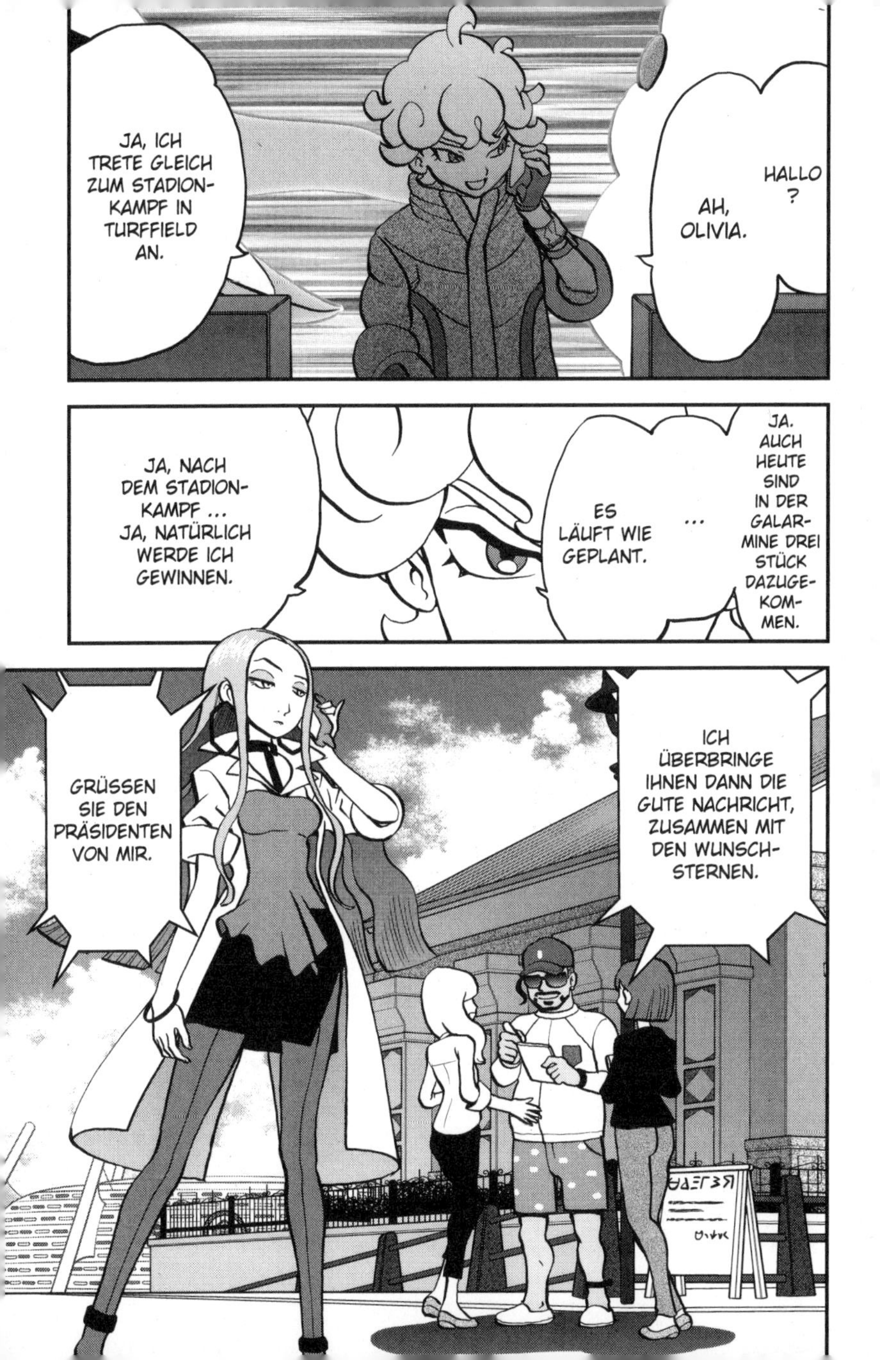
HALLO?
AH, OLIVIA.
JA, ICH TRETE GLEICH ZUM STADION-KAMPF IN TURFFIELD AN.
JA. AUCH HEUTE SIND IN DER GALAR-MINE DREI STÜCK DAZUGE-KOM-MEN.
...
ES LÄUFT WIE GEPLANT.
JA, NACH DEM STADION-KAMPF ... JA, NATÜRLICH WERDE ICH GEWINNEN.
ICH ÜBERBRINGE IHNEN DANN DIE GUTE NACHRICHT, ZUSAMMEN MIT DEN WUNSCH-STERNEN.
GRÜSSEN SIE DEN PRÄSIDENTEN VON MIR.

DYNAMAX-GEHEIMNIS 6

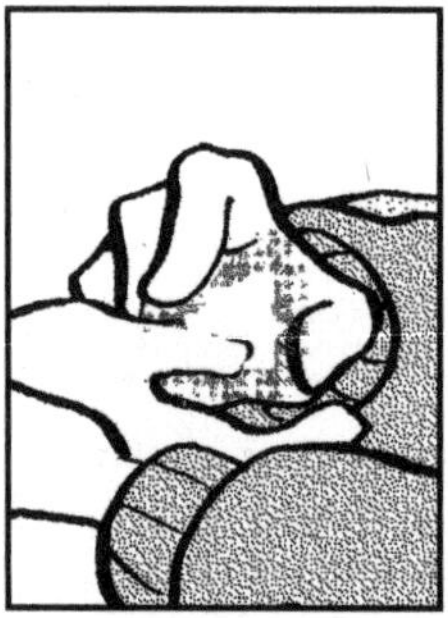

▲ MAN SAGT AUCH, DASS FÜR DIEJENIGEN, DIE EINEN SOLCHEN STEIN FINDEN, EIN WUNSCH IN ERFÜLLUNG GEHT!

WUNSCHSTERNE

IN DER GALAR-REGION AUFZUFINDENDE STEINE, DIE EINE RÄTSELHAFTE KRAFT BEHERBERGEN. MAN HAT BEREITS HERAUSGEFUNDEN, DASS SIE IN EINEM ZUSAMMENHANG MIT DEM DYNAMAX-PHÄNOMEN STEHEN. PROFESSOR MAGNOLICA UNTERSUCHT SIE MIT GROSSEM EIFER.

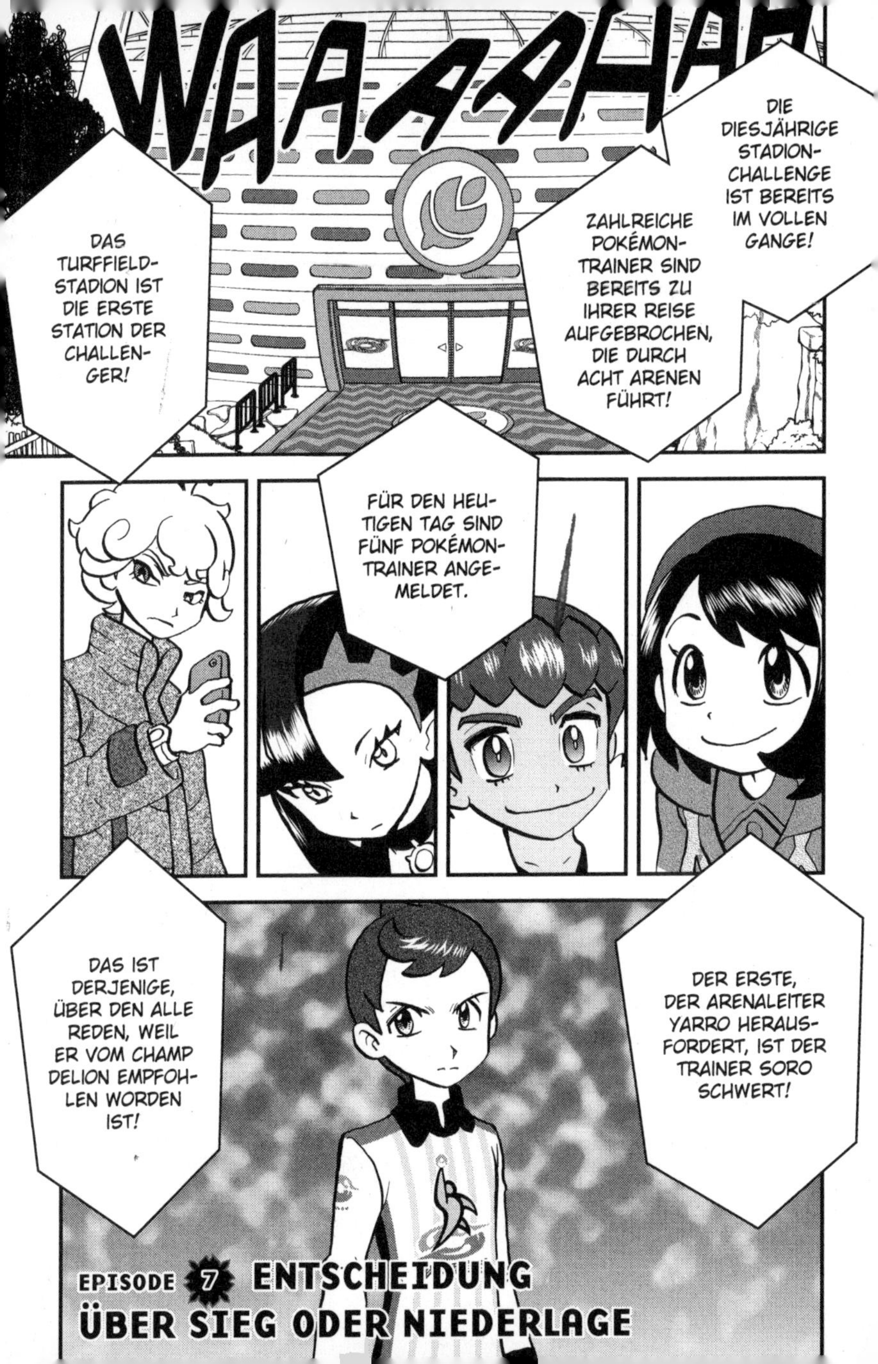
WAAAAHH
DIE DIESJÄHRIGE STADION-CHALLENGE IST BEREITS IM VOLLEN GANGE!
ZAHLREICHE POKÉMON-TRAINER SIND BEREITS ZU IHRER REISE AUFGEBROCHEN, DIE DURCH ACHT ARENEN FÜHRT!
DAS TURFFIELD-STADION IST DIE ERSTE STATION DER CHALLENGER!
FÜR DEN HEUTIGEN TAG SIND FÜNF POKÉMON-TRAINER ANGEMELDET.
DER ERSTE, DER ARENALEITER YARRO HERAUSFORDERT, IST DER TRAINER SORO SCHWERT!
DAS IST DERJENIGE, ÜBER DEN ALLE REDEN, WEIL ER VOM CHAMP DELION EMPFOHLEN WORDEN IST!
EPISODE 7 ENTSCHEIDUNG ÜBER SIEG ODER NIEDERLAGE

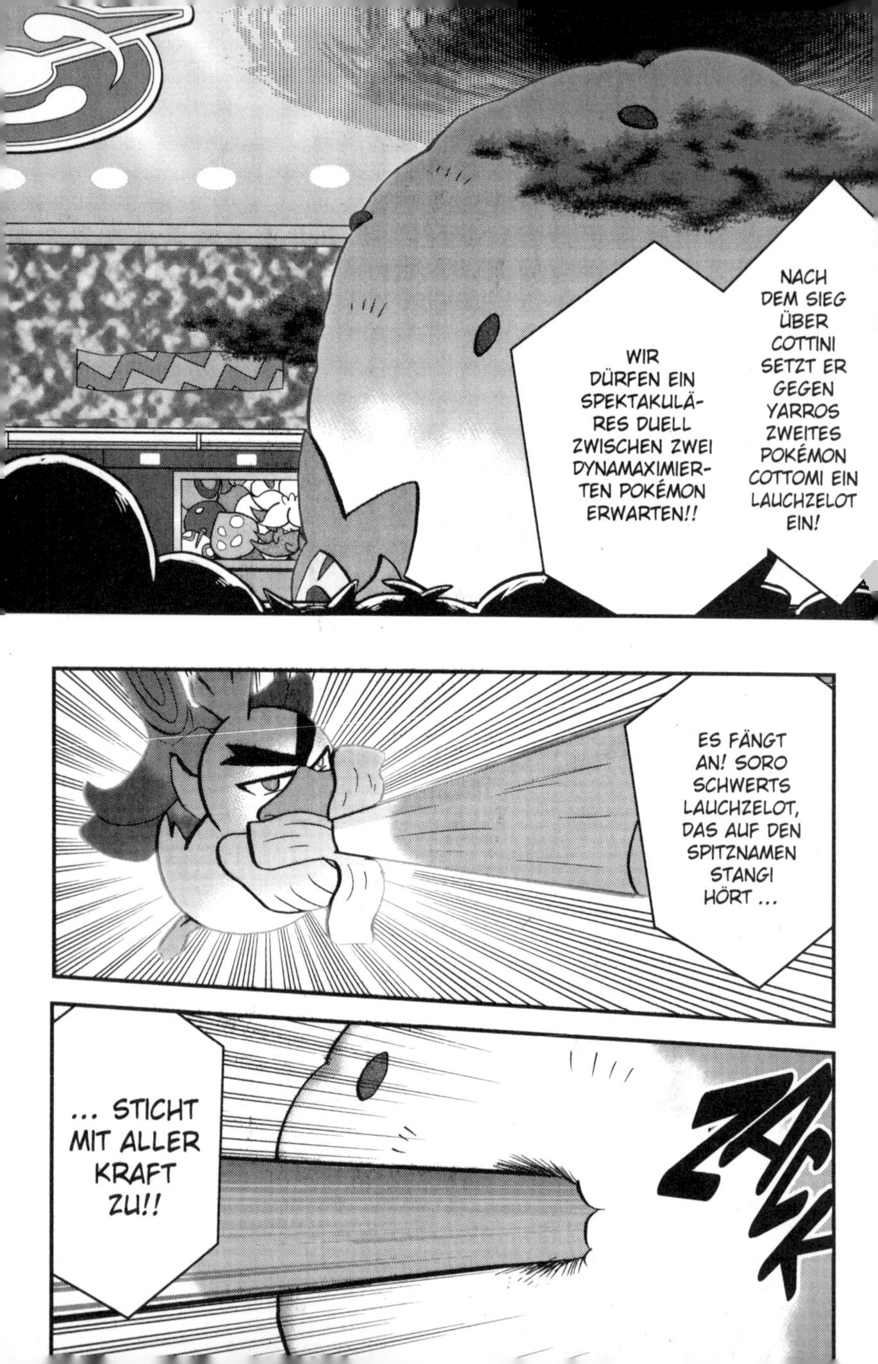
NACH DEM SIEG ÜBER COTTINI SETZT ER GEGEN YARROS ZWEITES POKÉMON COTTOMI EIN LAUCHZELOT EIN!
WIR DÜRFEN EIN SPEKTAKULÄRES DUELL ZWISCHEN ZWEI DYNAMAXIMIERTEN POKÉMON ERWARTEN!!
ES FÄNGT AN! SORO SCHWERTS LAUCHZELOT, DAS AUF DEN SPITZNAMEN STANGI HÖRT …
… STICHT MIT ALLER KRAFT ZU!!
ZACK

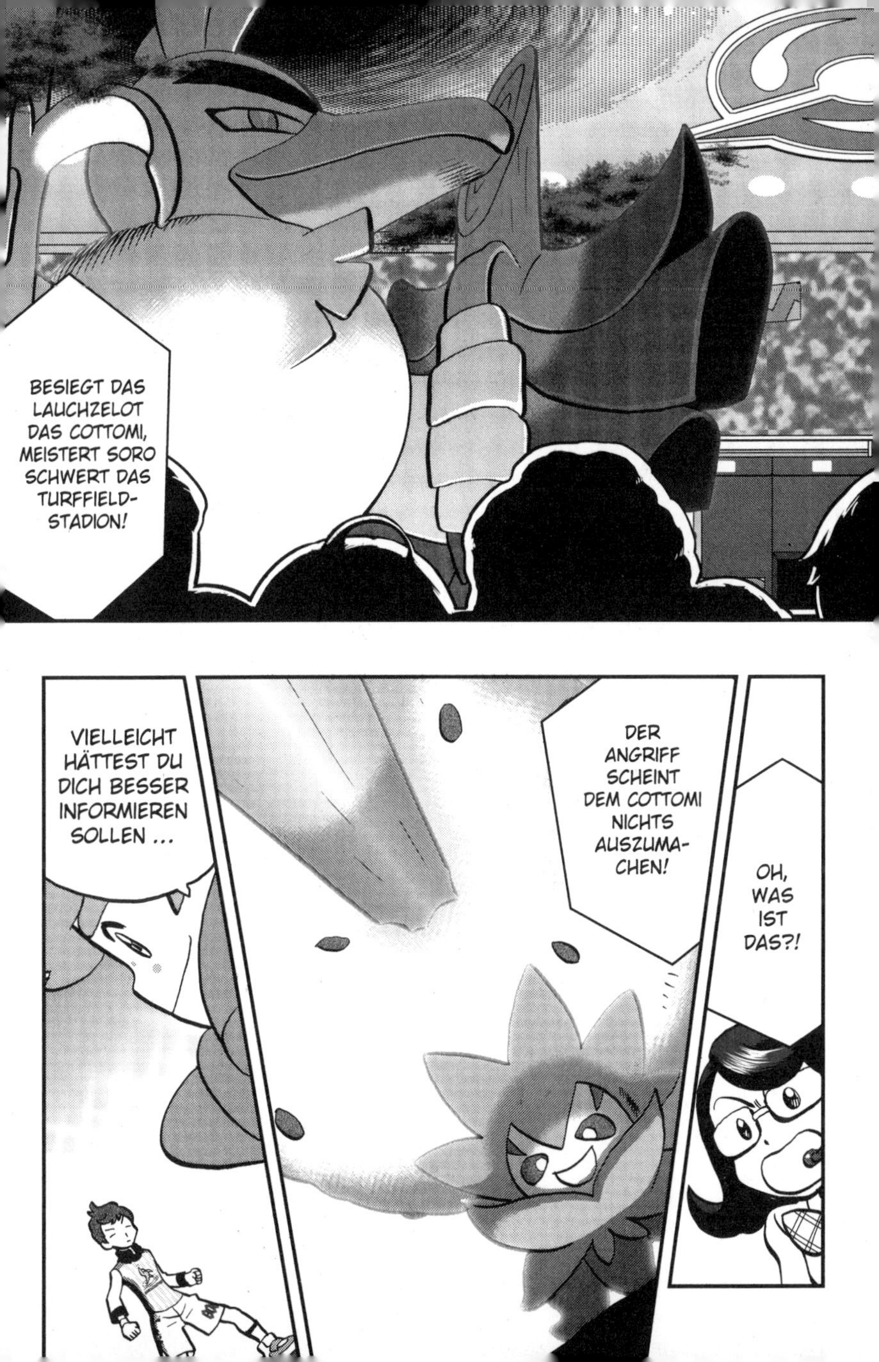
BESIEGT DAS LAUCHZELOT DAS COTTOMI, MEISTERT SORO SCHWERT DAS TURFFIELD-STADION!
VIELLEICHT HÄTTEST DU DICH BESSER INFORMIEREN SOLLEN ...
DER ANGRIFF SCHEINT DEM COTTOMI NICHTS AUSZUMA-CHEN!
OH, WAS IST DAS?!

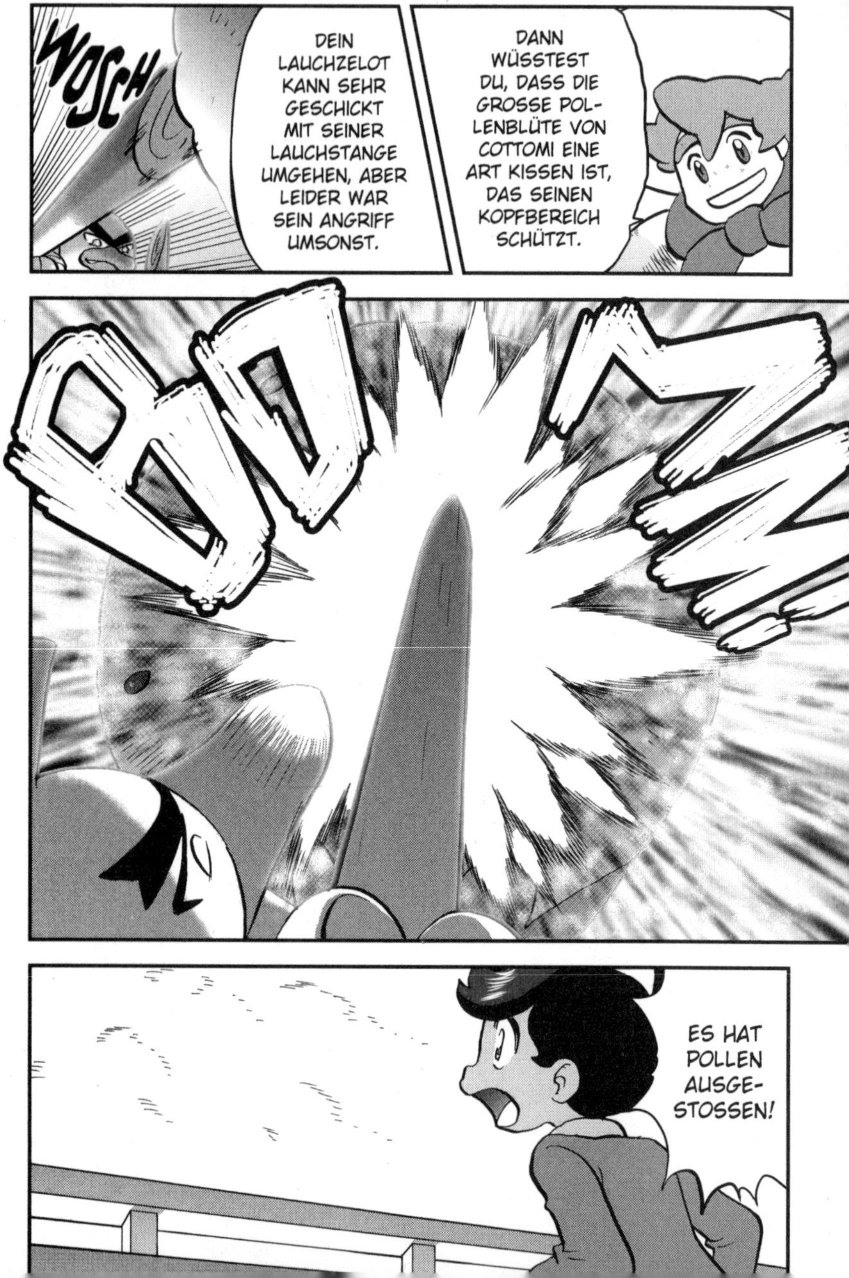
WOSCH
DEIN LAUCHZELOT KANN SEHR GESCHICKT MIT SEINER LAUCHSTANGE UMGEHEN, ABER LEIDER WAR SEIN ANGRIFF UMSONST.
DANN WÜSSTEST DU, DASS DIE GROSSE POL-LENBLÜTE VON COTTOMI EINE ART KISSEN IST, DAS SEINEN KOPFBEREICH SCHÜTZT.
BUMM
ES HAT POLLEN AUSGE-STOSSEN!

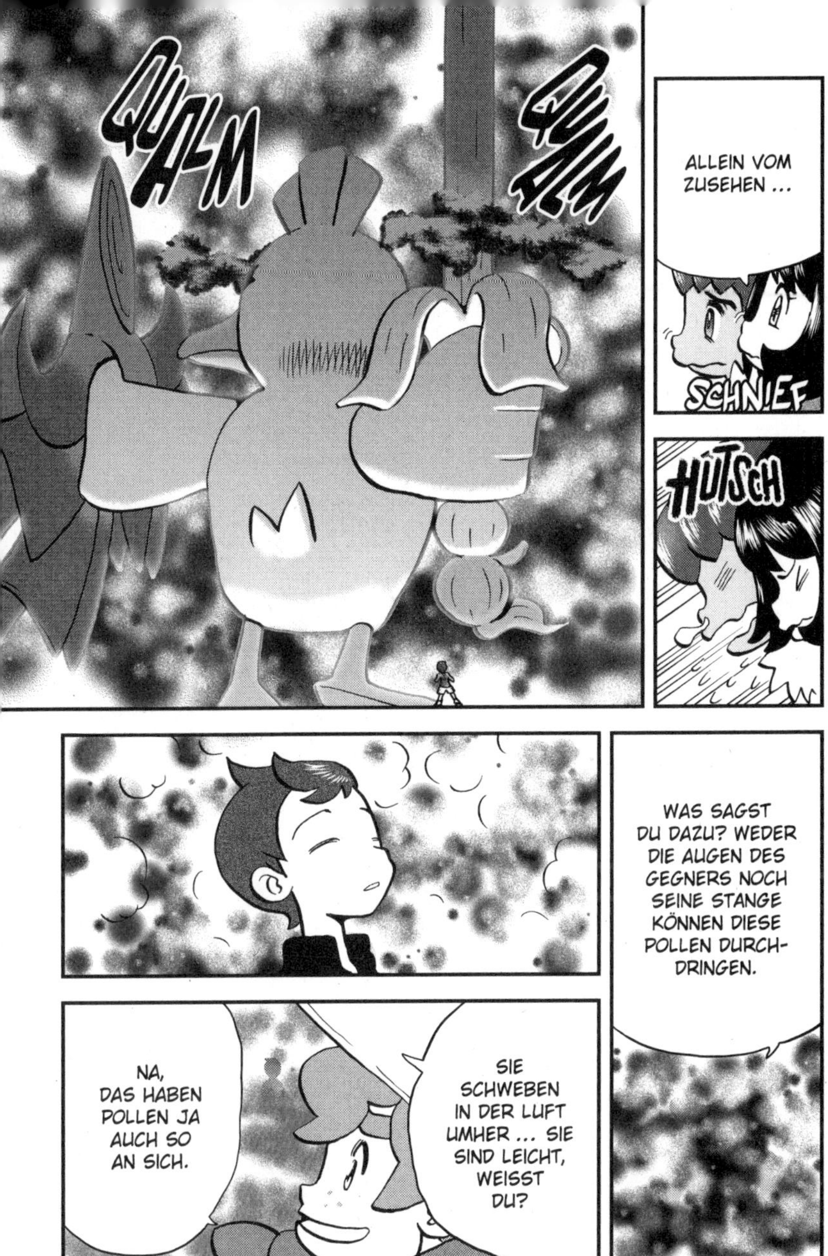

ALLEIN VOM ZUSEHEN …
SCHNIEF
HÜTSCH
QUALM
QUALM
WAS SAGST DU DAZU? WEDER DIE AUGEN DES GEGNERS NOCH SEINE STANGE KÖNNEN DIESE POLLEN DURCH-DRINGEN.
SIE SCHWEBEN IN DER LUFT UMHER … SIE SIND LEICHT, WEISST DU?
NA, DAS HABEN POLLEN JA AUCH SO AN SICH.

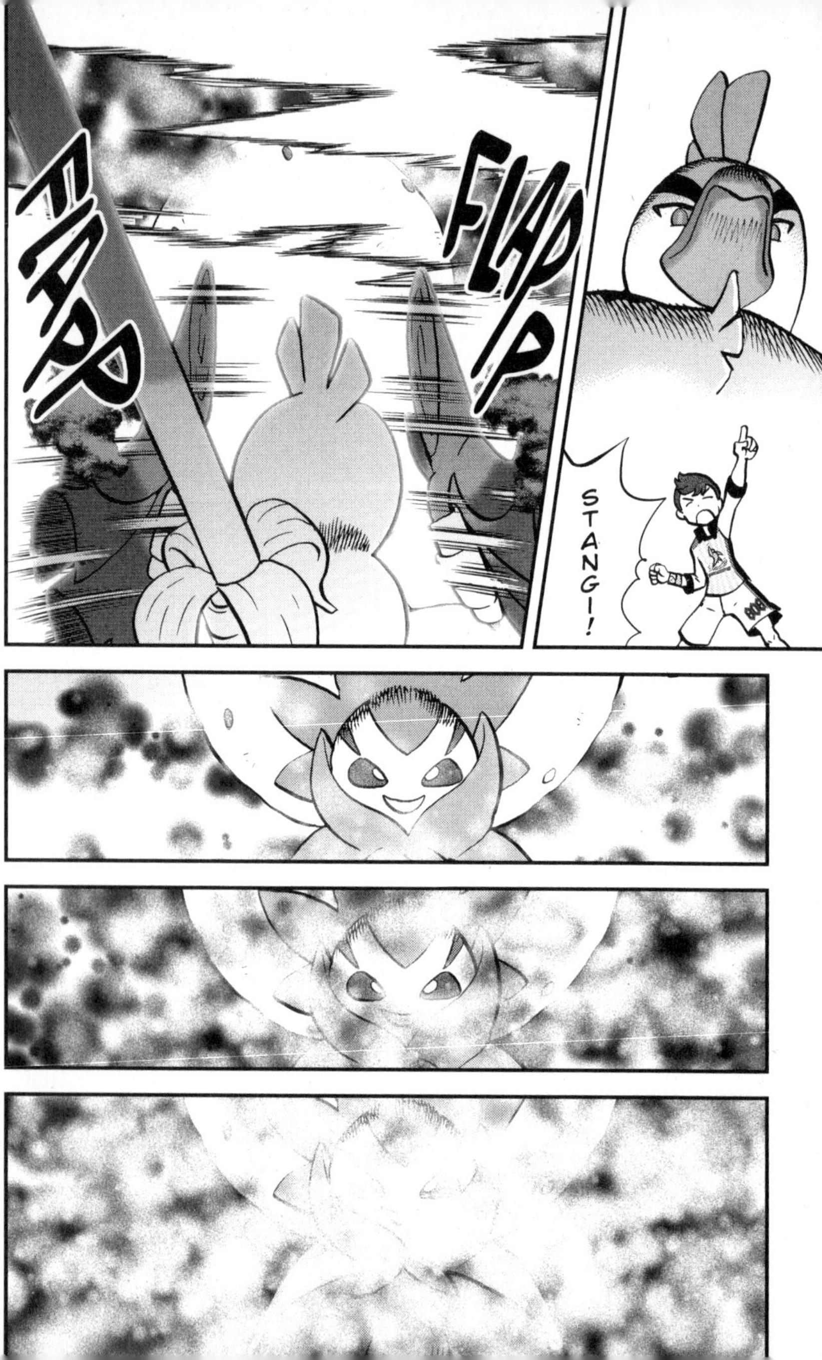
FLAPP
FLAPP
STANG!!

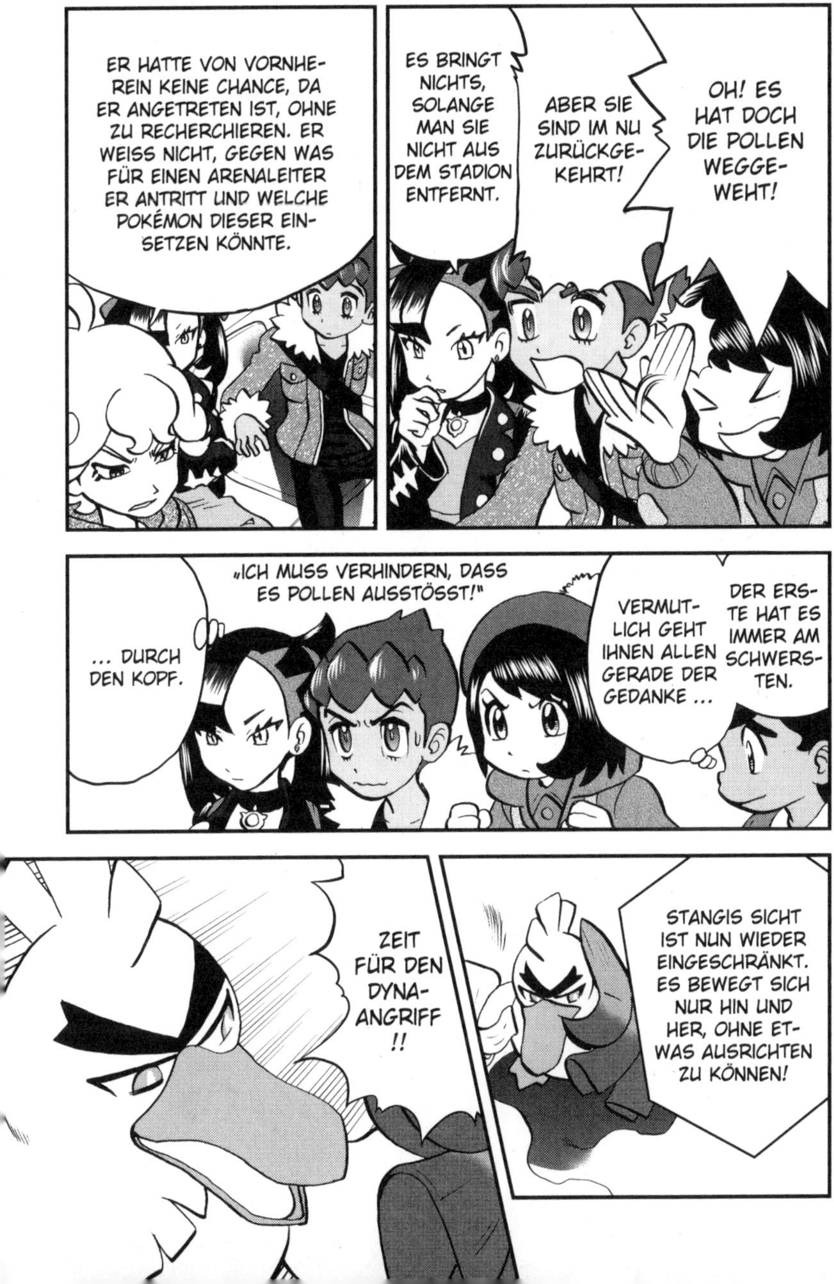
OH! ES HAT DOCH DIE POLLEN WEGGEWEHT!
ABER SIE SIND IM NU ZURÜCKGEKEHRT!
ES BRINGT NICHTS, SOLANGE MAN SIE NICHT AUS DEM STADION ENTFERNT.
ER HATTE VON VORNHEREIN KEINE CHANCE, DA ER ANGETRETEN IST, OHNE ZU RECHERCHIEREN. ER WEISS NICHT, GEGEN WAS FÜR EINEN ARENALEITER ER ANTRITT UND WELCHE POKÉMON DIESER EINSETZEN KÖNNTE.
DER ERSTE HAT ES IMMER AM SCHWERSTEN.
VERMUTLICH GEHT IHNEN ALLEN GERADE DER GEDANKE ...
„ICH MUSS VERHINDERN, DASS ES POLLEN AUSSTÖSST!“
... DURCH DEN KOPF.
STANGIS SICHT IST NUN WIEDER EINGESCHRÄNKT. ES BEWEGT SICH NUR HIN UND HER, OHNE ETWAS AUSRICHTEN ZU KÖNNEN!
ZEIT FÜR DEN DYNA-ANGRIFF !!

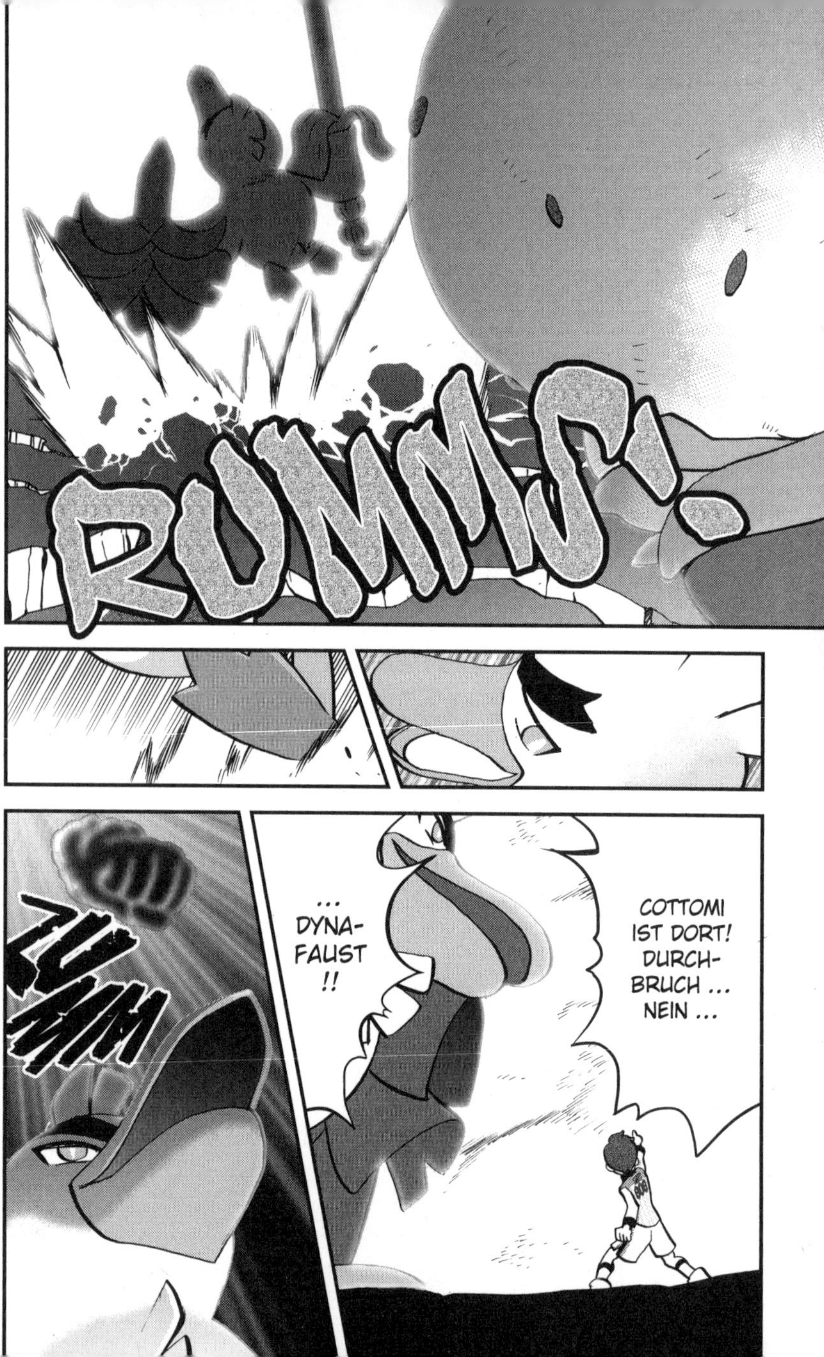
RUMMS!
COTTOMI IST DORT! DURCH-BRUCH … NEIN …
… DYNA-FAUST !!
ZUMM

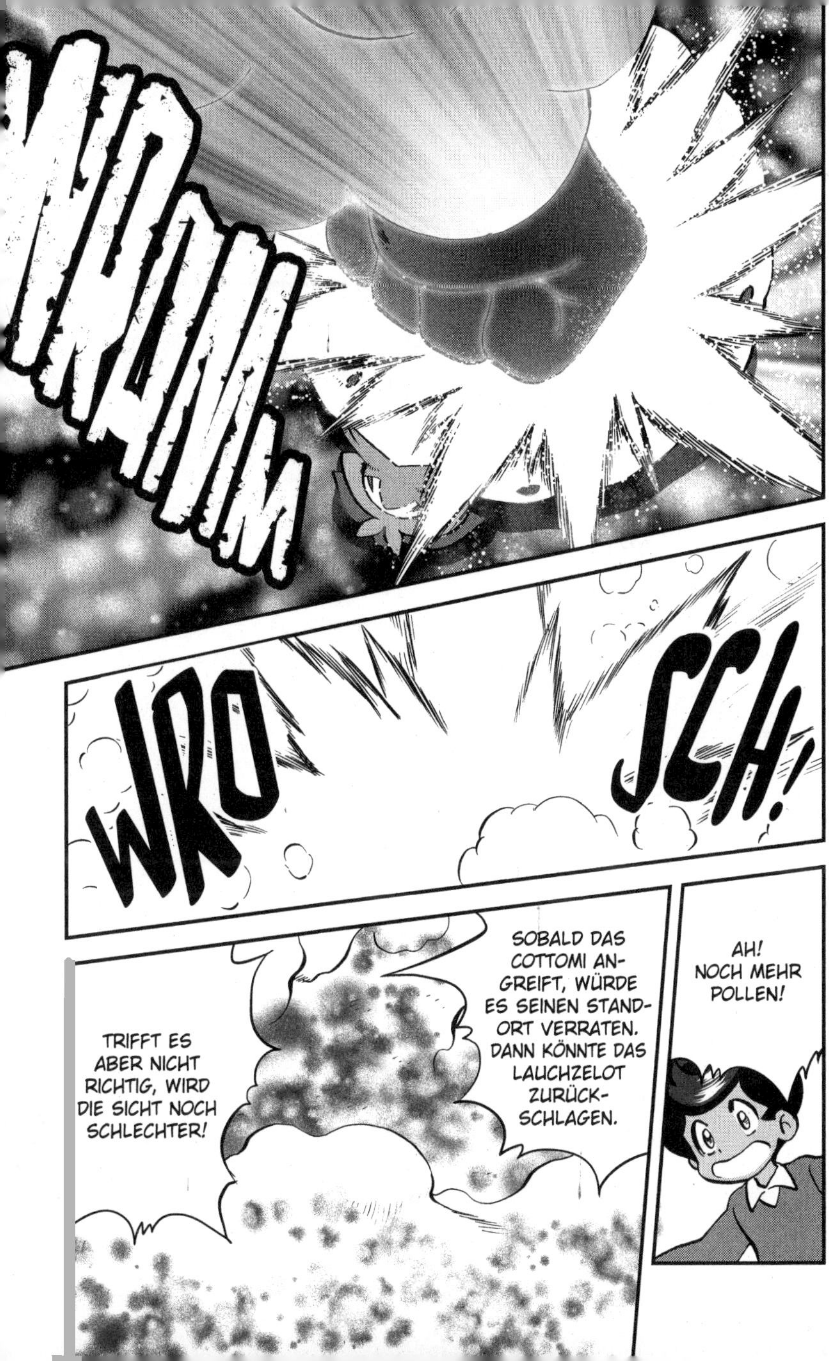
WRO
SCH!
AH! NOCH MEHR POLLEN!
SOBALD DAS COTTOMI ANGREIFT, WÜRDE ES SEINEN STANDORT VERRATEN. DANN KÖNNTE DAS LAUCHZELOT ZURÜCKSCHLAGEN.
TRIFFT ES ABER NICHT RICHTIG, WIRD DIE SICHT NOCH SCHLECHTER!

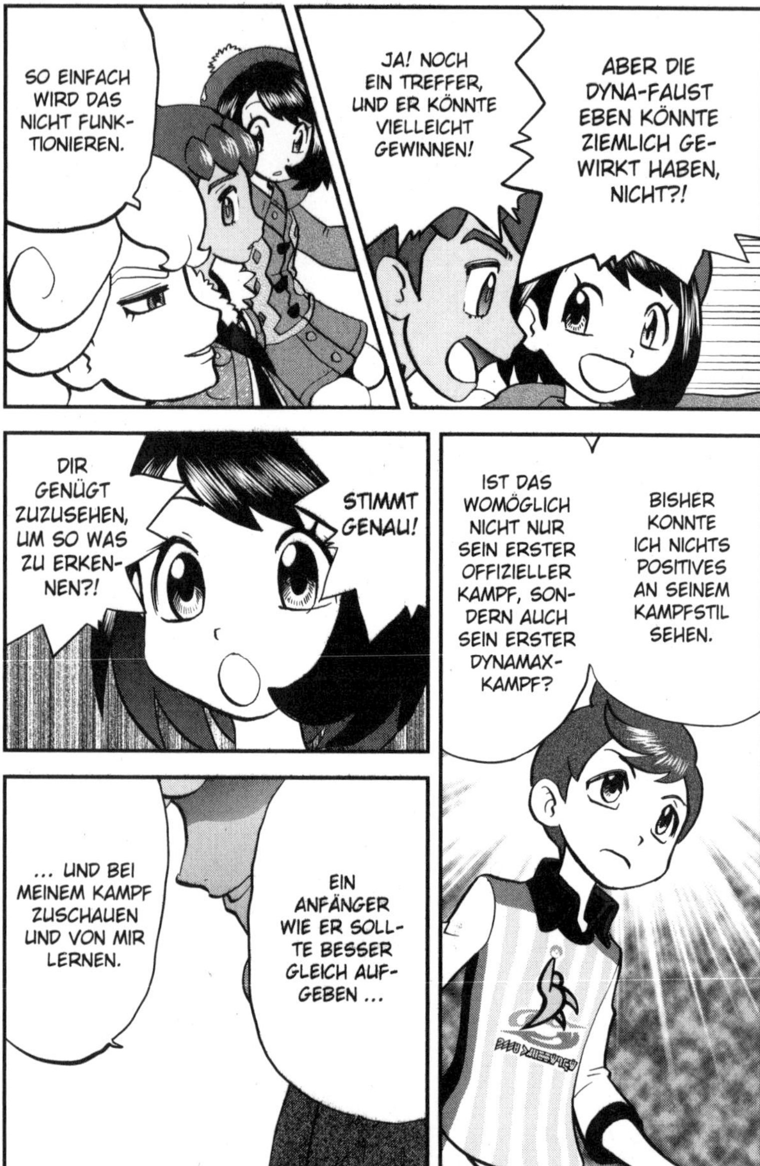
ABER DIE DYNA-FAUST EBEN KÖNNTE ZIEMLICH GEWIRKT HABEN, NICHT?!
JA! NOCH EIN TREFFER, UND ER KÖNNTE VIELLEICHT GEWINNEN!
SO EINFACH WIRD DAS NICHT FUNKTIONIEREN.
BISHER KONNTE ICH NICHTS POSITIVES AN SEINEM KAMPFSTIL SEHEN.
IST DAS WOMÖGLICH NICHT NUR SEIN ERSTER OFFIZIELLER KAMPF, SONDERN AUCH SEIN ERSTER DYNAMAX-KAMPF?
STIMMT GENAU!
DIR GENÜGT ZUZUSEHEN, UM SO WAS ZU ERKENNEN?!
EIN ANFÄNGER WIE ER SOLLTE BESSER GLEICH AUFGEBEN ...
... UND BEI MEINEM KAMPF ZUSCHAUEN UND VON MIR LERNEN.

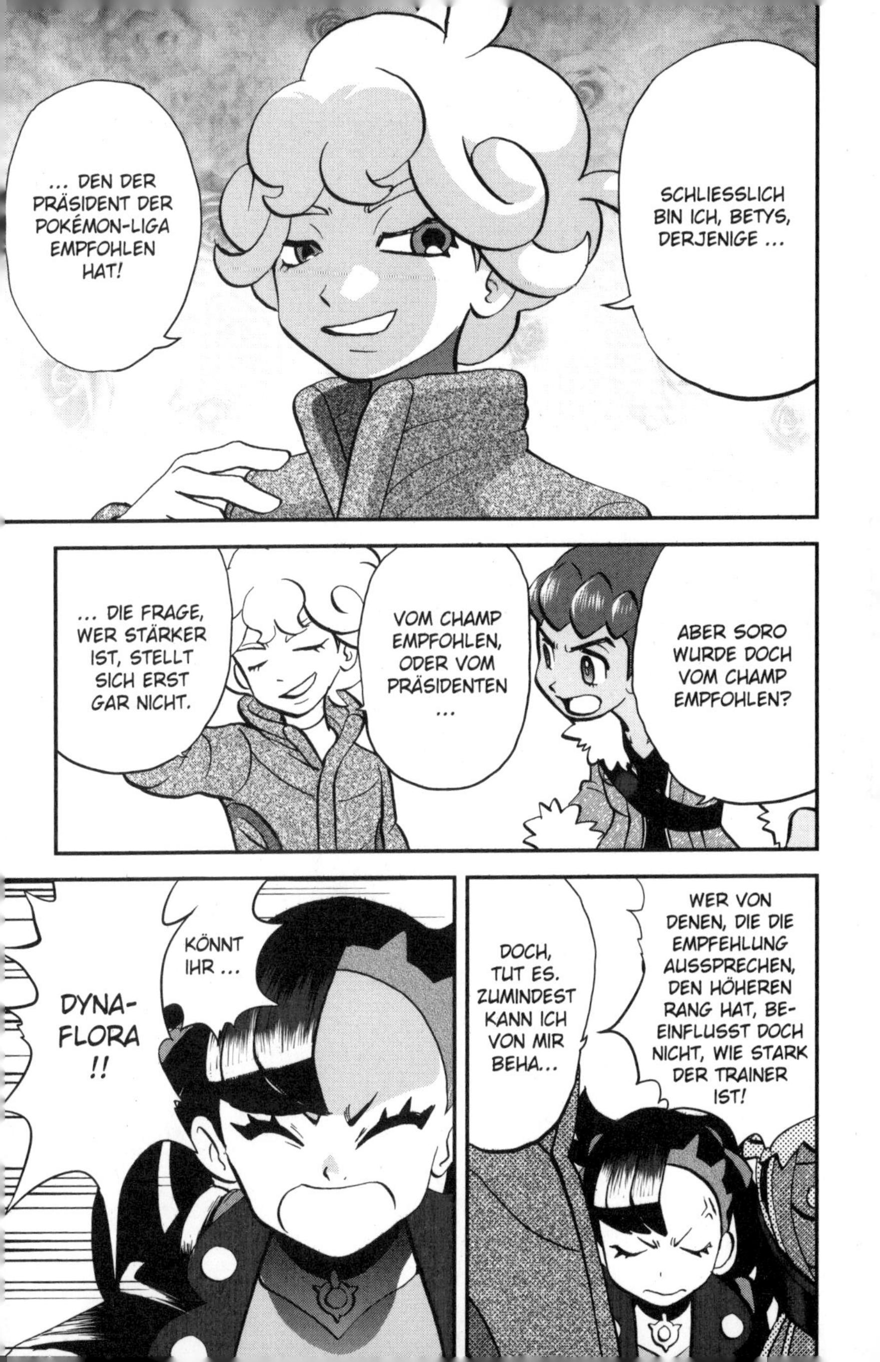
SCHLIESSLICH BIN ICH, BETYS, DERJENIGE ...
... DEN DER PRÄSIDENT DER POKÉMON-LIGA EMPFOHLEN HAT!
ABER SORO WURDE DOCH VOM CHAMP EMPFOHLEN?
VOM CHAMP EMPFOHLEN, ODER VOM PRÄSIDENTEN ...
... DIE FRAGE, WER STÄRKER IST, STELLT SICH ERST GAR NICHT.
WER VON DENEN, DIE DIE EMPFEHLUNG AUSSPRECHEN, DEN HÖHEREN RANG HAT, BE-EINFLUSST DOCH NICHT, WIE STARK DER TRAINER IST!
DOCH, TUT ES. ZUMINDEST KANN ICH VON MIR BEHA...
KÖNNT IHR ...
DYNA-FLORA !!

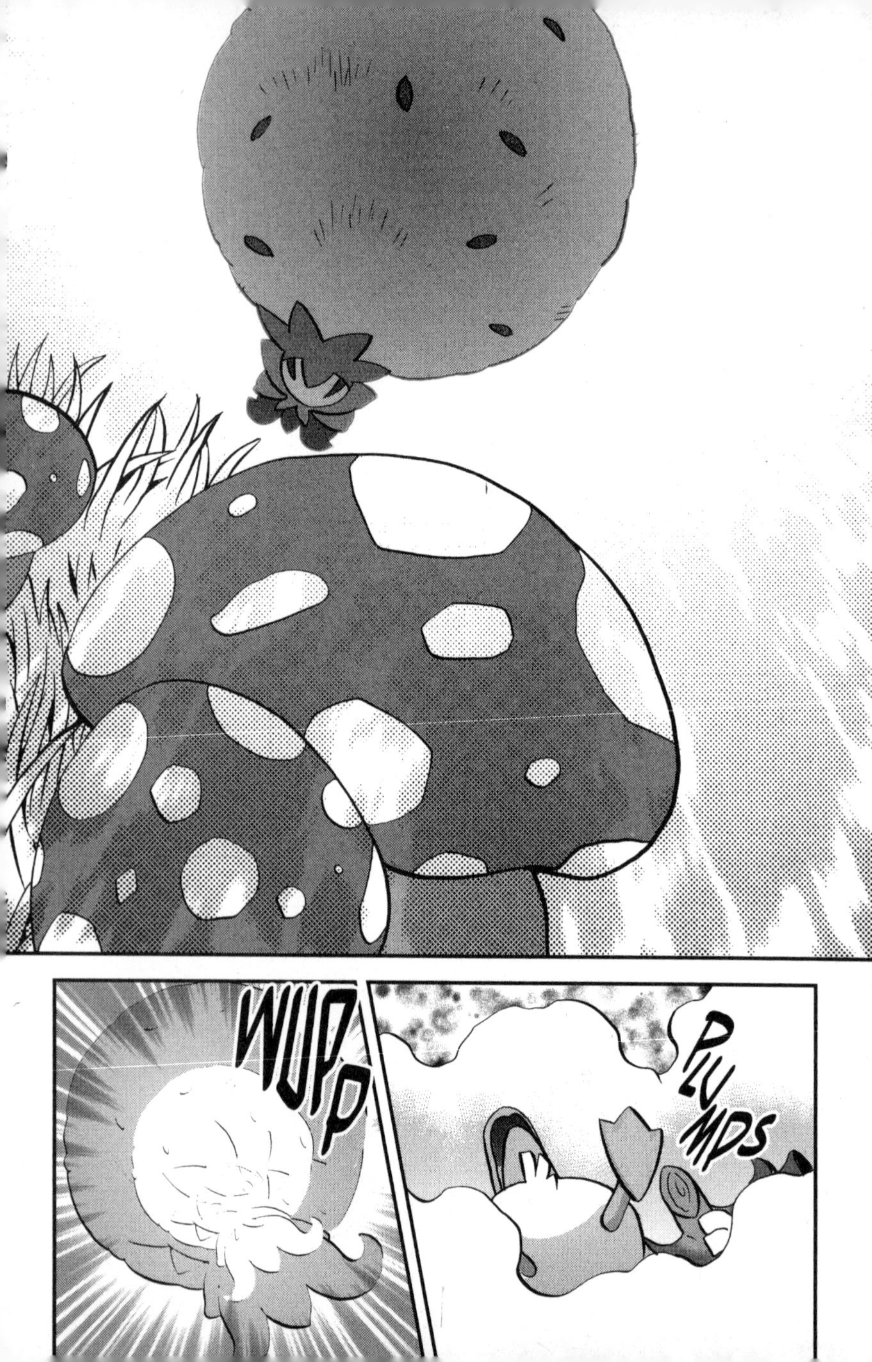
PLUMPS
WUPP

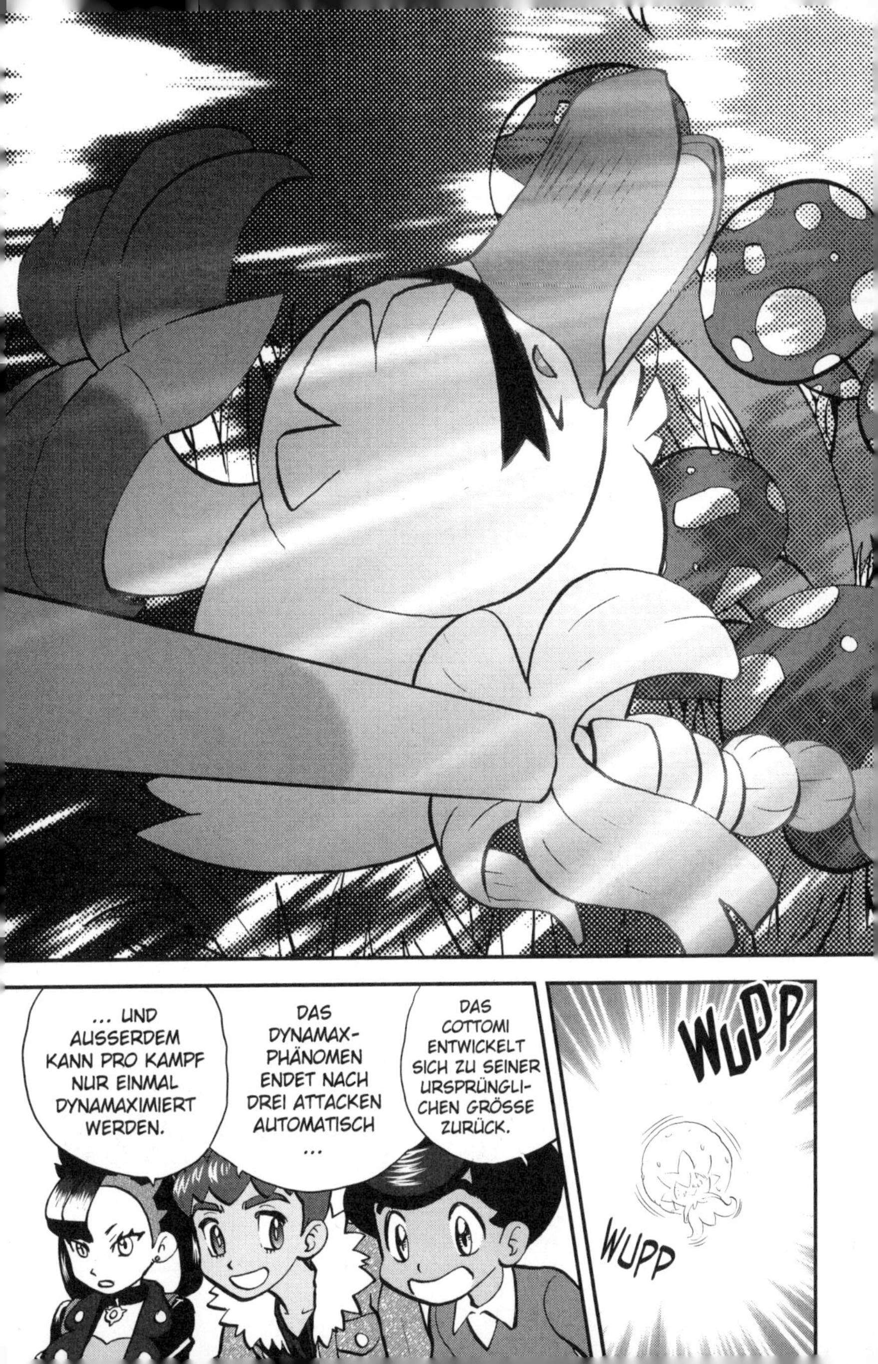
WUPP
WUPP
DAS COTTOMI ENTWICKELT SICH ZU SEINER URSPRÜNGLICHEN GRÖSSE ZURÜCK.
DAS DYNAMAX-PHÄNOMEN ENDET NACH DREI ATTACKEN AUTOMATISCH …
… UND AUSSERDEM KANN PRO KAMPF NUR EINMAL DYNAMAXIMIERT WERDEN.

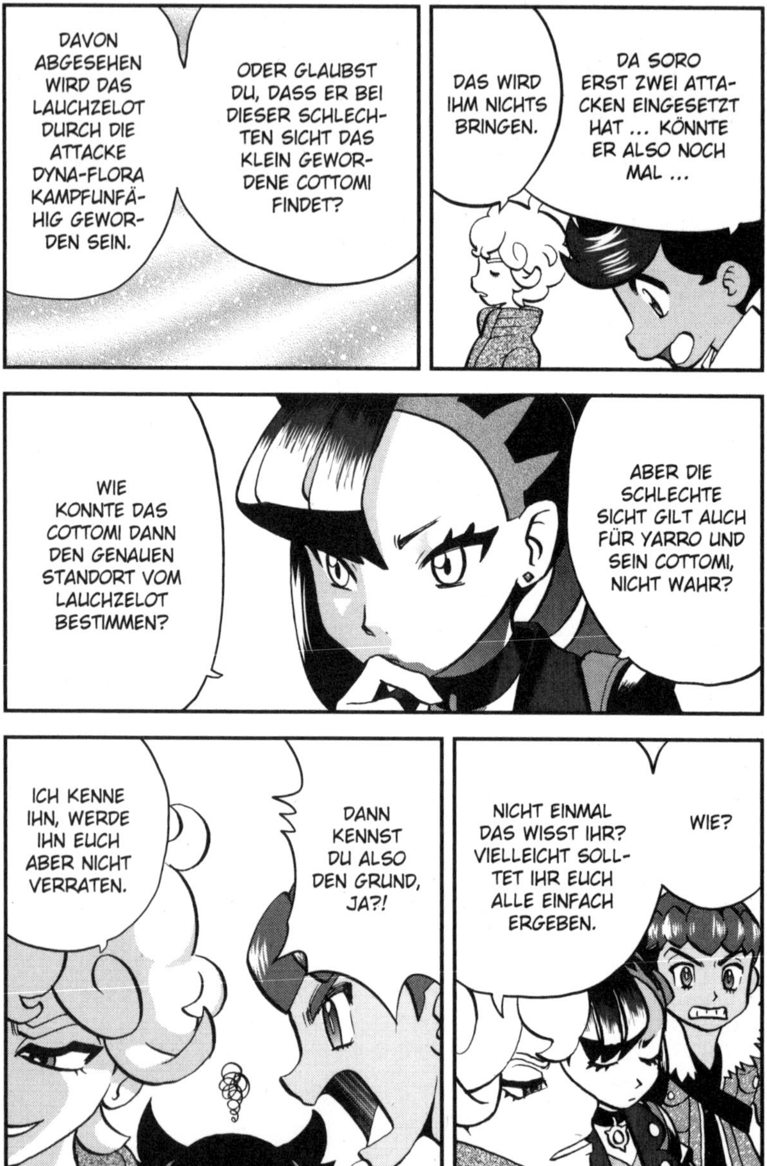
DA SORO ERST ZWEI ATTACKEN EINGESETZT HAT ... KÖNNTE ER ALSO NOCH MAL ...
DAS WIRD IHM NICHTS BRINGEN.
ODER GLAUBST DU, DASS ER BEI DIESER SCHLECHTEN SICHT DAS KLEIN GEWORDENE COTTOMI FINDET?
DAVON ABGESEHEN WIRD DAS LAUCHZELOT DURCH DIE ATTACKE DYNA-FLORA KAMPFUNFÄHIG GEWORDEN SEIN.
ABER DIE SCHLECHTE SICHT GILT AUCH FÜR YARRO UND SEIN COTTOMI, NICHT WAHR?
WIE KONNTE DAS COTTOMI DANN DEN GENAUEN STANDORT VOM LAUCHZELOT BESTIMMEN?
WIE?
NICHT EINMAL DAS WISST IHR? VIELLEICHT SOLLTET IHR EUCH ALLE EINFACH ERGEBEN.
DANN KENNST DU ALSO DEN GRUND, JA?!
ICH KENNE IHN, WERDE IHN EUCH ABER NICHT VERRATEN.

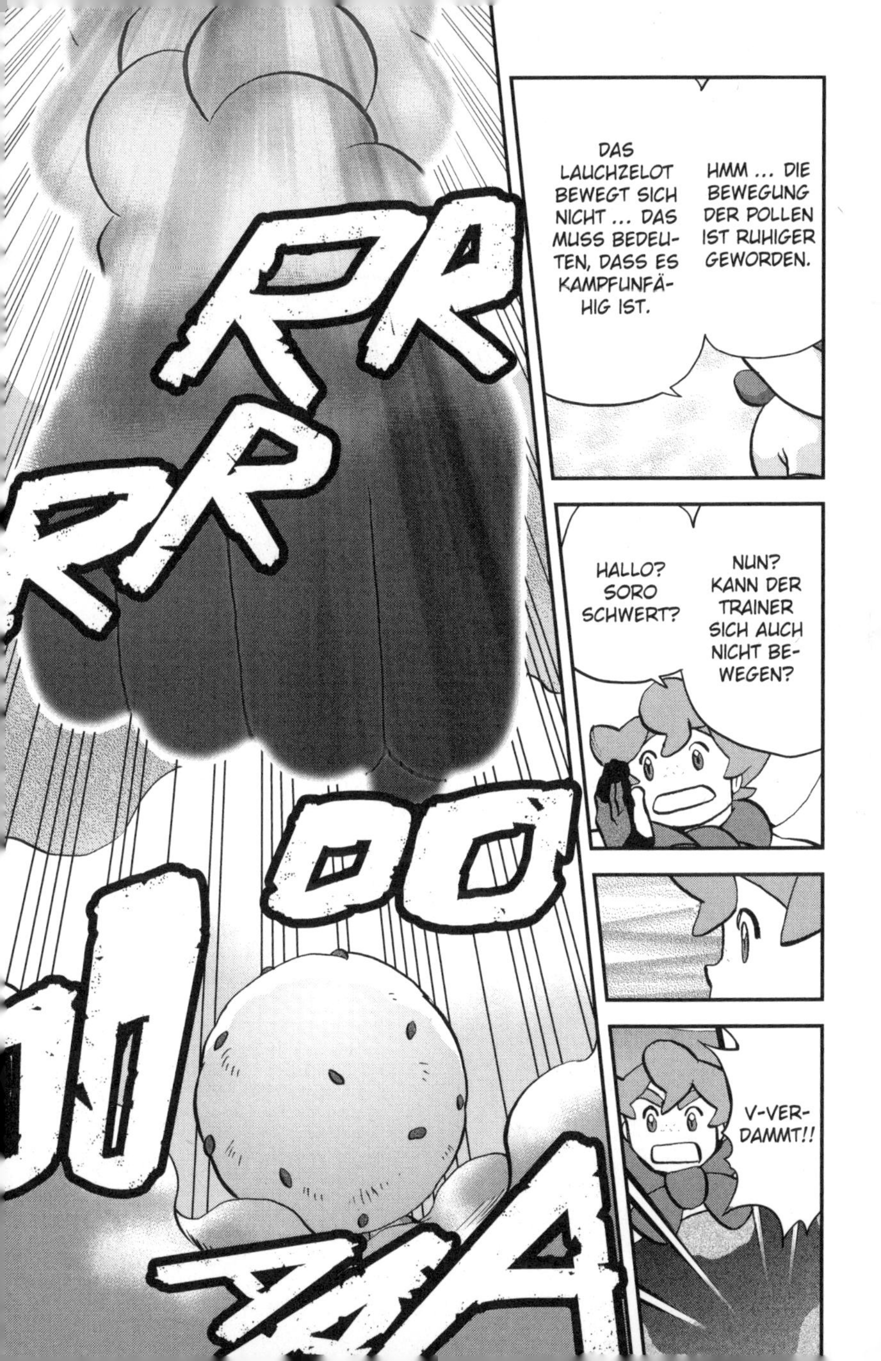
HMM … DIE BEWEGUNG DER POLLEN IST RUHIGER GEWORDEN.
DAS LAUCHZELOT BEWEGT SICH NICHT … DAS MUSS BEDEUTEN, DASS ES KAMPFUNFÄHIG IST.
NUN? KANN DER TRAINER SICH AUCH NICHT BEWEGEN?
HALLO? SORO SCHWERT?
V-VERDAMMT!!

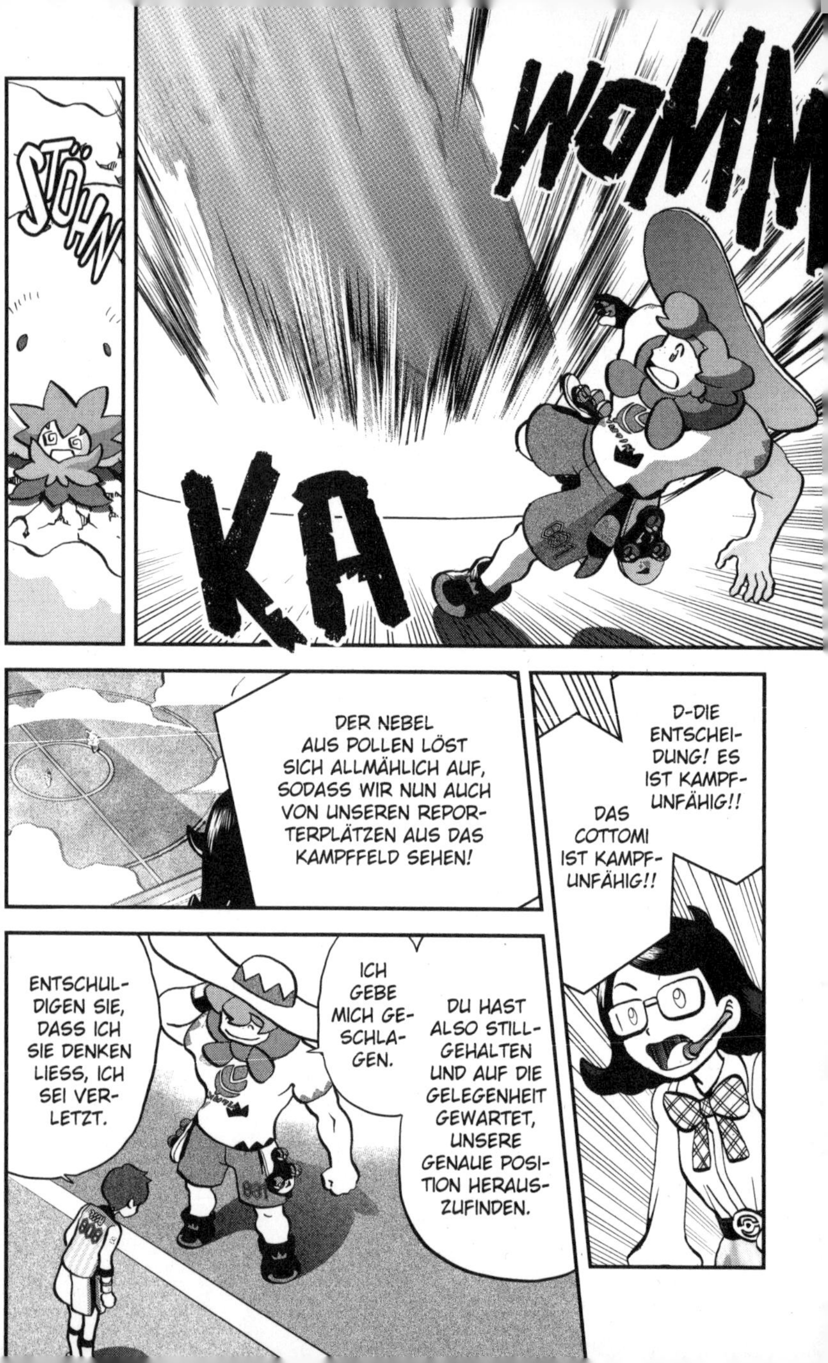
WOMM
KA
STÖHN
D-DIE ENTSCHEIDUNG! ES IST KAMPFUNFÄHIG!!
DAS COTTOMI IST KAMPFUNFÄHIG!!
DER NEBEL AUS POLLEN LÖST SICH ALLMÄHLICH AUF, SODASS WIR NUN AUCH VON UNSEREN REPORTERPLÄTZEN AUS DAS KAMPFFELD SEHEN!
DU HAST ALSO STILLGEHALTEN UND AUF DIE GELEGENHEIT GEWARTET, UNSERE GENAUE POSITION HERAUSZUFINDEN.
ICH GEBE MICH GESCHLAGEN.
ENTSCHULDIGEN SIE, DASS ICH SIE DENKEN LIESS, ICH SEI VERLETZT.

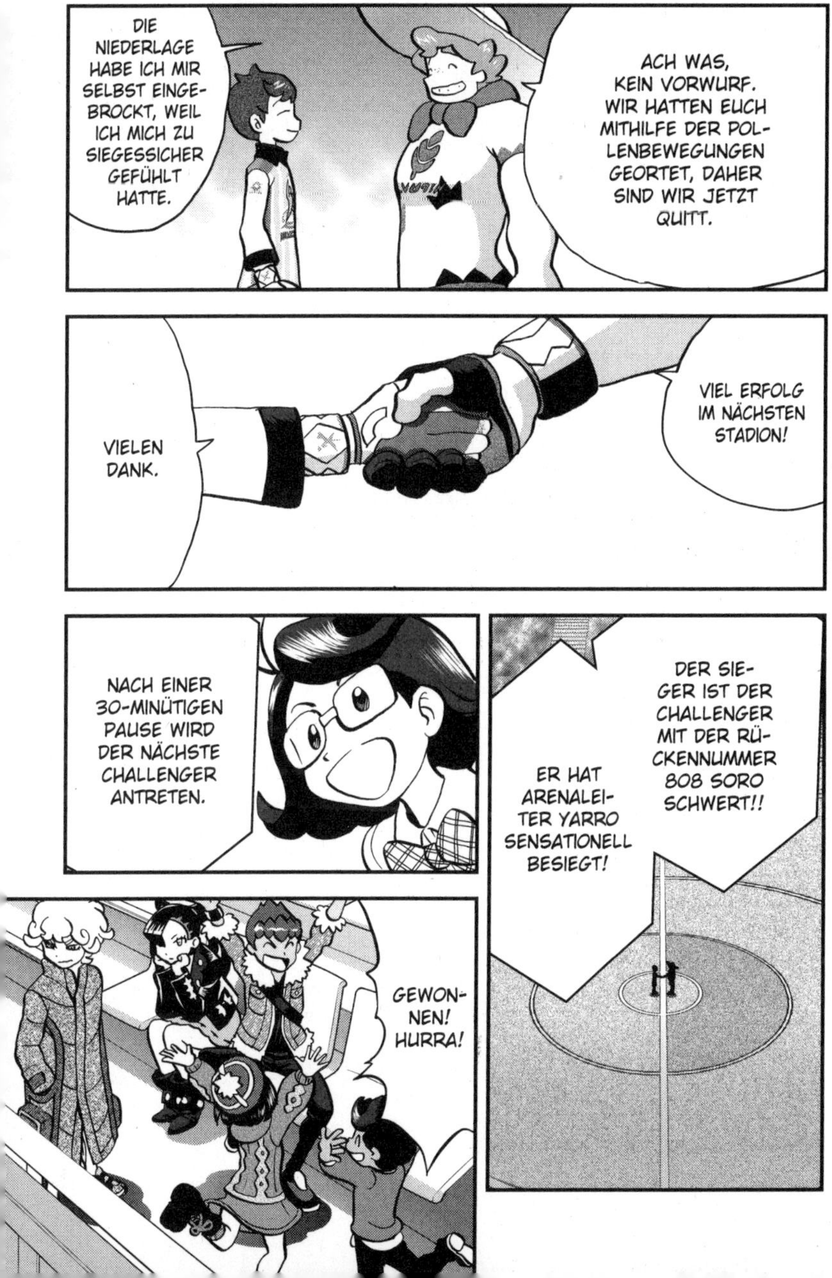

DIE NIEDERLAGE HABE ICH MIR SELBST EINGE-BROCKT, WEIL ICH MICH ZU SIEGESSICHER GEFÜHLT HATTE.
ACH WAS, KEIN VORWURF. WIR HATTEN EUCH MITHILFE DER POL-LENBEWEGUNGEN GEORTET, DAHER SIND WIR JETZT QUITT.
VIELEN DANK.
VIEL ERFOLG IM NÄCHSTEN STADION!
NACH EINER 30-MINÜTIGEN PAUSE WIRD DER NÄCHSTE CHALLENGER ANTRETEN.
DER SIE-GER IST DER CHALLENGER MIT DER RÜ-CKENNUMMER 808 SORO SCHWERT!!
ER HAT ARENALEI-TER YARRO SENSATIONELL BESIEGT!
GEWON-NEN! HURRA!

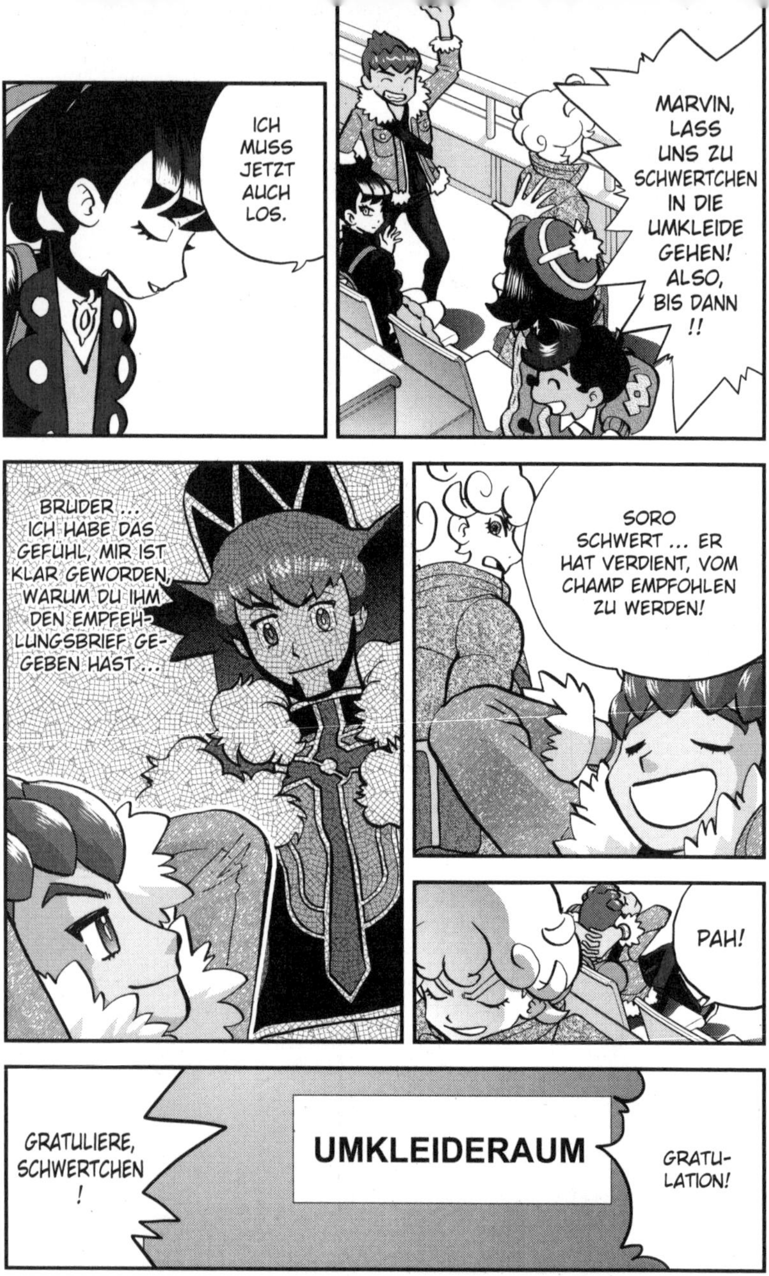

ICH MUSS JETZT AUCH LOS.
MARVIN, LASS UNS ZU SCHWERTCHEN IN DIE UMKLEIDE GEHEN! ALSO, BIS DANN!!
BRUDER ... ICH HABE DAS GEFÜHL, MIR IST KLAR GEWORDEN, WARUM DU IHM DEN EMPFEHLUNGSBRIEF GEGEBEN HAST ...
SORO SCHWERT ... ER HAT VERDIENT, VOM CHAMP EMPFOHLEN ZU WERDEN!
PAH!
GRATULIERE, SCHWERTCHEN!
UMKLEIDERAUM
GRATULATION!

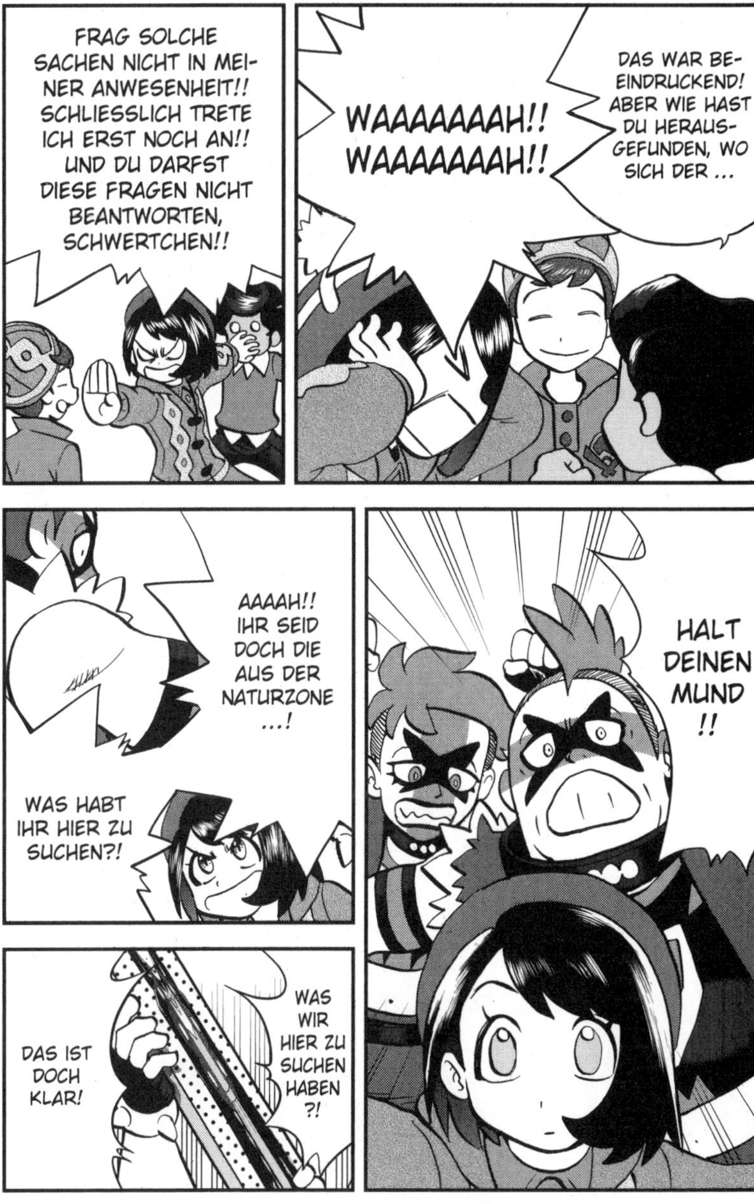
FRAG SOLCHE SACHEN NICHT IN MEINER ANWESENHEIT!! SCHLIESSLICH TRETE ICH ERST NOCH AN!! UND DU DARFST DIESE FRAGEN NICHT BEANTWORTEN, SCHWERTCHEN!!
WAAAAAAAH!! WAAAAAAAH!!
DAS WAR BEEINDRUCKEND! ABER WIE HAST DU HERAUSGEFUNDEN, WO SICH DER …
AAAAH!! IHR SEID DOCH DIE AUS DER NATURZONE …!
WAS HABT IHR HIER ZU SUCHEN?!
HALT DEINEN MUND!!
WAS WIR HIER ZU SUCHEN HABEN?!
DAS IST DOCH KLAR!

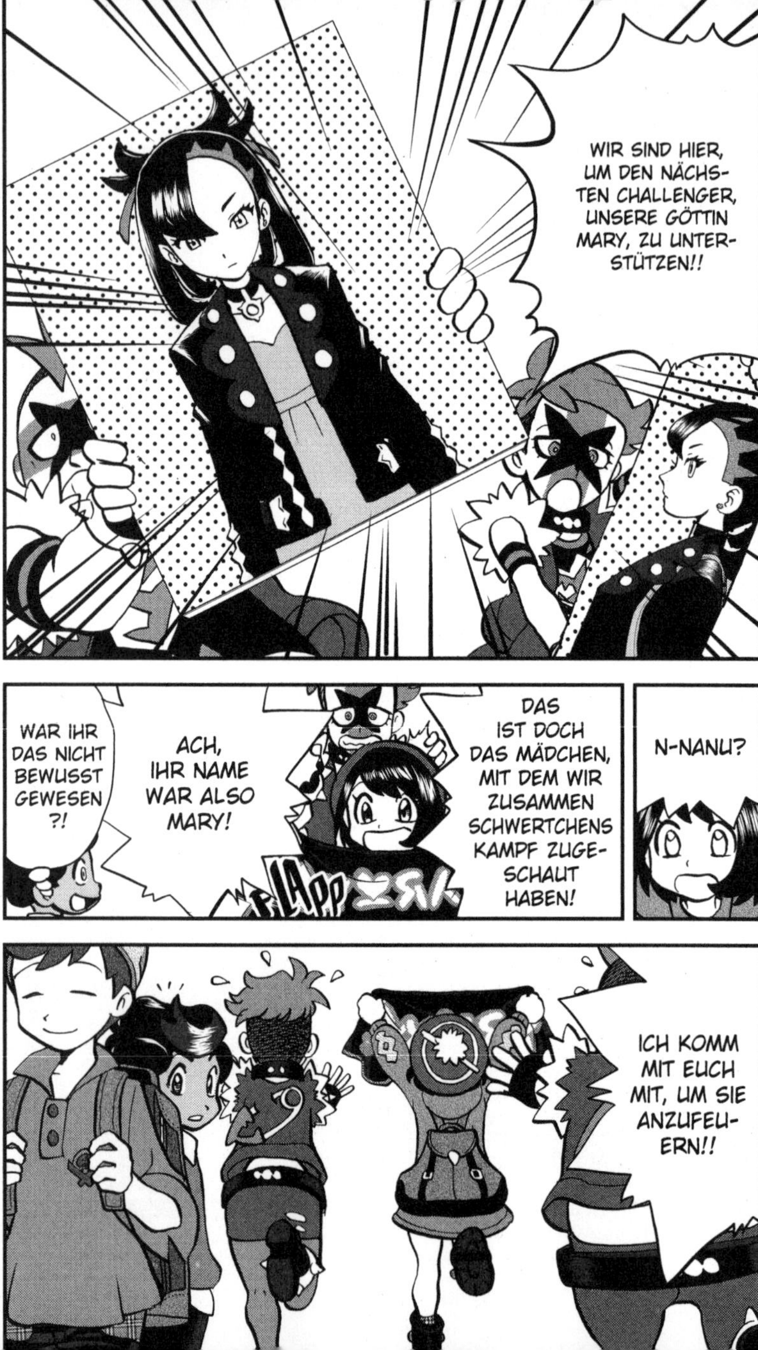
WIR SIND HIER, UM DEN NÄCHSTEN CHALLENGER, UNSERE GÖTTIN MARY, ZU UNTERSTÜTZEN!!
N-NANU?
DAS IST DOCH DAS MÄDCHEN, MIT DEM WIR ZUSAMMEN SCHWERTCHENS KAMPF ZUGESCHAUT HABEN!
ACH, IHR NAME WAR ALSO MARY!
WAR IHR DAS NICHT BEWUSST GEWESEN ?!
FLAPP
ICH KOMM MIT EUCH MIT, UM SIE ANZUFEUERN!!

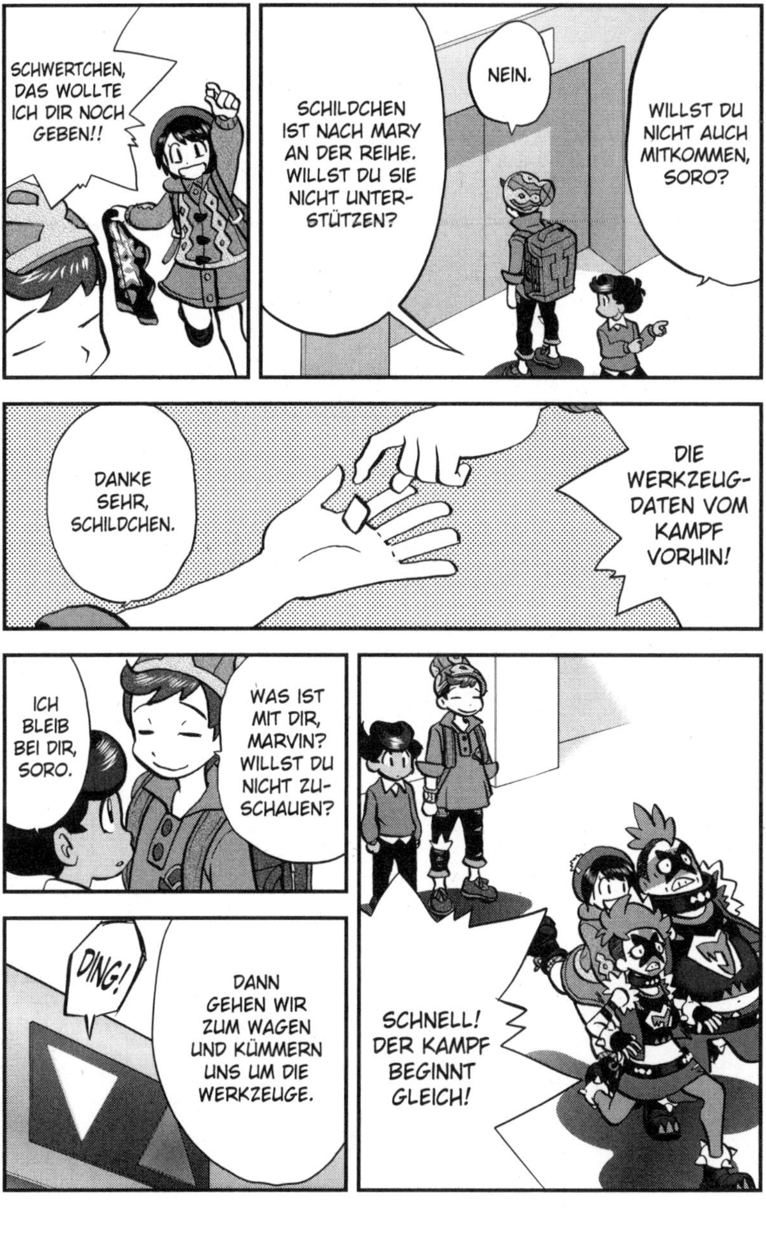
WILLST DU NICHT AUCH MITKOMMEN, SORO?
NEIN.
SCHILDCHEN IST NACH MARY AN DER REIHE. WILLST DU SIE NICHT UNTER-STÜTZEN?
SCHWERTCHEN, DAS WOLLTE ICH DIR NOCH GEBEN!!
DIE WERKZEUG-DATEN VOM KAMPF VORHIN!
DANKE SEHR, SCHILDCHEN.
SCHNELL! DER KAMPF BEGINNT GLEICH!
WAS IST MIT DIR, MARVIN? WILLST DU NICHT ZU-SCHAUEN?
ICH BLEIB BEI DIR, SORO.
DANN GEHEN WIR ZUM WAGEN UND KÜMMERN UNS UM DIE WERKZEUGE.
DING!

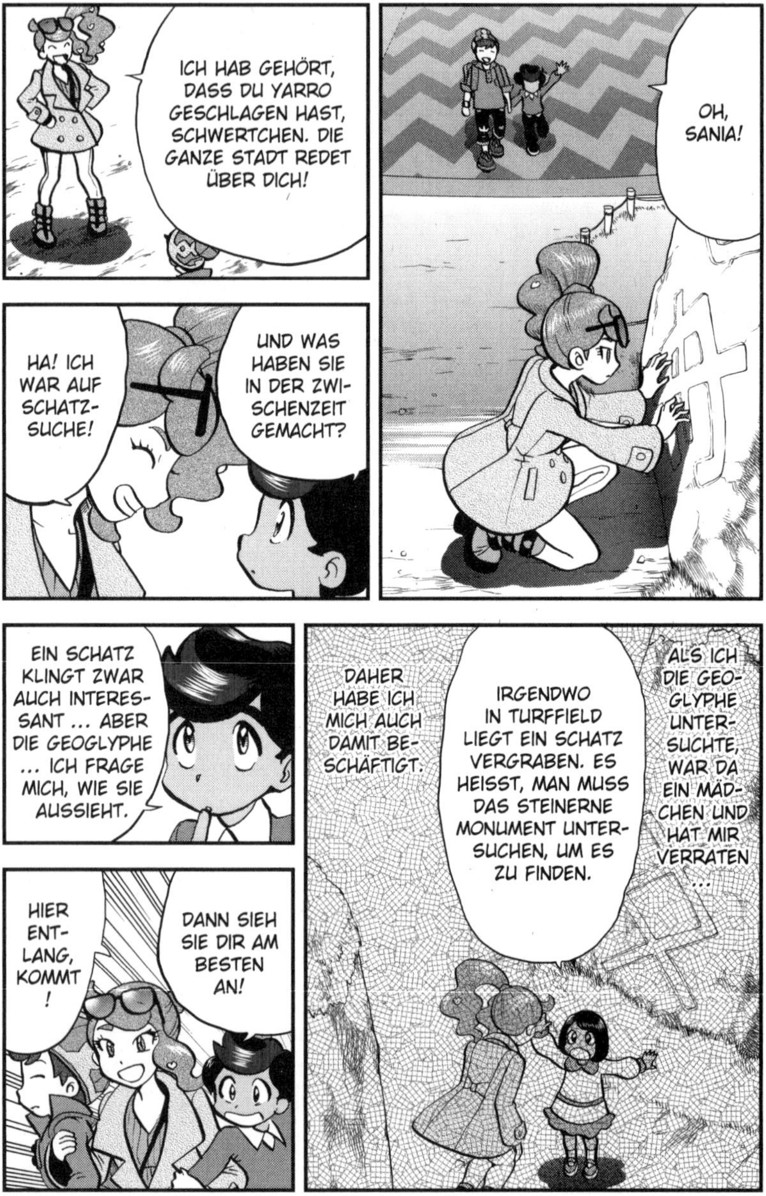

OH, SANIA!
ICH HAB GEHÖRT, DASS DU YARRO GESCHLAGEN HAST, SCHWERTCHEN. DIE GANZE STADT REDET ÜBER DICH!
UND WAS HABEN SIE IN DER ZWISCHENZEIT GEMACHT?
HA! ICH WAR AUF SCHATZSUCHE!
ALS ICH DIE GEOGLYPHE UNTERSUCHTE, WAR DA EIN MÄDCHEN UND HAT MIR VERRATEN ...
IRGENDWO IN TURFFIELD LIEGT EIN SCHATZ VERGRABEN. ES HEISST, MAN MUSS DAS STEINERNE MONUMENT UNTERSUCHEN, UM ES ZU FINDEN.
DAHER HABE ICH MICH AUCH DAMIT BESCHÄFTIGT.
EIN SCHATZ KLINGT ZWAR AUCH INTERESSANT ... ABER DIE GEOGLYPHE ... ICH FRAGE MICH, WIE SIE AUSSIEHT.
DANN SIEH SIE DIR AM BESTEN AN!
HIER ENTLANG, KOMMT!

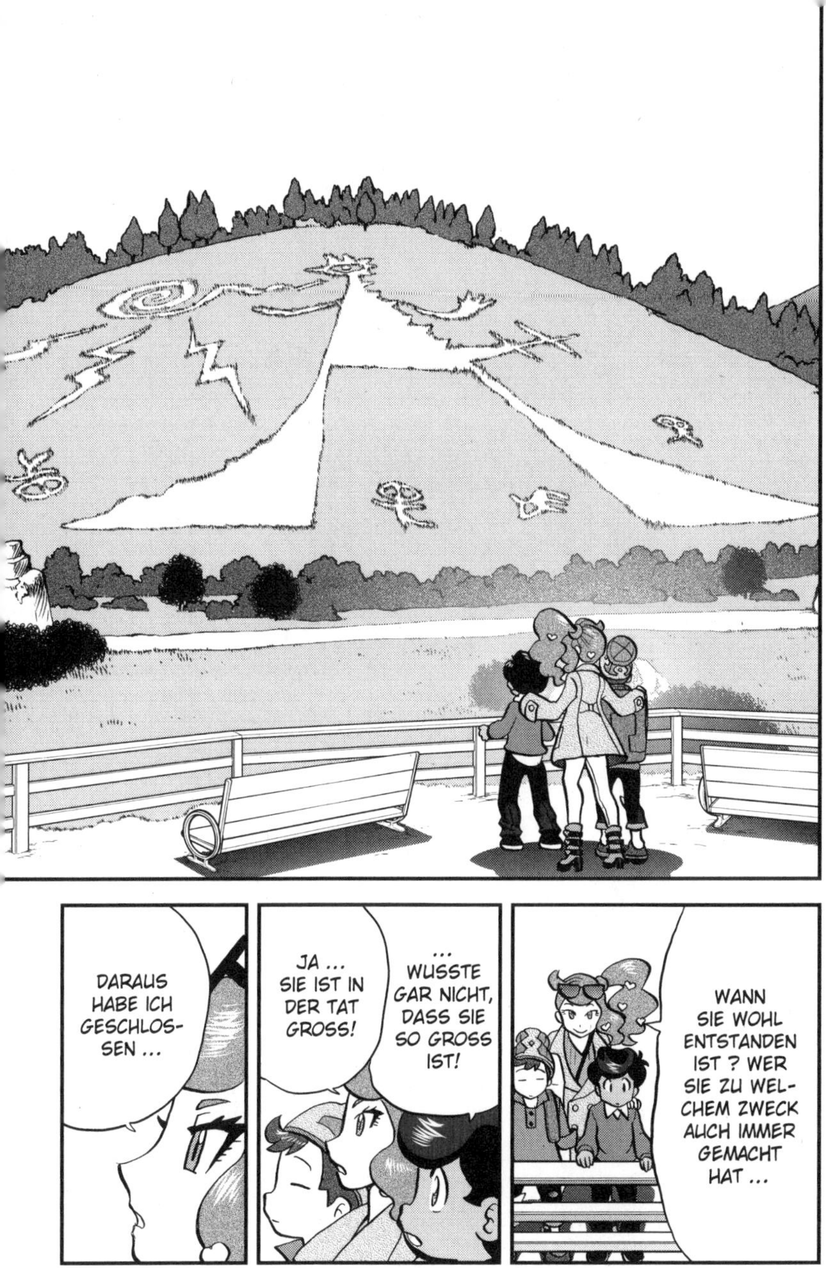
WANN SIE WOHL ENTSTANDEN IST ? WER SIE ZU WEL-CHEM ZWECK AUCH IMMER GEMACHT HAT …
… WUSSTE GAR NICHT, DASS SIE SO GROSS IST!
JA … SIE IST IN DER TAT GROSS!
DARAUS HABE ICH GESCHLOS-SEN …

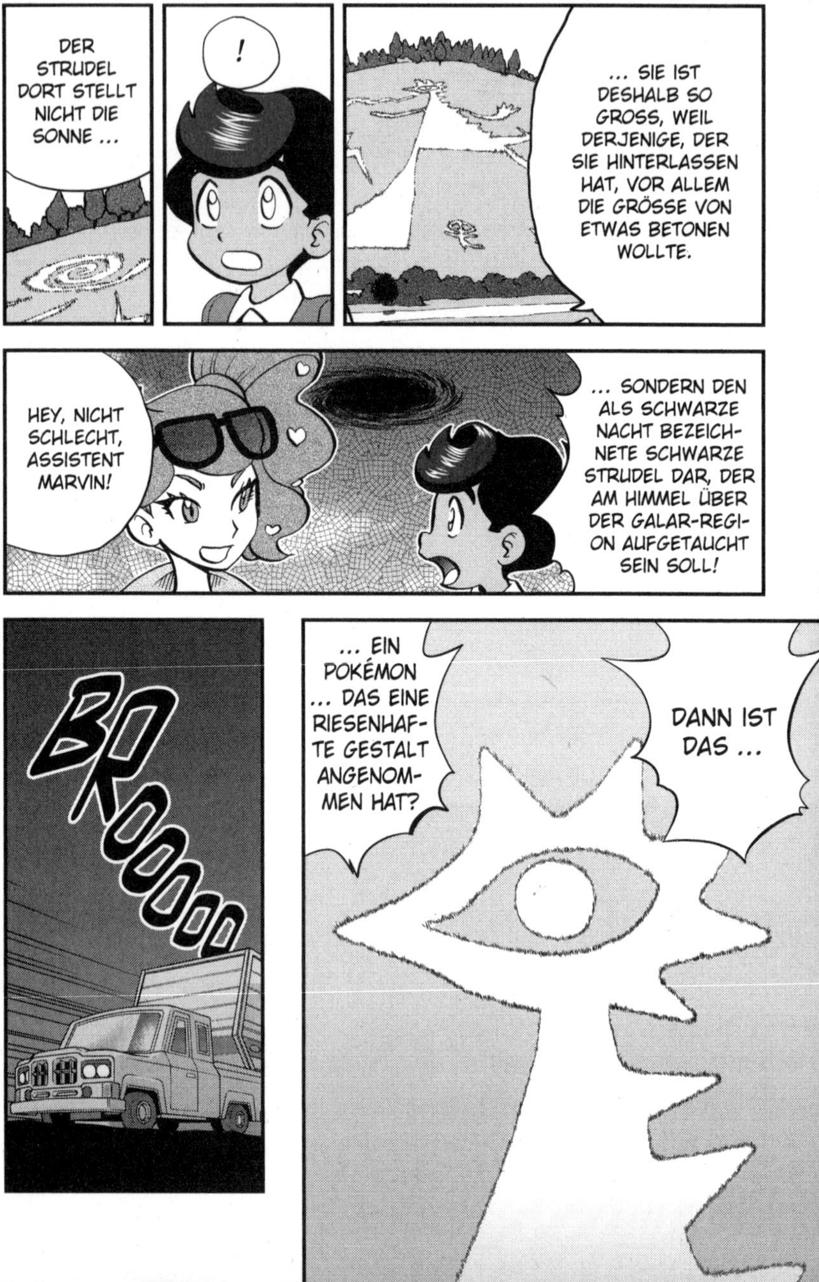
... SIE IST DESHALB SO GROSS, WEIL DERJENIGE, DER SIE HINTERLASSEN HAT, VOR ALLEM DIE GRÖSSE VON ETWAS BETONEN WOLLTE.
!
DER STRUDEL DORT STELLT NICHT DIE SONNE ...
... SONDERN DEN ALS SCHWARZE NACHT BEZEICH-NETE SCHWARZE STRUDEL DAR, DER AM HIMMEL ÜBER DER GALAR-REGI-ON AUFGETAUCHT SEIN SOLL!
HEY, NICHT SCHLECHT, ASSISTENT MARVIN!
DANN IST DAS ...
... EIN POKÉMON ... DAS EINE RIESENHAF-TE GESTALT ANGENOM-MEN HAT?
BROOOOOO

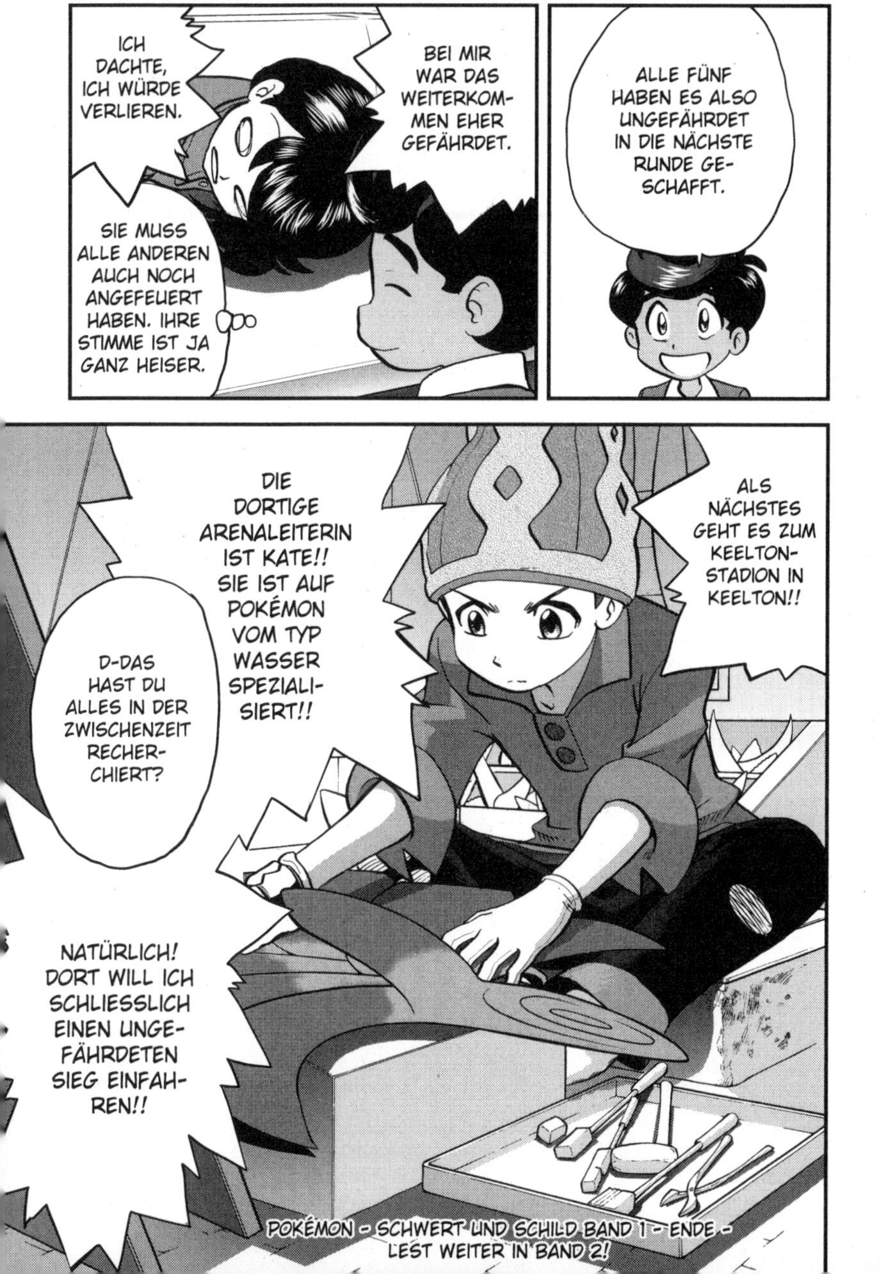
ALLE FÜNF HABEN ES ALSO UNGEFÄHRDET IN DIE NÄCHSTE RUNDE GESCHAFFT.
BEI MIR WAR DAS WEITERKOMMEN EHER GEFÄHRDET.
ICH DACHTE, ICH WÜRDE VERLIEREN.
SIE MUSS ALLE ANDEREN AUCH NOCH ANGEFEUERT HABEN. IHRE STIMME IST JA GANZ HEISER.
ALS NÄCHSTES GEHT ES ZUM KEELTON-STADION IN KEELTON!!
DIE DORTIGE ARENALEITERIN IST KATE!! SIE IST AUF POKÉMON VOM TYP WASSER SPEZIALISIERT!!
D-DAS HAST DU ALLES IN DER ZWISCHENZEIT RECHERCHIERT?
NATÜRLICH! DORT WILL ICH SCHLIESSLICH EINEN UNGEFÄHRDETEN SIEG EINFAHREN!!
POKÉMON - SCHWERT UND SCHILD BAND 1 - ENDE -
LEST WEITER IN BAND 2!

SORO SCHWERTS TEAM-POKÉMON

STANGI

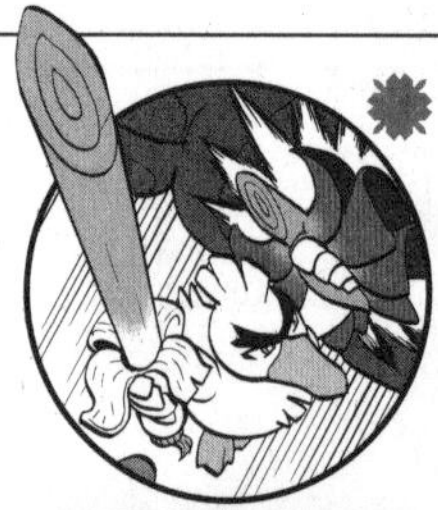

LAUCHZELOT ♂

• WERKZEUG: LAUCHSTANGE

LV. 28

DAS POKÉMON, DAS SORO AM LIEBSTEN EINSETZT. DA DIESER DIE LAUCHSTANGE REGELMÄSSIG WARTUNGEN UNTERZIEHT, IST SIE IMMER SPITZ UND DRINGT DURCH SO GUT WIE ALLES DURCH. URSPRÜNGLICH WAR STANGI EIN GALAR-PORENTA, ERST IM ZUGE DES TRAININGS HAT ES DIE GEGENWÄRTIGE GESTALT ANGENOMMEN.

PRÜGI

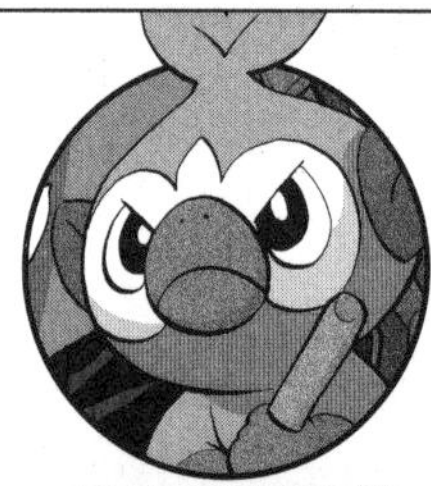

CHIMPEP ♂

• WERKZEUG: PRÜGEL

LV. 15

EIN VON PROFESSOR MAGNOLICA ÜBERLASSENES SCHIMPANSEN-POKÉMON. MIT SEINEM SPEZIELLEN PRÜGEL KANN ES EINEN RHYTHMUS UND SCHALLWELLEN ERZEUGEN, WÄHREND ES SEINE GEGNER ANGREIFT. BENÖTIGT ES DEN PRÜGEL GERADE NICHT, MACHT ES IHN AN SEINEM KOPF FEST UND HAT IHN AUF DIESE WEISE STÄNDIG GRIFFBEREIT.

STAHLI

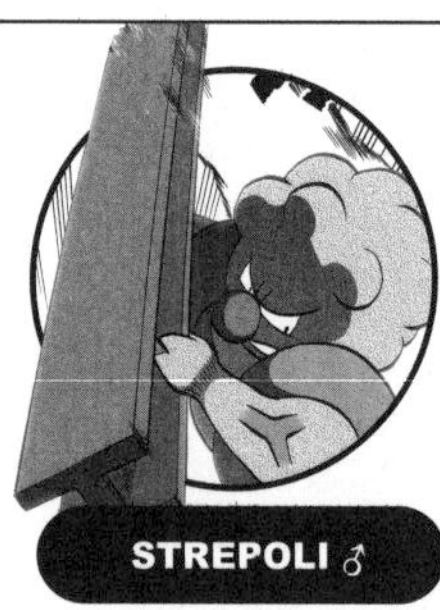

STREPOLI ♂

• WERKZEUG: STAHLTRÄGER

LV. 25

DAS IN DER NATURZONE EINGEFANGENE POKÉMON. FÜR SORO UND CO. WAR ES DER ERSTE GEGNER IN EINEM DYNAMAX-KAMPF. SORO WOLLTE DAS STREPOLI UNBEDINGT HABEN – UND NUN IST DIESES POKÉMON EIN FESTES MITGLIED SEINES POKÉMON-TEAMS.

<WAS IST EIN WERKZEUG?!>

OB DER KNOCHEN VON KNOGGA, DAS LANGSCHWERT VON ADMURAI, DER ZWEIG VON FENNEXIS: ALL DIESE GEGENSTÄNDE, DIE DIESE POKÉMON BEI SICH FÜHREN, WERDEN ALS „WERKZEUGE" BEZEICHNET. SOROS TRAUM IST ES, ZU EINEM DER BESTEN DARIN ZU WERDEN, DIESE ZU WARTEN UND ZU VERSTÄRKEN. AUCH NIMMT ER AN DER STADION-CHALLENGE TEIL, UM HERAUSZUFINDEN, INWIEFERN SICH DIE WERKZEUGE, AN DENEN ER GEARBEITET HAT, IN TATSÄCHLICHEN KÄMPFEN BEWÄHREN.

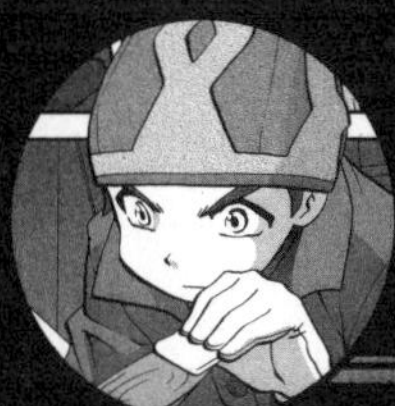

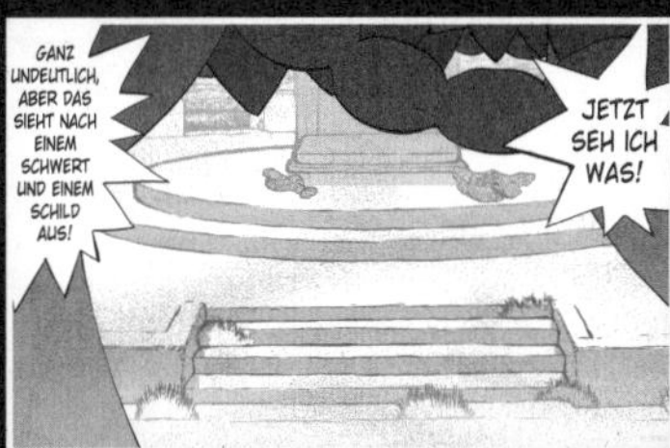

▲ WAREN DIESE GEGENSTÄNDE, DIE SORO UND SKELDA IM SCHLUMMERWALD GLAUBEN GESEHEN ZU HABEN, AUCH WERKZEUGE?!

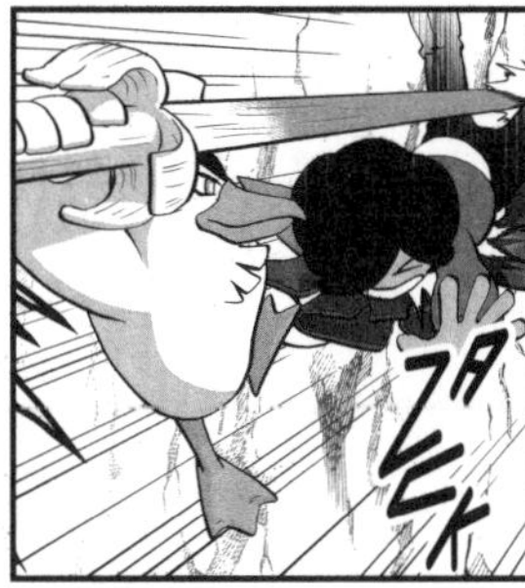

▲ HIER RETTET DAS LAUCHZELOT MARVIN!

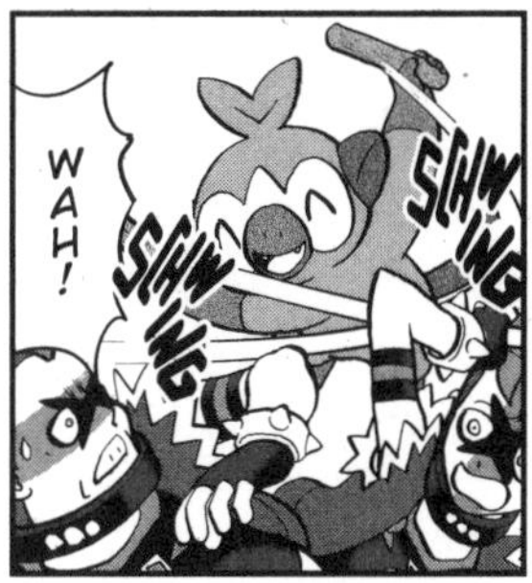

▲ DAS CHIMPEP DRÄNGT ANHÄNGER VON TEAM YELL ZURÜCK!

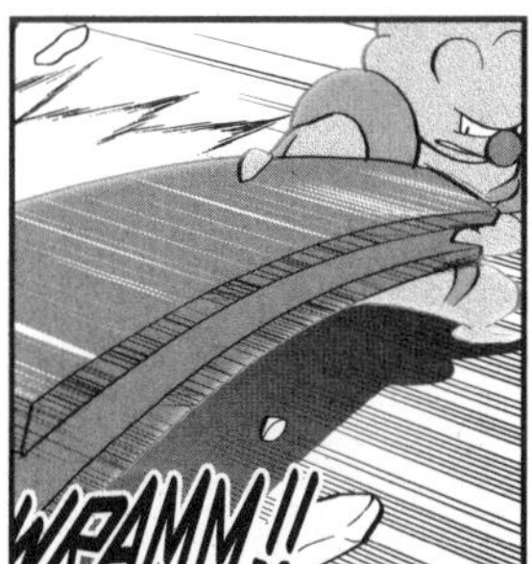

▲ DER KAMPF MIT DEM STAHLTRÄGER IST SEIN MARKENZEICHEN!

POKÉMON™ X•Y

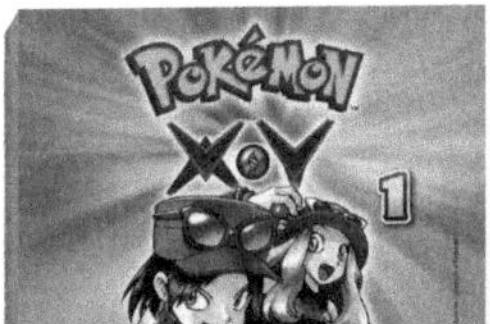

Pokémon
X•Y
1
Story
Hidenori Kusaka
Zeichnungen
Satoshi Yamamoto

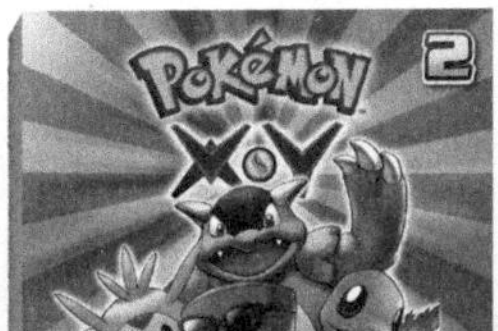

Pokémon
X•Y
2
Story
Hidenori Kusaka
Zeichnungen
Satoshi Yamamoto

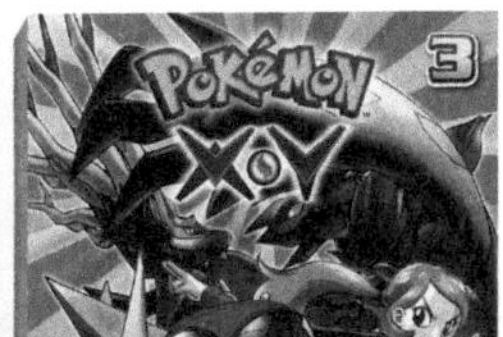

Pokémon
X•Y
3
Story
Hidenori Kusaka
Zeichnungen
Satoshi Yamamoto

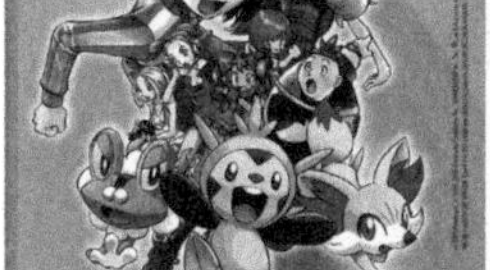

Pokémon
X•Y
4
Story
Hidenori Kusaka
Zeichnungen
Satoshi Yamamoto

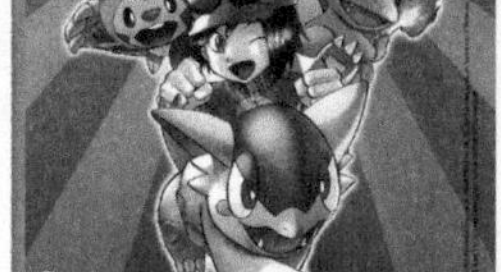

Pokémon
X•Y
5
Story
Hidenori Kusaka
Zeichnungen
Satoshi Yamamoto

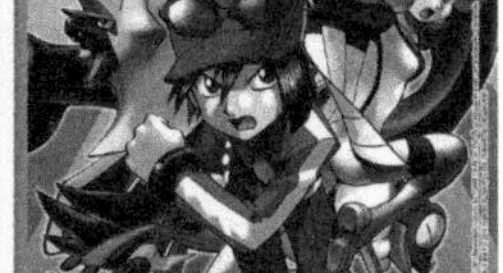

Pokémon
X•Y
6
Story
Hidenori Kusaka
Zeichnungen
Satoshi Yamamoto

STORY

HIDENORI KUSAKA

ZEICHNER

SATOSHI YAMAMOTO

ÜBERSETZUNG

GYO ARAIWA

LETTERING

LARA IACUCCI

ACHTUNG!

Dieser Comic wird wie im Original gelesen:
von rechts nach links,
also fangt einfach von der anderen Seite des Buches an
und stürzt euch in die MANGA-Welt von

POKÉMON™

SCHWERT UND SCHILD

POKÉMON SCHWERT UND SCHILD erscheint bei **PANINI MANGA**, Schloßstraße 76, D-70176 Stuttgart. POKÉMON SCHWERT UND SCHILD wird unter Lizenz in Deutschland von PANINI Verlags-GmbH veröffentlicht. Druck: LEGO PRINT S.p.A. Anzeigenverkauf: BLAUFEUER VERLAGSVERTRETUNGEN GmbH, info@blaufeuer.com. Es gilt die Anzeigenpreisliste Nr. 19 vom 01.10.2021. Direkt-Abos auf **www.paninicomics.de**. Geschäftsführer **Hermann Paul**, Publishing Director Europe **Marco M. Lupoi**, Finanzen **Felix Bauer**, Marketing Director **Holger Wiest**, Marketing **Rebecca Haar**, Vertrieb **Alexander Bubenheimer**, Logistik **Ronald Schäffer**, PR/Presse **Steffen Volkmer**, Publishing Manager **Lisa Pancaldi**, Redaktion **Stephanie Jakob**, **Matthias Korn**, **Daniela Uhlmann**, Übersetzung **Gyo Araiwa**, Proofreading **Genoveva Fincias Alonso**, grafische Gestaltung **Rudy Remitti**, **Nicola Spano**, Art Director **Alessandro Gucciardo**, Redaktion Panini Comics **Beatrice Doti**, **Elisa Panzani**, Repro/Packager **Alessandro Nalli** (coordinator), **Mario Da Rin Zanco**, **Valentina Esposito**, **Luca Ficarelli**, **Simone Guidetti**, **Linda Leporati**, **Fabio Melatti**. ISBN 978-3-7416-2140-6

Digitale Ausgaben: ISBN 978-3-7367-7035-5 (.epub) / ISBN 978-3-7367-7036-2 (.mobi)

Bibliografische Information der Deutschen Nationalbibliothek
Die Deutsche Nationalbibliothek verzeichnet diese Publikation in der Deutschen Nationalbibliografie; detaillierte bibliografische Daten sind im Internet über dnb.d-nb.de abrufbar.